Negro sou

Alberto Guerreiro Ramos

Negro sou

A questão étnico-racial e o Brasil:
ensaios, artigos e outros textos (1949-73)

Organização:
Muryatan S. Barbosa

Copyright © 2023 by herdeiros de Alberto Guerreiro Ramos

Grafia atualizada segundo o Acordo Ortográfico da Língua Portuguesa de 1990, que entrou em vigor no Brasil em 2009.

Capa
Edson Ikê

Imagem de capa
Acervo da família

Preparação
Diogo Henriques

Índice onomástico
Probo Poletti

Revisão
Bonie Santos
Thiago Passos

Dados Internacionais de Catalogação na Publicação (CIP)
(Câmara Brasileira do Livro, SP, Brasil)

Ramos, Alberto Guerreiro
    Negro sou : A questão étnico-racial e o Brasil : ensaios, artigos e outros textos (1949-73) / Alberto Guerreiro Ramos ; organização Muryatan S. Barbosa. — 1ª ed. — Rio de Janeiro : Zahar, 2023.

    Bibliografia.
    ISBN 978-65-5979-102-6

    1. Artigos – Coletâneas 2. Ensaios brasileiros – Coletâneas 3. Entrevistas 4. Identidade social – Brasil 5. Negros – Brasil – Identidade racial 6. Negros 7. Relações étnico-raciais 8. Relações sociais I. Barbosa, Muryatan S. II. Título.

23-141656   CDD: 305.8

Índice para catálogo sistemático:
1. Negros : Identidade social   305.8

Inajara Pires de Souza – Bibliotecária – CRB PR-001652/O

Todos os direitos desta edição reservados à
EDITORA SCHWARCZ S.A.
Praça Floriano, 19, sala 3001 — Cinelândia
20031-050 — Rio de Janeiro — RJ
Telefone: (21) 3993-7510
www.companhiadasletras.com.br
www.blogdacompanhia.com.br
facebook.com/editorazahar
instagram.com/editorazahar
twitter.com/editorazahar

Niger sum | Negro sou

Sou negro, identifico como meu o corpo em que o meu eu está inserido, atribuo à sua cor a suscetibilidade de ser valorizada esteticamente e considero a minha condição étnica como um dos suportes do meu orgulho pessoal.

Guerreiro Ramos

Sumário

Nota da edição   9

Apresentação, por Muryatan S. Barbosa   11

O negro no Brasil e um exame de consciência (1949)   43

Apresentação da grupoterapia (1950)   57

Teoria e prática do psicodrama (1950)   63

Teoria e prática do sociodrama (1950)   73

Apresentação da negritude (1950)   82

A Unesco e as relações de raça (1950)   84

Notícia sobre o 1 Congresso do Negro Brasileiro (1950)   87

Narcisismo branco do negro brasileiro (1950)   91

Senhores e escravos no Brasil (1950)   96

Os estudos sobre o negro brasileiro (1950)   101

Um herói da negritude (1952)   106

A Unesco e o negro carioca (1953)   110

Sociologia clínica de um baiano "claro" (1953)   117

O negro, a Unesco e o carreirismo (1953)   125

Uma redefinição do problema do negro (1953)   131

O problema do negro na sociologia brasileira (1954)   136

O negro desde dentro (1954)   195

A descida aos infernos (1954)   206

Semana do Negro de 1955 (1955)   212

Nosso Senhor Jesus Cristo Trigueiro (1955)   216

Política de relações de raça no Brasil (1955)   221

Patologia social do "branco" brasileiro (1955)   225

O pluralismo dialético (1955)   253

Nacionalismo e xenofobia (1956)   259

Gilberto Freyre ou a obsolência (1956)   263

O problema da cultura nacional (1957)   274

A consciência crítica da realidade nacional (1958)   281

O mundo tribal de Abdias Nascimento (1971)   288

A fé artística de Abdias Nascimento (1973)   292

Notas   297
Fontes   308
Índice onomástico   313

Nota da edição

A edição desta coletânea de textos de Alberto Guerreiro Ramos respeitou a redação do autor, inclusive quando isso implicava repetições no fraseado ou o uso de termos hoje considerados sensíveis. A grafia foi atualizada e foram corrigidos erros evidentes de ortografia e pontuação, além de títulos de obras, nomes de autores e citações com inconsistências. Sempre que possível completamos as referências bibliográficas e indicamos as fontes das citações que faltavam.

Apresentação
Por uma descolonização das relações étnico-raciais e do Brasil: A visão de Guerreiro Ramos

BAIANO, NEGRO, FILHO DE UMA FAMÍLIA de plantadores de cacau, os Guerreiros de Maragogipe, mas em situação financeira delicada devido à morte do pai, Alberto Guerreiro Ramos foi um dos grandes sociólogos brasileiros dos anos 1950-60. Mais que isso, foi também professor, ensaísta, servidor público, poeta, teórico da administração, político.

Guerreiro ocupa uma posição bastante singular entre os pensadores brasileiros do século xx. Creio que essa excepcionalidade foi reforçada pelo fato de ele ter vivido uma larga experiência no funcionalismo público entre os anos 1940 e 1960. Preterido na disputa pela cadeira de professor da Faculdade Nacional de Filosofia (RJ), no início da década de 1940, construiu uma trajetória como servidor — docente, assessor e consultor — em diversos órgãos governamentais. Trabalhou no Departamento Nacional da Criança (DNC), no Departamento do Serviço Público (Dasp), na assessoria do Conselho de Desenvolvimento e da Casa Civil do governo de Getulio Vargas (1951-4); foi membro fundador do Grupo Itatiaia (com Helio Jaguaribe, Candido Mendes e outros), do Ibesp (Instituto Brasileiro de Economia,

Sociologia e Política) e do Iseb (Instituto Superior de Estudos Brasileiros); e foi secretário executivo do Banco Nacional de Desenvolvimento Econômico (BNDE). Tudo isso entre os trinta e os cinquenta anos. Foi também professor da Escola Brasileira de Administração Pública (Ebap), da Fundação Getulio Vargas (FGV) e da Universidade do Sul da California (1965-82), nos Estados Unidos. Todas essas experiências enriqueceram sua formação profissional, para além da docência acadêmica.

Tal trajetória pessoal, social e profissional já se prenunciava na sua preocupação crescente nos anos 1940 e 1950 em realizar um trabalho intelectual comprometido com a solução dos problemas nacionais candentes na época: mortalidade infantil, pauperismo, racismo, desenvolvimento, industrialização, planejamento, ciência nacional, administração pública, ação política, conflito social, crise de poder. Em suas palavras, só essa "descida aos infernos" permitiria aos cientistas sociais realizarem sua função social plena como intelectuais de um país periférico.

Não se tratava de visão particularista do trabalho científico, vale dizer. Para Guerreiro, o patrimônio científico é universal. O que ele defendia era que se formasse no país uma tradição intelectual intergeracional fundada na reflexão e na busca de resolução de problemas autóctones, como a que ele via em países como Estados Unidos, Alemanha, França ou Inglaterra. Daí sua valorização do trabalho prévio de pensadores como o Visconde de Uruguai, Silvio Romero, Euclides da Cunha, Pontes de Miranda, Alberto Torres, Oliveira Vianna. Segundo Guerreiro, estes, apesar dos seus (inúmeros) erros pontuais, teriam criado o germe dessa tradição.

É certo que essa não foi uma interpretação que se fez de pronto. O autor já a explicitava germinalmente em 1945,

Apresentação

quando dizia ser necessário descolonizar o conhecimento e a formação acadêmica no país:

> Os currículos de ciências sociais de nossas faculdades de filosofia precisam corresponder às exigências da vida brasileira. Quase sempre saímos delas criaturas de ficção, prejudicados por uma formação livresca, demasiadamente teórica e abstrata que, em vez de nos entregar à vida, nos predispõe à frustação e ao desajustamento. Urge descolonizar os nossos processos universitários e formação intelectual.[1]

Mas foi uma reflexão permanente em sua vida; inclusive em seu exílio nos Estados Unidos (1966-82), depois do Golpe de 1964:

> Ao contrário da impressão generalizada, o Brasil é hoje o espaço de onde pode porvir novo discurso civilizacional da história contemporânea. Mas a articulação sistemática desse discurso não pode ser tarefa para escribas, porque implica um rompimento radical com as ideologias disfarçadas em ciência e cultura, e com as formas institucionais predicadas pela clássica sociedade industrial em declínio. O máximo de que os escribas são capazes é a elaboração de ideias segundo idiomas estabelecidos. Daí a voga entre eles de filigranistas como Sartre, Lévi-Strauss, Gramsci, Althusser, Habermas e em geral a chamada Escola de Frankfurt.[2]

Essas são informações relevantes para que o leitor possa contextualizar *Negro sou*. Centrado na questão étnico-racial, o livro pode dar a impressão errônea de que nos anos 1950 e 1960 Guerreiro Ramos fosse reconhecido como intelectual negro e/ou militante negro. Não era. Fundador do Iseb, deputado federal do PTB, delegado do Brasil na ONU (XVI Assembleia Geral), ele se tornou figura prestigiosa e polêmica como sociólogo e político nacionalista, perspectiva sob a qual suas obras primordiais foram lidas e discutidas, como a *Introdução crítica à sociologia brasileira* (1957), *Redução sociológica* (1958), *O problema nacional do Brasil* (1960), *A crise do poder no Brasil* (1961) e *Mito e verdade da revolução brasileira* (1963). Desde os anos 1980, sua figura intelectual tem sido retomada como teórico das organizações sociais e da administração, levando em conta também sua trajetória nos Estados Unidos. Por lá publicou dezenas de artigos e outro livro importante: *A nova ciência das organizações: Uma reconsideração da riqueza das nações* (1981).[3]

Negro sou traz 28 textos sobre a temática étnico-racial, escritos por Guerreiro entre 1949 e 1973, além de uma entrevista curta do mesmo período.[4] Alguns ensaios já se encontravam em seus livros, sobretudo na *Introdução crítica à sociologia brasileira*, cuja última edição foi de 1995. Mas a maioria é composta de artigos de jornal publicados originalmente na década de 1950 que andavam esquecidos. Há também duas notas da década de 1970 sobre o tema, bem pouco conhecidas.

A questão étnico-racial em Guerreiro Ramos

Alberto Guerreiro Ramos (1915-82) nasceu em Santo Amaro da Purificação, na Bahia. Era filho de Victor Juvenal Ramos e Romana Guerreiro Ramos. A família Guerreiro Ramos era de fazendeiros de cacau do sul da Bahia, cujas origens últimas se confundem com a história do Brasil, incluindo europeus (portugueses), africanos (norte da África e região de Angola-Benguela) e ameríndios.[5] No caso de Guerreiro, essa mescla pendia incontornavelmente para destacar sua ascendência africana.

Até os oito anos, passou sua infância em cidades da zona do rio São Francisco: Januário, Pirapora, Petrolina e Juazeiro. Com a morte do patriarca da família, d. Romana resolveu construir nova vida em Salvador, com a ajuda da irmã, Francisca Guerreiro. Montou então uma pequena lavanderia. Aos onze anos, o menino Guerreiro se empregou numa farmácia como lavador de frascos, passando depois a caixeiro. Estimulado pela mãe, se aferra aos estudos e consegue ingressar no conceituado Ginásio da Bahia, tornando-se professor particular dos colegas. Sempre que podia ia estudar no mosteiro de São Bento, onde se tornou pupilo do dominicano alemão d. Béda Keckeisen.[6]

A educação do jovem Guerreiro Ramos o aproximou da tendência católica do Integralismo, participando da fundação do Centro de Cultura Católica. Nessa época desenvolveu interesse agudo pela filosofia e pela poesia europeia do entreguerras — sobretudo as de viés católico, como o humanismo religioso de filósofos como Jacques Maritain e Nicolas Berdyaev e de poetas como Rainer Maria Rilke e Charles Peguy; o personalismo comunitarista de Emmanuel Mounier (editor da revista *Esprit*); a filosofia política de Arnaud Dandier (editor da revista *Ordre Nouveau*); a fenomenologia de Max Scheler; o existencialismo de Kierkegaard, Martin Heidegger, Karl Jaspers — e por autores católicos brasileiros da época, como Alceu Amoroso Lima e Affonso Arinos de Mello Franco. O jovem Guerreiro mantinha correspondência com alguns de seus autores prediletos, como Nicolas Berdyaev e Jacques Maritain; este último inclusive conheceu em pessoa quando passou rapidamente por Salvador, em 1936.[7]

Entre 1934 e 1938, Guerreiro escreveu artigos de crítica literária e filosofia no jornal *Imparcial* e na revista *Norte*, da qual era coproprietário, com Afrânio Coutinho e Antônio Osmar Gomes (sob o pseudônimo de Paulo Damasco).[8] Após a instauração do Estado Novo, foi indicado como assessor do Departamento Estadual de Imprensa e Propaganda (Deip) em 1938, tendo colaborado na formação da Faculdade de Filosofia da Bahia. Nesse período publicou seu primeiro livro, intitulado *O drama de ser dois* (1937), dedicado e inspirado em Berdyaev. Logo após publicou um segundo livro de ensaios, *Introdução à cultura* (1939), que teve ressonância no meio cultural soteropolitano. Com uma bolsa subsidiada pelo governo da Bahia, viajou em 1939 para o Rio de Janeiro, onde ingressou na Faculdade Nacional de Filosofia da Universidade do Brasil. Tinha então 24 anos. Formou-se em ciências sociais em 1942, e um ano mais tarde também na Faculdade de Direito da mesma instituição universitária.[9]

Nesse percurso inicial é difícil saber o quanto o fato de ser mestiço escuro, negro, pode ter impactado a vida do jovem Guerreiro Ramos. Mas certamente o estigma racial o acompanhou em Salvador, como estudante de uma escola de elite, o Ginásio da Bahia, e posteriormente como ensaísta, poeta e líder católico, na década de 1930.

O autor só falou publicamente sobre o assunto em 1946, quando deu uma entrevista para o seu amigo Abdias Nascimento. Estava então com 31 anos. Ali Guerreiro se colocou como um especialista na temática racial, na qualidade de sociólogo. Mas vai um tanto além quando discorre sobre qual deveria ser a atitude dos negros diante do racismo: "De indiferença e até humorística, nunca de indignação". E termina o raciocínio com a seguinte sentença: "O negro brasileiro pode 'branquear-se', à medida que se eleva economicamente e adquire estilos comportamentais dos grupos dominantes".[10]

Não se tratava de uma crítica, mas de uma constatação. Ou, melhor dizendo, de algo que ele queria ver como uma constatação. Havia ali certa autopromoção, certamente. Negro, baiano, ao mesmo tempo poeta, líder católico, fluente no alemão, no francês, profundo conhecedor da música clássica, com seus charutos sempre à mão, Guerreiro não era um tipo fácil de se entender à primeira vista. E alguns indícios mostram que o jovem sociólogo e poeta, tendo montado essa figura para si, adorava fazer troça do racismo e dos racistas. É o que alguns amigos antigos, dos tempos de faculdade, lembram quando falam de suas longas conversas da época, em que ele aturdia os presentes com exclamações do tipo "Nós arianos" ou "Nós os helênicos".[11]

Fato é que, querendo ou não, o estigma racial o acompanhou por toda a vida, antes e depois da sua integração ao Teatro Experimental do Negro (TEN), entre 1949 e 1955, período em que produziu a maior parte dos seus escritos sobre a temática étnico-racial reunidos nesta coletânea. Mesmo nos anos 1950, quando já era alguém nacionalmente reconhecido, foi publicamente atacado como "malandro",[12] "preto racista",[13] "cafuzo racista"[14], "negro e racista".[15] Sobretudo no jornal *Tribuna da Imprensa*, do Rio de Janeiro, então dirigido pelo jornalista Carlos Lacerda, seu inimigo político. Ali, acusavam-no tanto de racista contra os negros[16] quanto de racista contra os brancos!

Talvez por essas e outras Guerreiro tenha decidido se afastar publicamente do TEN a partir de 1956. Ademais, havia outros projetos em curso. Fundador do Iseb, foi convidado pela Universidade de Paris para palestrar na França por alguns meses. Lá estreitou laços de amizade com alguns dos principais intelectuais europeus de época, como Edgar Morin, Jean Paul-Sartre, Simone de Beauvoir, Georges Gurvitch e Pierre Naville. Aproveitou também para estabelecer contatos com lideranças do Terceiro Mundo que por lá estavam.

Seus objetivos foram se alterando depressa. Em 1958 se desligava do Iseb, iniciando uma trajetória que o levaria à carreira política pelo PTB. Era o fim da sociologia de gabinete, e o início de outra fase de sua vida.

Ainda assim, quando achava conveniente, falava sobre racismo e relações raciais, mesmo que rapidamente. Em 1959, por exemplo, no jornal *Última Hora* (RJ), destacou o vergonhoso segregacionismo então existente em certos hotéis do Rio de Janeiro e de São Paulo, que impediam a entrada de pessoas negras em seus estabelecimentos.[17] Em 1960, em entrevista ao *Jornal de Letras*, foi enfático: "Sob o ponto de vista científico o Brasil é um país de negros, afirmação esta que faço à luz da antropometria".[18]

Todavia, sem dúvida sua colocação mais ríspida sobre o assunto foi feita quando já estava fora do país, em 1981, pouco antes do seu falecimento, aos 67 anos. Em depoimento às sociólogas Lúcia Lippi e Alzira Alves, citou um acontecimento que o havia deixado estarrecido. Disse que, ao ser "convidado" a depor na Comissão de Inquérito do Conselho de Segurança Nacional — órgão de repressão da ditadura militar — em 1965, teve a oportunidade de tomar conhecimento do conteúdo de sua ficha pessoal. Era um relatório confidencial que, segundo ele, começava com a seguinte descrição: "Alberto Guerreiro Ramos: mulato, metido a sociólogo".[19] Por essa e outras, na mesma entrevista disparou: "O Brasil é o país mais racista do mundo!". Em suma, Guerreiro conhecia e reconhecia a realidade do racismo brasileiro.

É interessante notar que esse autor, tão atento a sua realidade, seja o mesmo que tanto se utilizou do ideal de democracia racial em sua luta antirracista nos tempos do TEN. E assim fez por diversas vezes entre fins da década de 1940 e os anos 1950, exaltando as "sadias tradições de democracia racial no Brasil".[20] Como entender tais posicionamentos? Contradições não resolvidas?

Há um debate corrente acerca do que seria o significado exato da ideia de democracia racial em Guerreiro Ramos.[21] Dois pontos parecem aceites. Em primeiro lugar cabe lembrar que, nesse período (1940-50), quando os autores se referiam à "democracia racial", eles o faziam comparativamente ao que ocorria nos Estados Unidos e na África do Sul, onde havia segregacionismos raciais explícitos, inclusive legalizados. Ou seja, apesar de haver discriminação e preconceito, a visão é de que no Brasil não haveria ódios raciais. Guerreiro deve ser entendido nesse contexto. Em segundo lugar, como aponta o sociólogo Antonio Sérgio A. Guimarães,[22] as referências de Guerreiro à democracia racial são essencialmente as mesmas de outros membros das elites negras no Brasil do pós-Segunda Guerra Mundial, quando o ideal de democracia racial era usado contra o racismo realmente existente no país. Era uma questão tática. Usava-se a ideia de democracia a favor da luta negra, aproveitando a queda do fascismo e do Estado Novo. Secundariamente, pretendia-se formar um pacto social de elites (brancas e negras), que se tornasse um dos elementos centrais de um projeto nacional-popular visando elevar as condições de vida da população negra. Um projeto que foi definitivamente derrotado pelo Golpe Militar de 1964.

Guerreiro comungou desse pacto, é verdade. Ele tinha inclusive suas próprias impressões de como ele deveria ocorrer. E isso fica evidente em seus escritos nos anos 1940 e início dos 1950. Ele sabia igualmente diferenciar o que era o pacto da democracia racial e o que era a ideia de democracia racial, que ele também utilizou livremente. Daí que, para ele, não houvesse contradição intrínseca entre essa ideia e a de negritude que ele defendeu no mesmo período. Veja-se, por exemplo, o texto de 1950 intitulado "Apresentação da negritude".

Talvez tais posicionamentos do autor não fiquem evidentes ao leitor desta coletânea, tendo em vista que os textos aqui selecionados não estão contextualizados individualmente ou dentro de uma análise de trajetória. Mas Guerreiro sabia o que era realidade, o que era política e o que era blague nessa história da democracia racial. Estejam certos disso. Afinal, ele foi um dos principais participantes dela. Desse modo, na temática das relações étnico-raciais, sobretudo em seus mencionados escritos entre fins dos anos 1940 e o início dos anos 1950, nem todas as afirmações do autor devem ser entendidas literalmente, ou em suas últimas consequências. É importante compreender o todo onde elas se inserem, ou seja, dentro do jogo político do TEN e de Guerreiro à época.

Em verdade, essa pauta era só uma entre outras que o sociólogo baiano defendia da mesma forma, utilizando sua qualificação e seu status intelectual para propósitos políticos. E ele fazia isso bem. Íntimo da sociologia do conhecimento (Weber, Mannheim, Merton, Gurvitch) e — nesse particular — do marxismo (Marx, Lenin, Lukács, Lefebvre, Bloch), Guerreiro sem dúvida não era ingênuo em matéria de ciências sociais e humanas. Ao mesmo tempo, para o bem de suas causas, sabia que era necessário manter sua posição de cientista, sociólogo, em suas atividades e escritos públicos.

Certamente a temática étnico-racial foi uma das mais espinhosas para ele, tendo em conta sua indisfarçável ascendência africana e sua participação ativa no TEN. Ele se aproximou da matéria com o devido cuidado, considerando o perigo de ser acusado de promotor do "racismo às avessas", como costumeiramente se faz no Brasil.

Observando o contexto, pode-se perguntar: então foi a partir desse momento que ele se tornou um "intelectual orgânico" do movimento negro, do teatro negro? Sim e não. Sim, porque é o período em que ele resolveu se integrar ao TEN, ali fundando o Instituto Nacional do Negro e iniciando suas sessões de grupoterapias, com psicodramas e sociodramas. Não, porque, mesmo nesse ínterim, ele buscou construir uma posição autônoma como sociólogo, que o distinguia dos demais no teatro negro. Não por acaso se autodenominando publicamente como mulato — uma diferenciação que ele procurou manter mesmo durante os conflitos e polêmicas que marcaram o I Congresso do Negro Brasileiro, em 1950.

Mas tal posicionamento não durou muito, entre 1948 e 1950. Um pouco mais tarde, fazendo uma autocrítica desse posicionamento ambíguo, Guerreiro resolveu manifestar publicamente sua assunção como negro — o *niger sum* ("negro sou") —, iniciando a fase mais polêmica e relevante dos seus escritos sobre a temática étnico-racial.

Tal ruptura trouxe consequências marcantes na sua trajetória intelectual como um todo. Em minha opinião, ela inclusive possibilitou que Guerreiro criasse uma visão própria da questão étnico-racial brasileira, que chamo de "personalismo negro".[23] Essa percepção já se encontra delineada no artigo "Um herói da negritude", de 1952, mas será mais bem trabalhada em outros textos da década de 1950 ("O problema do negro na sociologia brasileira"; "O negro desde dentro"; "Patologia social do branco brasileiro") e da década de 1970 ("O mundo tribal de Abdias Nascimento"; "A fé artística de Abdias").

O que é esse personalismo negro? Trata-se de uma visão personalista da assunção da negritude. No caso, da negritude francófona,[24] com a qual Guerreiro e a intelectualidade do TEN (Abdias Nascimento, Ironides Rodrigues, Aguinaldo Camargo) ou aproximada a ela (Haroldo Costa, o argentino Efraín Tomás Bó) estavam dialogando na virada da década de 1940 para a de 1950.

Como toda visão personalista, ela pretendia ser uma práxis orientada para as pessoas, e não para outros âmbitos da vida social: estruturas, sociedade, economia, cultura, nação, grupos sociais, coletividades.[25] No caso de Guerreiro, portanto, trata-se de um personalismo voltado para os indivíduos "negros" (ou seja, mestiços vistos como negros), em prol de sua autocriação e autovalorização como pessoas.

As aspas fazem sentido porque os textos de Guerreiro deixam evidente que para ele não existiam pessoas negras ou brancas em si mesmas, do ponto de vista biológico. Ele via tal pertença como algo circunstancial, pois em verdade seríamos todos mestiços, claros ou escuros. Pessoas negras ou brancas existiriam por uma construção histórica e social, associada à dominação eurocêntrica do mundo.

Essa constatação faz com que muitos acreditem (mesmo hoje) que uma pessoa afrodescendente possa lutar conta o racismo promovendo sua valorização como ser humano universal, negando tal construção sócio-histórica. Guerreiro não pertencia a esse grupo. Ele defendia que, para o homem de pele escura, a única possibilidade de caminhar para além dessa determinação externa (do racismo que construiu o negro como algo negativo) é a aceitação de sua negritude como um valor, tornando-a um objeto de autocriação e libertação pessoal. Mas sempre considerando que se tratava de assunção consciente de que em última instância não existem raças ou identidades fixas.

Guerreiro chamava isso de viver dialeticamente a negritude — ou seja, afirmá-la para negar a branquitude e o eurocentrismo. Mas, ao mesmo tempo, nessa afirmação, negá-la como verdade absoluta e abstrata. Daí seu gosto pela ironia quando tratava da temática.

A percepção do autor no fundo era uma visão antiessencialista da negritude, tal qual a que Sartre buscou construir em *Orfeu negro* (1948).[26] Dizendo novamente e de outra forma, Guerreiro não acreditava que a negritude fosse uma essência, uma cultura, uma visão de mundo própria e coletiva do negro (fosse ele brasileiro, africano, norte-americano etc.). É certo que ele diz que ela existiria na forma de subjetividades e vivências das pessoas negras, como em "Apresentação da negritude". Mas não por elas serem racialmente negras, e sim porque eram vistas e tratadas como negras em um mundo eurocentrado e racista.

É por dar importância a esse fato que a negritude de Guerreiro não podia se colocar como orgulho racial, coletivo. Faria mais sentido vê-la como uma mensagem, para que os mestiços escuros assumam a negritude existente em si mesmos. A começar pela assunção de sua própria corporeidade (cor, fisionomia, cabelo). Só assim, assumindo a normalidade da sua condição circunstancial, dialeticamente, o mestiço poderia iniciar um processo de autovalorização e autocriação como pessoa. Ou seja, como um indivíduo existencialmente livre, pronto para construir um mundo melhor. Daí sua crítica de época aos estudos e à celebração da religiosidade afro-brasileira pelos acadêmicos brancos. Para ele, essa seria uma forma de manter as pessoas negras numa visão de coletividade cujo lugar é subalterno, especial, anormal, exótico, pois apartado da vida nacional. É uma situação que só interessaria a tais acadêmicos e aos negros ali envolvidos, em mútuo apoio.

Essa visão de Guerreiro possibilitou sua correlação entre negritude e povo, um conceito muito caro às suas análises sociológicas nas décadas de 1950-60. Afinal, para ele, na medida em que o povo no Brasil era majoritariamente formado por uma população mestiça escura, negra, a negritude deveria ser entendida como um movimento de valorização estética e existencial de seus membros a partir de categorias endógenas. A negritude seria um elemento cultural da construção do projeto nacional-popular que ele acreditava estar ocorrendo nos anos 1950 no país. Tratava-se de uma tentativa consciente de nacionalizar o debate internacional da época sobre a negritude.

Por outro lado, ao refletir e escrever sobre o assunto, Guerreiro Ramos foi pioneiro na percepção de que o "problema racial" seria parte da reprodução de uma lógica colonial no país — apesar do término oficial do colonialismo havia mais de uma centena de anos. Isso tanto em relação ao negro quanto em relação ao branco. Nesse sentido, ele foi precursor não só dos estudos sobre branquidade/branquitude em escala internacional[27] como também dos estudos latino-americanos contemporâneos que tratam da reprodução de elementos coloniais para além do fenômeno colonial (entendido como dominação militar-administrativa), como se observa nos trabalhos de Rodolfo Stavenhagen ou Pablo G. Casanova (colonialismo interno), Aníbal Quijano (colonialidade do poder), Walter Mignolo (diferença colonial), Nelson Maldonado-Torres (atitude decolonial). Nesse diálogo Guerreiro está atualíssimo, ainda mais levando-se em conta sua crítica pioneira ao paradigma eurocêntrico nas ciências sociais e humanas, desenvolvida no clássico *Redução sociológica* e no artigo "A situação atual da sociologia" (1958).[28]

As duas notas dos anos 1970 incorporadas nesta coletânea — "O mundo tribal de Abdias Nascimento" (1971) e "A fé artística de Abdias" (1973) — são fundamentais, pois mostram como Guerreiro reconfigura seu personalismo negro de modo a incluir ali a assunção da cultura negra e da religiosidade. Ao fazê-lo, sua visão se enriquece e amplia, aproximando-se das visões multiculturalistas que iriam se difundir nos Estados Unidos e no Brasil nos anos 1980 e 1990.

Apontamentos finais

A organização desta coletânea me possibilitou um retorno aprofundado a Guerreiro Ramos, que conheci vinte anos atrás e cuja obra me acompanha desde então. Essa revisitação foi facilitada pelo acesso gratuito à Hemeroteca Digital da Biblioteca Nacional. Com isto, além de ter tido a oportunidade de ler alguns artigos e entrevistas de Guerreiro que, salvo engano, não constavam das bibliografias sobre o autor — considerando os trabalhos de Frederico L. da Costa (1983), Luiz A. Soares (2005), Ariston Azevedo (2006) e Alan Caldas (2021) —,[29] pude reler outros escritos que não havia destacado em produções anteriores.

Essa pesquisa reforçou a interpretação de que, para Guerreiro Ramos, a questão étnico-racial brasileira deveria ser vista como um fenômeno derivado da "situação colonial" que o país vivia. Nos anos 1950, tratava-se sobretudo de um diálogo com os teóricos europeus que entendiam o colonialismo como fato total ou totalidade, a exemplo de Balandier e Sartre. Mas a origem dessa reflexão em Guerreiro vinha de suas observações comparativas acerca da formação social brasileira e latino-americana, a partir de teóricos como Sílvio Romero, Euclides da Cunha, Oliveira Vianna, Alberto Torres, Gilberto Freyre, J. C. Mariátegui, Pedro Henriquez Urena, Natalicio González, Ricardo Rojas, Haya de la Torre e José Vasconcelos.

Hoje se usam conceitos diferentes para se referir a tal "situação colonial", como neocolonialismo ou colonialidade. O próprio Guerreiro usou vários outros termos para tentar definir tal fenômeno nos anos 1940 e 1950: situação semicolonial, transplantação, pseudomorfose, mentalidade colonial, mimetismo, alienação, inautenticidade, dualidade, heteronomia. Mas no fundo trata-se do mesmo problema: o fato de que, embora tenha conquistado formalmente a independência, o país continuaria a contar com uma estrutura social moldada por uma relação essencialmente colonial, tanto em suas características internas quanto externas: econômicas, sociais, políticas, culturais. Aí se inclui também a questão étnico-racial. Afinal, as pessoas se tornam negras ou brancas dentro de um sistema mundial de classificação eurocentrado, racista, que em cada região adquiriu particularidades, por vezes contraditórias, por vezes ambivalentes; este último teria sido o caso brasileiro, conforme explicitado no artigo "O pluralismo dialético" (1955).

Pessoalmente, diria Guerreiro, todos deveriam se preocupar em libertar-se dos complexos psicológicos e existenciais derivados dessa situação, tanto os chamados brancos quanto os chamados negros. Sobre os brancos, isso fica dado nos artigos "Sociologia clínica de um baiano claro" (1953) e "Patologia social do branco brasileiro" (1955). Mas também em relação aos negros ele é muito enfático; veja-se por exemplo "Uma redefinição do problema do negro" (1953).

Essa ênfase nos indivíduos, porém, não denota ingenuidade do autor. Guerreiro trabalhou por esse ideal de libertação no TEN, em seus psicodramas, sociodramas e em eventos como a exposição *Cristo Negro*, de 1955.[30] Contudo, tinha consciência de que a superação de tal "situação colonial" não dependeria apenas de libertações individuais, mas de uma transformação coletiva, algo que o teatro negro não poderia promover sozinho. Daí sua insistência *ad nauseam* para que a Unesco prestasse atenção ao que estava ali sendo realizado.

Por outro lado, ao longo da década de 1950 ele passou a salientar cada vez mais que a questão racial era apenas um elemento dessa totalidade maior que era a situação colonial, algo que só poderia ser superado com uma transformação estrutural: a construção de um capitalismo verdadeiramente nacional. Para ele, nessa época, ou o Brasil seguiria por esse caminho, aproveitando o momento propício da esfera internacional marcado pela afirmação do Terceiro Mundo — com a descolonização afro-asiática (apoiada pela União Soviética),[31] a Conferência de Bandung (1955)[32] e a difusão mundial da industrialização —, ou estaria se condenando a ser uma nação fracassada ou, melhor dizendo, uma não nação.

É visível o senso de urgência com que Guerreiro trata desse assunto a partir de 1956, quando já estava se afastando do TEN. E é provável que sua estadia na França, no mesmo ano, tenha sido importante nesse sentido. Ele sabia da dificuldade da concretização desse ideal de autodeterminação. Dizia inclusive que tal caminho, em um país novo como o Brasil, seria mais difícil de se realizar do que em outros países descolonizados de médio e grande porte, como a Índia e a China, pois esses seriam portadores de tradições culturais e elites nacionais fortes. Nós, ao contrário, teríamos classes dominantes, mas não classes dirigentes. No entanto, na medida em que não acreditava na viabilidade concreta de uma revolução socialista no país, ele não via outra alternativa que não fosse a luta pela formação desse capitalismo nacional (culturalmente descolonizado, popular, soberano, autodeterminado, com industrialização autônoma) que deveria ser construído contra o capitalismo periférico reinante (racista, eurocentrado, elitista, alienado, agroexportador). É essa luta pelo futuro que deveria guiar o novo Brasil contra o velho, da casa-grande. Guerreiro observa isso de forma cada vez mais evidente, como em "O problema da cultura nacional" (1957). Daí também seu engajamento político entre 1958 e 1964.

Nesse período o autor perdeu a paciência com os debates acerca da identidade brasileira e das interpretações sobre o país. Sobretudo aquelas derivadas de análises do caráter nacional, como as que falavam da "centralidade do luso" (Gilberto Freyre), do "homem cordial" (Sérgio Buarque) e da "tristeza" (Paulo Prado),[33] algo que passou a ver como uma discussão inócua e ultrapassada. Tratava-se de trabalhar pelo futuro do país. E o povo brasileiro e a sua vanguarda — "verdadeiramente nacionalista" — é que deveriam mostrar o caminho a ser seguido.

Seus artigos em *O Jornal* em fins da década de 1960 mostram a coerência dessa visão terceiro-mundista projetiva de Guerreiro. São análises mescladas com relatos de viagens que ele havia feito a China, Iugoslávia, União Soviética e França. Na China conheceu Mao Tsé-tung, e na Iugoslávia, o marechal Tito.

Diante desse contexto de ebulição internacional e polarização ideológica interna, fica mais fácil entender por que Guerreiro Ramos nunca finalizou o livro que tanto prometeu, desde os anos 1950, sobre a história do país, intitulado *A arte de governar o Brasil*. A obra ficou no rascunho — assim como a nação que seu autor lutou para construir.

Sem ser comunista ou marxista-leninista (aliás duramente criticados por ele em *Mito e verdade da revolução brasileira*), mas partícipe da "ala ideológica" (nacionalista) do PTB, Guerreiro foi um dos primeiros deputados a serem cassados pela ditadura militar, no início de abril de 1964. Era o fim daquela utopia concreta chamada Brasil, enquanto nação capitalista, soberana, industrial, descolonizada, popular, autodeterminada.

Muryatan S. Barbosa

Muryatan S. Barbosa é historiador, pesquisador e professor da Universidade Federal do ABC (UFABC). É autor de *Guerreiro Ramos e o personalismo negro* e *A razão africana*.

NOTAS

1. "Uma opinião: mais sociologia e menos política". Entrevista. *A Manhã*, 17 jun. 1945, p. 3.
2. "Atualidade e falácia do Brasil". Entrevista. *Jornal do Brasil*, 26 dez. 1979, Opinião, p. 11.
3. Entre os simpósios, livros, dossiê de revistas, teses e dissertações sobre o autor, caberia destacar: Simpósio Guerreiro Ramos (*Revista de Administração Pública*, 1983); E. Rago, *O nacionalismo no pensamento de Guerreiro Ramos*; L. Soares, *A sociologia crítica de Guerreiro Ramos*; L. Oliveira, *A sociologia do Guerreiro*; M. Souza, *A construção da concepção de desenvolvimento nacional no pensamento de Guerreiro Ramos* e *Guerreiro Ramos e o desenvolvimento nacional*; E. Bariani Jr., *Guerreiro Ramos e a redenção sociológica* e *A sociologia no Brasil* (dissertação e livro); M. Barbosa, *Guerreiro Ramos e o personalismo negro* (dissertação e livro); M. Hecksher, *Guerreiro Ramos*; A. Abranches, *Nacionalismo e democracia no pensamento de Guerreiro Ramos*; A. Azevêdo, *A sociologia antropocêntrica de Alberto Guerreiro Ramos*; A. Amorim, *A saúde sob a perspectiva sociológica*; T. Martins, *Florestan Fernandes e Guerreiro Ramos*; L. Carvalho, *O equilíbrio de antagonismos e o niger sum*; R. Shiota, *Os pressupostos do debate intelectual entre Florestan Fernandes e Guerreiro Ramos*; *Revista Organizações e Sociedade* (2010), T. Lopes, *Sociologia e puericultura no pensamento de Guerreiro Ramos*; E. Brito, *Dilemas epistemológicos de Guerreiro Ramos*; J. Lara, *Autoritarismo e democracia*; L. Cruz, *pioneirismo de Guerreiro Ramos nos estudos sobre hierarquias raciais*; B. Cavalcanti, Y. Duzert e E. Marques (Orgs.), *Guerreiro Ramos*; *Cadernos Ebape.br* (2015), *Caderno CRH* (2015); *Ilha: Revista de Antropologia* (2016); B. Cavalcanti e F. Costa, *Guerreiro Ramos*; M. Malaquias, *Psicodrama e relações étnico-raciais*; A. Caldas, *A teoria social de Guerreiro Ramos*. Para uma análise detalhada dos estudos sobre o autor, ver: E. Brito, I. Leite e L. Ferreira, "Uma trajetória transdisciplinar: nota biobibliográfica". Para um levantamento bibliográfico dos escritos de Guerreiro Ramos, ver sobretudo F. Costa, "Levantamento bibliográfico", e A. Azevêdo, "A 'antropologia' do Guerreiro". Há também dezenas de artigos recentes, que o leitor poderá consultar com proveito.
4. Sobre essa temática ver também, entre outros: J. Santos, "O negro como lugar"; M. Maio, "A questão racial no pensamento de Guerreiro Ramos" e "Guerreiro Ramos interpela a Unesco"; A. Gui-

marães, "Democracia racial", *Intelectuais negros e modernidade no Brasil* e "Intelectuais negros e formas de integração nacional"; E. Nascimento, *Sortilégio da cor* e "Cristo epistêmico"; M. Barbosa, *Guerreiro Ramos e o personalismo negro* e "Guerreiro Ramos: o personalismo negro", "O TEN e a negritude francófona no Brasil"; Barbosa 2015; E. Bariani Jr., "Niger sum"; L. Carvalho, op. cit.; E. Brito, op. cit.; R. Shiota, "Guerreiro Ramos e a questão racial no Brasil"; L. Cruz, op. cit.; Campos (2015); J. Feres Jr., "A atualidade do pensamento de Guerreiro Ramos"; B. Bringel, E. Lynch e M. Maio, "Sociologia periférica e questão racial"; M. Malaquias, op. cit.; A. Caldas e N. Silva, "A democracia racial como um projeto de planificação social no pensamento de Guerreiro Ramos" e "Democracia racial no pensamento de Guerreiro Ramos".
5. Essas informações foram dadas por Alberto Guerreiro Ramos, filho, a quem agradeço a gentileza.
6. A. Nascimento, "Cartaz: Guerreiro Ramos"; L. Oliveira, *A sociologia do Guerreiro*, p. 135.
7. L. Oliveira, op. cit., p. 30; A. Azevêdo, *A sociologia antropocêntrica de Alberto Guerreiro Ramos*.
8. L. Oliveira, op. cit., p. 28.
9. Ibid., p. 132.
10. A. Nascimento, "O senador Hamilton Nogueira...".
11. J. A. Rios, "Participação no Simpósio Guerreiro Ramos", p. 121.
12. L. Pinto, "Ciência social e ideologia racial".
13. "Ainda as razões da impopularidade americana na América Latina". *Tribuna da Imprensa*, 16 ago. 1957, p. 4.
14. "O anticomunismo de Chatô". *Tribuna da Imprensa*, 5 set. 1957, p. 3.
15. "Censura". *Tribuna da Imprensa*, 13 set. 1957, p. 4.
16. "Infiltração totalitária dos postos-chave". *Tribuna da Imprensa*, 6 dez. 1956, p. 5.
17. "Revolta e indignação contra o ódio racista da África do Sul aos jogadores brasileiros", *Última Hora*, 10 abr. 1959.
18. J. Finamour, "Guerreiro Ramos, o brasileiro tranquilo".
19. L. Oliveira, op. cit., p. 162.
20. A. G. Ramos, "Política de relações de raça no Brasil (1955)".
21. A. Caldas e N. Silva, "Democracia racial no pensamento de Guerreiro Ramos".
22. Ver A. Guimarães, "Democracia racial", *Classes, raças e democracia*, *Intelectuais negros e modernidade no Brasil*, "Intelectuais negros e

formas de integração nacional", "A democracia racial revisitada" e *Modernidades negras*.
23. Cf. M. Barbosa, *Guerreiro Ramos e o personalismo negro* (dissertação e livro); "O TEN e a negritude francófona no Brasil" e "Guerreiro Ramos: o personalismo negro".
24. Movimento artístico, estético e político dos anos de 1940 e 1950, baseado no ativismo de intelectuais negros de expressão francesa, como o martinicano Aimé Césaire, o guineense Léon Damas, o malgaxe Jacques Rabemananjara e o senegalês Léopold Sédar Senghor; contando ainda com a participação de Léonard Sainville, Aristide Maugée, Birago Diop, Ousmane Socé e dos irmãos Achille. Tratava-se de mostrar a contribuição cultural do negro à civilização universal, tema que foi exposto e aprofundado nas mais variadas formas artísticas e literárias: poesia, ensaio, teatro, artes plásticas etc. Para isso, reconstruíram ideias como as de "personalidade africana", "alma negra" e "subjetividade negra", que foram desenvolvidas diferentemente. Para Césaire, por exemplo, tratava-se de uma tomada de consciência da especificidade do ser negro. Todavia, dizia o autor, a consciência dessa especificidade não era um enclausuramento, mas uma abertura para o universal e para a valorização do Homem, ao mesmo tempo que carregava uma dimensão revolucionária, ao afirmar a presença de uma parte antes ignorada da humanidade. Sobre o assunto, ver entre outros, K. Munanga, *Negritude: usos e sentidos*; R. Reis, *Négritude em dois tempos*; e M. Barbosa, *A razão africana*.
25. Na verdade existiram vários personalismos, e a maior parte deles remonta à França do Entreguerras, como o "personalismo comunitarista" de Emmanuel Mounier. O que os unia era sua ênfase num humanismo militante. Não pretendiam ser uma ideologia ou partido, mas uma mensagem espiritual mobilizadora que deveria se colocar como uma alternativa contra o "materialismo" comunista, burguês ou fascista. Sobre o personalismo e sua influência no pensamento de Guerreiro Ramos, ver, entre outros, A. Azevêdo, *A sociologia antropocêntrica de Alberto Guerreiro Ramos*, e A. Caldas, *A teoria social de Guerreiro Ramos*; em especial acerca de Berdyaev. Tal fato já havia sido apontado antes, por alguns de seus amigos de outrora e pela sua filha, Eliana Guerreiro Ramos do Nascimento ("Participação no Simpósio Guerreiro Ramos", p. 144). Mas a tese de doutorado de

Ariston Azevêdo (op. cit.) é fundamental nesse ponto, trazendo uma visão ampla e coerente da trajetória intelectual do autor, enfatizando sua formação e inspiração personalista por toda a vida. Outros artigos mais recentes do autor apontam no mesmo sentido (ver bibliografia desta Apresentação), vários destes escritos em coautoria com Renata O. Albernaz. De forma paralela, em minha dissertação de mestrado eu havia esboçado a mesma interpretação, mas me mantive restrito à temática étnico-racial.

26. Aqui retifico minha observação de outrora (ver bibliografia desta Apresentação) de que a dialética da negritude de Guerreiro seria uma inversão da dialética da negritude de Sartre. Elas na verdade são próximas. Os distanciamentos existem, mas não se trata de uma questão metodológica. Nesse particular, a crítica de E. O. Brito (op. cit.) é correta. Tal diferenciação decorre do fato de que, em *Orfeu negro*, Sartre tende a analisar a questão mais coletivamente — o negro — do que Guerreiro, que fala mais sobre o *indivíduo* negro. É algo que talvez se explique pelo fato de que, na época (1948), Sartre já estava relativizando o viés individualizante do seu existencialismo — como mostra em *O existencialismo é um humanismo* (1945) —, enquanto para Guerreiro a negritude seria um processo de autocriação dos indivíduos; ou mesmo de indivíduos de uma elite, como coloca em "Um herói da negritude" (1952).

Alguns se perguntam também se Guerreiro Ramos teria lido Frantz Fanon à época, em especial *Pele negra, máscaras brancas* (1952), em particular por conta da visão de ambos de que o maniqueísmo branco-negro seria uma construção histórica eivada de estereótipos essencialistas, em última instância patológicos. Como disse o sociólogo Antonio Sérgio A. Guimarães ("A recepção de Fanon no Brasil e a identidade negra", p. 103), é provável que Guerreiro tenha lido Fanon, pois era leitor de revistas francesas — *Présence Africaine, Esprit* e *Les Temps Moderne* — que haviam publicado escritos do revolucionário martinicano entre 1952 e 1961. Mas, se leu, não teria dado muita importância ao fato. Portanto, para Antonio Sérgio, o paralelo entre os dois parece advindo do fato de que ambos tiveram fontes teóricas próximas (Hegel, jovem Marx, fenomenologia, existencialismo), e não de influências diretas.

Concordo com a interpretação desse autor. E há pelo menos uma diferença interpretativa que deve ser lembrada. Para Fanon, a expe-

riência de ser negro é inevitavelmente problemática, pois depende de um reconhecimento do branco que não existiria; em suas palavras: "O negro não tem mais de ser negro, mas sê-lo diante do branco" (*Pele negra, máscaras brancas*, p. 104). Para Guerreiro é o contrário, ou pelo menos assim deveria ser. Para aqueles que ouvem a mensagem, a assunção da negritude pelo indivíduo negro ou mestiço é um processo de autocriação. É parte da sua conquista de liberdade, possível por um expediente de suspensão da brancura e assunção de si. Ela não dependeria do reconhecimento do branco.
27. A. Nascimento, "Cartaz: Guerreiro Ramos"; L. Cardoso, *O branco "invisível"* e "Branquitude acrítica e crítica"; J. Feres Jr., op. cit.
28. Sobre este tema, ver, entre outros: A. Figueiredo e R. Grosfoguel, "Por que não Guerreiro Ramos?"; F. B. Filgueiras, "Guerreiro Ramos, a redução sociológica e o imaginário pós-colonial"; J. M. E. Maia, "A sociologia periférica de Guerreiro Ramos" e "História dos intelectuais no Terceiro Mundo"; C. Lynch, "Teoria pós-colonial e pensamento brasileiro na obra de Guerreiro Ramos"; N. M. C. Silva, "Guerreiro Ramos: um pensamento brasileiro decolonial na década de 50-60 do século xx"; F. Borges e L. Martins, "A atualidade de Guerreiro Ramos".
29. Artigos e entrevistas esparsas: "Mais sociologia e menos política" (*A Manhã*, 17 jun. 1945); "Realismo da mortalidade infantil" (*A Manhã*, 11 jun. 1950); "Em matéria pelo política exterior estamos a reboque da Indonésia" (*Última Hora*, 12 set. 1956); "Gilberto Amado: São João Batista do 'milagre brasileiro'" (*O Jornal*, 11 set. 1960); "Assistência: grande teste para o governo" (*O Jornal*, 24 set. 1960); "Inquérito Nacional: quatro análises da situação brasileira" (*Jornal do Brasil*, 6 maio 1963); "Comércio, desenvolvimento e protecionismo" (*Jornal do Brasil*, 23 set. 1979); "O governo brasileiro não pode continuar isolado dos cientistas" (*Jornal do Brasil*, 25 nov. 1979). Em *O Jornal* ele publicou 35 artigos sobre a situação internacional, que salvo melhor juízo ainda não foram pesquisados em detalhe e não constam nas bibliografias citadas. São artigos em parte derivados de viagens que o autor fez à China, à União Soviética, à Iugoslávia e à França, entre abril e junho de 1960.
30. M. Malaquias, op. cit.
31. Já sob o comando de Kruschev, o xx Congresso do Partido Comunista da URSS (1956) apontou para o caminho da "coexistência pací-

fica" entre a União Soviética e os países capitalistas. Essa linha pretendia efetivar somente disputas sociais, econômicas e ideológicas contra estes últimos, fora do âmbito militar. Além disso, defendia o apoio da União Soviética aos governos nacionalistas e aos movimentos de libertação nacional do chamado Terceiro Mundo.

32. A Conferência Internacional de Bandung (1955), ocorrida na Indonésia entre 18 e 24 de abril de 1955, reuniu 29 países asiáticos e africanos com o objetivo de garantir as descolonizações e a construção de uma terceira força das relações internacionais após a consolidação da Guerra Fria. O Brasil participou na qualidade de observador.

33. "Cultura brasileira em debate na F.N.F.". *Correio da Manhã*, 24 abr. 1958.

BIBLIOGRAFIA

ABRANCHES, Aparecida M. *Nacionalismo e democracia no pensamento de Guerreiro Ramos*. Rio de Janeiro: Iuperj, 2006. Tese (Doutorado em Ciência Política).

AMORIM, Andréa E. de. *A saúde sob a perspectiva sociológica: textos inéditos de Guerreiro Ramos sobre puericultura e mortalidade infantil*. Rio de Janeiro: Uerj, 2006. Tese (Doutorado em Saúde Coletiva).

AZEVÊDO, Ariston. *A sociologia antropocêntrica de Alberto Guerreiro Ramos*. Florianópolis: UFSC, 2006. Tese (Doutorado em Sociologia Política).

_____."Trajetória intelectual de Guerreiro Ramos". *RACE: Revista de Administração do Cesusc*, v. 2, pp. 119-24, 2008.

_____ e ALBERNAZ, Renata O. "Alberto Guerreiro Ramos's anthropological approach to the social sciences: the parenthetical man". *Administrative Theory & Praxis*, v. 28, n. 4, pp. 501-21, 2006.

_____. "A 'antropologia' do Guerreiro: a história do conceito de homem parentético — em memória a Eliana Guerreiro Ramos (1949--2003)". *Cadernos Ebape.BR (FGV)*, Rio de Janeiro, v. 4, n. 3, pp. 1-19, 2006.

_____."A redução sociológica em *status nascendi*: os estudos literários de Guerreiro Ramos publicados na revista *Cultura Política*". *Organizações & Sociedade* (Online), v. 17, pp. 47-68, 2010.

_____."A razão d'A nova ciência das organizações". *Cadernos Ebape.BR (FGV)*, v. 13, pp. 593-604, 2015.

_____. "Guerreiro Ramos e o drama de ser dois". *Ilha: Revista de Antropologia*, v. 18, pp. 41-66, 2016.
BARBOSA, Muryatan S. *Guerreiro Ramos e o personalismo negro*. São Paulo: USP, 2004. Dissertação (Mestrado em Sociologia).
_____. "Guerreiro Ramos: o personalismo negro". *Tempo Social*, v. 18, n. 2, 2006.
_____. "O TEN e a negritude francófona no Brasil: recepção e inovações". *Revista Brasileira de Ciências Sociais*, v. 28, n. 81, pp. 171-184, fev. 2013.
_____. *Guerreiro Ramos e o personalismo negro*. São Paulo: Paco Editorial, 2015.
_____. *A razão africana: breve história do pensamento africano contemporâneo*. São Paulo: Todavia, 2020.
BARIANI JR., Edison. *A sociologia no Brasil: uma batalha, duas trajetórias (Florestan Fernandes e Guerreiro Ramos)*. Unesp, 2003. Dissertação (Mestrado em Sociologia).
_____. "Niger sum: Guerreiro Ramos, o 'problema' do negro e a sociologia do preconceito". *Perspectivas: Revista de Ciências Sociais*, v. 34, 2008.
_____. *Guerreiro Ramos e a redenção sociológica: capitalismo e sociologia no Brasil*. São Paulo: Unesp, 2011.
_____. *A sociologia no Brasil: uma batalha, duas trajetórias (Florestan Fernandes e Guerreiro Ramos)*. Curitiba: CRV, 2012.
BORGES, Fábio e MARTINS, Luiza M. "A atualidade de Guerreiro Ramos: desenvolvimento, racismo e colonialidade no Brasil de 2021". *Revista Princípios*, n. 162, jul./out. 2021.
BRINGEL, Breno; LYNCH, Edward C. e MAIO, Marcos C. "Sociologia periférica e questão racial: revisitando Guerreiro Ramos". *Caderno CRH*, v. 28, n. 73, 2015.
BRITO, Evandro O. *Dilemas epistemológicos de Guerreiro Ramos*. São José: Editora USJ, 2012.
_____; LEITE, Ilka B. e FERREIRA, Luiza B. de A. "Uma trajetória transdisciplinar: nota biobibliográfica". *Ilha: Revista de Antropologia*, v. 18, n. 1, pp. 279-310, jun. 2016.
CADERNO CRH. Dossiê. *Sociologia periférica e questão racial: revisitando Guerreiro Ramos*, v. 28, n. 73, 2015.
CALDAS, Alan. *A teoria social de Guerreiro Ramos: a formação de um habitus sociológico na periferia do capitalismo*. São Carlos: UFSCAR, 2021. Tese (Doutorado em Sociologia).

_____ e SILVA, Nikolas G. P. "A democracia racial como um projeto de planificação social no pensamento de Guerreiro Ramos". *Mosaico*, v. 12, n. 19, 2020.

_____. "Democracia racial no pensamento de Guerreiro Ramos: um balanço dos comentadores". *Temáticas*, v. 29, n. 57, pp. 88-116, fev./jun. 2021.

CAMPOS, Luís A. "'O negro é povo no Brasil': afirmação da negritude e democracia racial em Alberto Guerreiro Ramos (1948-1955)", *Caderno CRH*, v. 28, n. 73, jun. 2015.

CARDOSO, Lourenço. *O branco "invisível": um estudo sobre a emergência da branquitude nas pesquisas sobre as relações raciais no Brasil (1957-2007)*. Coimbra: Universidade de Coimbra, 2008. Dissertação (Mestrado em Sociologia).

_____. "Branquitude acrítica e crítica: a supremacia racial e o branco antirracista". *Revista Latinoamericana de Ciencias Sociales, Niñez y Juventud*, v. 8, n. 1 jan./jun. 2010.

CARVALHO, Layla D. P. de. *O equilíbrio de antagonismos e o niger sum: relações raciais em Gilberto Freyre e Guerreiro Ramos*. Brasília: UnB, 2008. Dissertação (Mestrado em Sociologia).

CAVALCANTI, Bianor S. e COSTA, Frederico L. da. *Guerreiro Ramos: entre o passado e o futuro*. Rio de Janeiro: FGV, 2019.

_____. "Introdução: Pioneirismo e atualidade na obra de Guerreiro Ramos". In: *Guerreiro Ramos: entre o passado e o futuro*. Rio de Janeiro: FGV Editora, 2019.

CAVALCANTI, Bianor S.; DUZERT, Yann e MARQUES, Eduardo (Orgs.). *Guerreiro Ramos: coletânea de depoimentos*. Rio de Janeiro: FGV, 2014.

COSTA, Frederico L. da. "Levantamento bibliográfico". *Revista de Administração Pública*, v. 17, n. 2, pp. 155-62, abr./jun. 1983.

CRUZ, Leonardo B. da. *O pioneirismo de Guerreiro Ramos nos estudos sobre hierarquias raciais: a gênese de uma formação discursiva pós-colonial*. São Carlos: UFSCAR, 2014. Tese (Doutorado em Sociologia).

FANON, Frantz. *Pele negra, máscaras brancas*. Salvador: Edufba, 2008.

FAUSTINO, Deivison M. "Revisitando a recepção de Frantz Fanon no Brasil: o ativismo negro brasileiro e os diálogos transnacionais em torno da negritude". *Lua Nova*, v. 109, jan./abr. 2020.

FERES JR., João. "A atualidade do pensamento de Guerreiro Ramos: branquidade e nação". *Caderno CRH*, v. 28, n. 73, pp. 11-125, jan./abr. 2015.

FIGUEIREDO, Angela e GROSFOGUEL, Ramón. "Por que não Guerreiro Ramos? Novos desafios a serem enfrentados pelas universidades públicas brasileiras". *Ciência e Cultura*, v. 59, n. 2, pp. 36-41, 2007.

FILGUEIRAS, Fernando B. "Guerreiro Ramos, a redução sociológica e o imaginário pós-colonial". *Caderno CRH*, v. 25, n. 65, maio-ago. 2012.

FINAMOUR, Jurema. "Guerreiro Ramos, o brasileiro tranquilo". *Jornal de Letras*, n. 135, nov. 1960.

GARCIA, Ramon. "Participação no Simpósio Guerreiro Ramos". *Revista de Administração Pública/ Dossiê Simpósio Guerreiro Ramos: Resgatando uma obra*, v. 17, n. 2, 1983.

GUIMARÃES, Antonio S. A. "Democracia racial: o ideal, o pacto e o mito". *Novos Estudos Cebrap*, n. 61, pp. 147-62, 2001.

_____. *Classes, raças e democracia*. São Paulo: Editora 34, 2002.

_____. *Intelectuais negros e modernidade no Brasil*. Oxford: Centre for Brazilian Studies/University of Oxford, 2003.

_____. "Intelectuais negros e formas de integração nacional". *Estudos Avançados*, v. 18, n. 50, pp. 271-284, 2004.

_____. "A recepção de Fanon no Brasil e a identidade negra". *Novos Estudos Cebrap*, v. 81, pp. 99-114, 2008.

_____. "A democracia racial revisitada". *AfroAsia*, v. 60, pp. 9-44, 2019.

_____. *Modernidades negras: a formação racial brasileira (1930-70)*. São Paulo: Editora 34, 2021.

HECKSHER, Mário H. *Guerreiro Ramos: sociólogo da sociologia nacional (Um diálogo com Florestan Fernandes)*. Rio de Janeiro: UFRJ, 2004. Tese (Doutorado em Serviço Social).

ILHA: Revista de Antropologia. Dossiê Guerreiro Ramos, intérprete do Brasil. Número em homenagem ao centenário de nascimento de Alberto Guerreiro Ramos, v. 18, n. 1, 2016.

LARA, Juliane R. *Autoritarismo e democracia: duas formas de superação do atraso – Caio Prado Junior e Alberto Guerreiro Ramos no debate*. Juiz de Fora: UFJF, 2013. Dissertação (Mestrado em Sociologia).

LOPES, Thiago da C. *Sociologia e puericultura no pensamento de Guerreiro Ramos: diálogos com a escola de Chicago (1943-48)*. Rio de Janeiro: Fiocruz, 2012. Dissertação (Mestrado em História das Ciências e da Saúde).

LYNCH, Christian Edward Cyril. "Teoria pós-colonial e pensamento brasileiro na obra de Guerreiro Ramos: o pensamento sociológico (1953-1955)". *Caderno CRH*, v. 28, n. 73, pp. 27-45, 2015.

MAIA, João M. E. "A sociologia periférica de Guerreiro Ramos". *Caderno CRH*, v. 28, n. 73, jun. 2015.

_____. "História dos intelectuais no Terceiro Mundo: reflexões a partir do caso de Guerreiro Ramos". *Cadernos Ebape.BR (FGV)*, 13 set. 2015.

MAIO, Marcos C. "A questão racial no pensamento de Guerreiro Ramos". In: MAIO, Marcos C. e SANTOS, Ricardo V. (Orgs.). *Raça, ciência e sociedade*. Rio de Janeiro: Fiocruz/CCBB, 1996.

_____."Uma polêmica esquecida: Costa Pinto, Guerreiro Ramos e o tema das relações raciais". *Dados*, v. 40, n. 1, 1997.

_____."Guerreiro Ramos interpela a Unesco: ciências sociais, militância e antirracismo". *Caderno CRH*, v. 28, n. 73, 2015.

MALAQUIAS, Maria C. (Org.). *Psicodrama e relações étnico-raciais*. São Paulo: Ágora, 2020.

MARTINS, Tatiana G. *Florestan Fernandes e Guerreiro Ramos: para além de um debate*. Campinas: Unicamp, 2008. Tese (Doutorado em Sociologia).

MUNANGA, Kabengele. *Negritude: usos e sentidos*. São Paulo, Ática, 2. ed. 1988.

NASCIMENTO, Abdias. "Cartaz: Guerreiro Ramos". *Quilombo*, n. 9, p. 2, maio 1950.

_____."O senador Hamilton Nogueira denunciou a constituinte uma fraude contra o negro. Em declarações ao *Diário Trabalhista*, o professor Guerreiro Ramos aborda o importante problema". *Diário Trabalhista*, 24 mar. 1946.

NASCIMENTO, Eliana G. R. "Participação no Simpósio Guerreiro Ramos". *Revista de Administração Pública/ Dossiê Simpósio Guerreiro Ramos: Resgatando uma obra*, v. 17, n. 1, 1983.

NASCIMENTO, Elisa L. *Sortilégio da cor: identidade, raça e gênero no Brasil*. São Paulo: Selo Negro Edições, 2003.

_____."Cristo epistêmico". *Ilha: Revista de Antropologia*. v. 18, n. 1, pp. 81-105, jun. 2016.

OLIVEIRA, Lúcia L. *A sociologia do Guerreiro*. Rio de Janeiro: UFRJ, 1995.

PAULA, Ana Paula Paes de. "Estudos organizacionais críticos e pensadores nacionais". *Caderno Ebape.BR*, v. 13, n. 3, 2015.

PINTO, Luiz A. da C. "Ciência social e ideologia racial: esclarecendo intencionais obscuridades". *O Jornal*, 10 jul. 1954, p. 2.

RAGO, Elizabeth. *O nacionalismo no pensamento de Guerreiro Ramos*. São Paulo: PUC-SP, 1992. Dissertação (Mestrado em História).

RAMOS, Alberto G. *Introdução crítica à sociologia brasileira*. Rio de Janeiro: Editora UFRJ, 1995.

_____."Política de relações de raça no Brasil (1955)". In: *Introdução crítica à sociologia brasileira*. Rio de Janeiro: Editora UFRJ, 1995.

REIS, Raissa B. dos. *Négritude em dois tempos: emergência e instituição de um movimento (1931-56)*. Belo Horizonte: UFMG, 2014. Dissertação (Mestrado em História).

REVISTA de Administração Pública/ Dossiê Simpósio Guerreiro Ramos: Resgatando uma obra, v. 17, n. 1, 1983.

REVISTA de Administração Pública/ Dossiê Simpósio Guerreiro Ramos: Resgatando uma obra, v. 17, n. 2, 1983.

REVISTA Organizações e Sociedade. Dossiê. Edição especial Guerreiro Ramos, v. 17, n. 52, 2010.

RIOS, José A. "Participação no Simpósio Guerreiro Ramos". *Revista de Administração Pública/ Dossiê Simpósio Guerreiro Ramos: Resgatando uma obra*, v. 17, n. 2, 1983.

SANTOS, Joel R. "O negro como lugar". Prefácio a Alberto Guerreiro Ramos, *Introdução crítica à sociologia brasileira*. Rio de Janeiro: Editora UFRJ, 1995.

SHIOTA, Ricardo R. *Os pressupostos do debate intelectual entre Florestan Fernandes e Guerreiro Ramos: duas versões de teoria crítica da sociedade brasileira?* Marília: Universidade Estadual Paulista, 2010. Dissertação (Mestrado em Ciências Sociais).

_____."Guerreiro Ramos e a questão racial no Brasil". *Temáticas*, v. 22, n. 43, pp. 73-102, 2014.

SILVA, Mário A. M. da. "Frantz Fanon e o ativismo político-cultural negro no Brasil: 1960/1980". *Estudos Históricos*, v. 26, n. 52, pp. 369-90, 2013.

SILVA, Nádia M. C. da. "Guerreiro Ramos: um pensamento brasileiro decolonial na década de 50-60 do século XX". *Analéctica Arkho Ediciones*, v. 3, n. 23, 2017.

SOARES, Luiz A. A. *A sociologia crítica de Guerreiro Ramos*. Rio de Janeiro: Copy & Arte, 1993.

_____.*Guerreiro Ramos: considerações críticas a respeito da sociedade centrada no mercado*. Rio de Janeiro: CRA-RJ, 2005.

SOUZA, Márcio F. de. *A construção da concepção de desenvolvimento nacional no pensamento de Guerreiro Ramos*. Belo Horizonte: UFMG, 2000. Dissertação (Mestrado em Sociologia).

_____.*Guerreiro Ramos e o desenvolvimento nacional*. Belo Horizonte: Argumentum, 2009.

Negro sou

O negro no Brasil e um exame de consciência

HÁ CINCO ANOS um negro modesto reuniu alguns amigos e fundou o Teatro Experimental do Negro. Antes dele muitos homens de cor organizaram também associações de homens de cor. Sabíamos que quase todas tinham sido culturas de recalques, ou seja, agremiações constituídas sobre o equívoco de que o negro, para elevar-se, precisava isolar-se a fim de lutar contra o preconceito de cor. Dessa maneira tais associações se tornavam, como é lógico, centros de inquietação social. Outras vezes, tais associações não passavam de agremiações pitorescas em que os indivíduos se reuniam para fins recreativos.

Há cinco anos surgia no Rio de Janeiro o Teatro Experimental do Negro. Era mais um clube de diversões (parecia a princípio), e, em seguida, após algumas atividades, tais como a Convenção Nacional do Negro, parecia que se tratava de mais um centro de cultura de recalques, em que alguns negros "freudizados" se reuniam para carpir o destino da raça. Parecia.

Há cinco anos passados, o fundador do TEN me procurava para obter o meu apoio à sua iniciativa e eu o despistei, como se despista a um demagogo e a um negro ladino.

Ficou, entretanto, desse encontro a curiosidade pelo movimento. Acompanhei o TEN. Várias conversas, vários encontros com o fundador do TEN. E em certo momento vi, enxerguei a intuição que Abdias Nascimento carregava em si; vi, enxerguei a pista jamais suspeitada que ele estava abrindo na vida nacional.

Para um homem pegado de mau jeito pela sorte, como o que vos fala, e que está ainda com a vida por organizar, essa descoberta representava uma maçada. Uma maçada porque me obrigava a uma decisão, que honestamente só poderia ser uma: a de tornar-me um aliado de Abdias Nascimento na realização da sua obra pela valorização do homem de cor. Ai dos homens para quem as ideias existem!

A força daquela intuição venceu as minhas resistências e até mesmo o meu escrúpulo em confundir-me com certo tipo de reivindicador contumaz.

O TEN é fruto de uma profunda compreensão das peculiaridades do problema do negro no Brasil. Mal egressa da escravidão, a população negra em nosso país entrou para a vida republicana econômica, cultural e psicologicamente despreparada. Economicamente, toda essa população constituía o grosso das classes de baixo poder aquisitivo. Culturalmente, ela se apresentava afetada quase totalmente de analfabetismo e psicologicamente tal população carecia dos estilos mentais adequados à vida civil superior.

É esse todo um complexo psicológico-social elaborado em cerca de quatro séculos. Complexo que se exprime em atitudes que têm um longo passado e estão fundamente arraigadas na alma nacional e numa estrutura de classes rigidamente tecida, trabalho de cerca de quatro séculos de dominação do branco e do brancoide.

O negro livre tem a idade formal de 61 anos. Mas na verdade 61 anos é muito pouco tempo para se mudar o estilo espiritual de uma massa. Sessenta e um anos é muito pouco tempo para se transformar o estilo espiritual da população brancoide que há cerca de quatro séculos se iniciou no hábito de servir-se dos homens de cor como instrumento.

Sessenta e um anos é muito pouco tempo para tanto, sobretudo se se deixa o processo dessa transformação entregue a si mesmo, ao livre jogo dos fatores.

O idealismo utópico dos homens do Império e da República fazia da liberdade uma condição jurídica. Animados por esse idealismo utópico, os homens da Abolição deram ao negro a condição jurídica de cidadão livre. Mas sabe-se, hoje, que a liberdade é mais do que uma condição jurídica, é uma situação complexa, dinamizada por fatores psicológicos e sociais numerosos.

A condição jurídica de cidadão livre dada ao negro foi um avanço, sem dúvida. Mas um avanço puramente simbólico, abstrato. Socioculturalmente, aquela condição não se configurou; de um lado porque a estrutura de dominação da sociedade brasileira não se alterou; de outro lado porque a massa juridicamente liberta estava psicologicamente despreparada para assumir as funções da cidadania.

Assim, para que o processo de libertação dessa massa se positive é necessário reeducá-la e criar as condições sociais e econômicas para que essa reeducação se efetive. A simples reeducação dessa massa, desacompanhada da correlata transformação da realidade sociocultural, representa a criação de situações marginais dentro da sociedade.

É necessário instalar na sociedade brasileira mecanismos integrativos de capilaridade social capazes de dar função e posição adequada aos elementos da massa de cor que se adestrarem nos estilos de nossas classes dominantes.

O processo de libertação da gente de cor precisa ser submetido a uma técnica.

Não aquela técnica do messianismo que atribui à raça negra uma missão discutível. O "otimismo quiliástico ou milenarista" de certa camada da gente de cor é uma afecção mórbida, um mecanismo de compensação, resultante de certa incapacidade de ação.

Não é também a técnica de orientação ideológica, segundo a qual a gente de cor precisa reunir-se em forma de partidos para reivindicar os seus direitos. Tal técnica corresponde a um incorreto diagnóstico dos problemas do negro no Brasil e a uma incompreensão da própria contingência histórica.

Uma modificação substancial das condições de nossa gente de cor não depende de uma transformação política, simplesmente. Porventura, se um partido de negros subisse ao poder, os problemas da gente de cor ficariam resolvidos? Só os ingênuos acreditam nisso, só os ingênuos não percebem que a verificação de tal hipótese representaria um retrocesso, ou uma agressão, pois o homem de cor, entendido como homem-massa, não está habituado às funções de mando, as quais, como é sabido, supõem uma longa aprendizagem.

Qualquer movimento da gente de cor edificado sobre uma dessas duas técnicas está fadado ao fracasso e, ainda, constitui-se em fator de inquietação, retardativo da recuperação cultural da gente negra.

Eu disse que Abdias Nascimento descobriu uma pista jamais suspeitada na vida brasileira. O movimento que ele criou não tem precedente, nem similar. O Teatro Experimental do Negro é, pelos seus objetivos, um dos empreendimentos mais audaciosos na vida cultural do nosso país. Cada dia que passa, ele ganha em profundidade.

Recentemente, definindo o espírito e a fisionomia do TEN, assim se expressou Abdias Nascimento:

> O Teatro Experimental do Negro pertence à ordem dos meios. Ele é um campo de polarização psicológica, onde se está formando o núcleo de um movimento social de vastas proporções. A massa dos homens de cor, de nível cultural e educacional normalmente baixo, jamais se organizou por efeito de programas abstratos. A gente negra sempre se organizou objetivamente, entretanto, sob o efeito de apelos religiosos ou interesses recreativos. Os terreiros e as escolas de samba são instituições negras de grande vitalidade e de raízes profundas, dir-se-ia, em virtude de sua teluricidade. O que devemos colher dessa verificação é que só poderemos reunir em massa o povo de cor mediante a manipulação das sobrevivências paideumáticas subsistentes na sociedade brasileira e que se prendem às matrizes culturais africanas.
>
> A mentalidade da nossa população de cor é ainda pré-letrada e pré-lógica. As técnicas sociais letradas ou lógicas, os conceitos, as ideias, mal a atingem. A Igreja católica compreendeu isso e o sucesso das missões na época colonial vem daí.
>
> Não é com elocubrações de gabinete que atingiremos e organizaremos essa massa, mas captando e sublimando a sua profunda vivência ingênua, o que exige a aliança de uma certa intuição morfológica com o senso sociológico. Com estas palavras desejo assinalar que o Teatro Experimental do Negro não é nem uma sociedade política, nem simplesmente uma associação artística, mas um experimento psicossociológico, tendo em vista adestrar

gradativamente a gente negra nos estilos de comportamento da classe média e superior da sociedade brasileira.

Este trecho é uma condensação de sabedoria. Há uma centelha de gênio nesta colocação do Teatro. A princípio, tal amplitude atribuída ao teatro espanta-nos. Mas, à medida que nos recobramos da surpresa, percebemos que o teatro é, realmente, a essência de toda a vida.

Deus mesmo é um comediante e o universo, o seu teatro. Todos os livros sagrados narram dramas divinos, e, em certa cidade do Ocidente, um mortal registrou a divina comédia para deslumbramento de nossos olhos.

O mundo é o teatro do homem. Também o homem é um comediante.

Ocorre, porém, que o nosso mundo, o Ocidente, tem sido principalmente o teatro do homem branco. Quase tudo aí representa um precipitado histórico da alma do homem branco. Algum papel tem representado aí o homem de cor, mas ordinariamente de caráter secundário.

Os conteúdos de nossa cultura, como bem demonstrou Georg Simmel em seu ensaio sobre a cultura feminina, não são neutros, decorrem de uma complicada compenetração de motivos históricos e psicológicos.

O negro tem sido matéria predileta, no Ocidente. Foram os homens brancos que criaram a arte e a indústria, a ciência e o comércio, o Estado e a religião, no Ocidente. Assim, se se assegurasse em nossa civilização ao homem de cor uma certa franquia emocional, "isso significaria, sem dúvida, o descobrimento de um novo continente cultural".

André Gide, reconhecendo as possibilidades de objetivação cultural do negro, dizia recentemente que os homens de cor precisavam ser ouvidos — tema, aliás, mais extensivamente retomado por Jean-Paul Sartre, num magnífico ensaio, "Orfeu negro".

O branco, diz Sartre, desfrutou 3 mil anos do privilégio de ver sem ser visto; ele era olhar puro, a luz dos seus olhos tirava todas as coisas da sombra natal, a brancura de sua pele era ainda um olhar puro, a própria luz condensada. E, reportando-se à moderna poesia negra de língua francesa, que ele considera *la seule grande poésie révolutionnaire** de nossos dias, escreve:

> Hoje, esses homens negros nos olham e nosso olhar reentra em nossos olhos; tochas negras, por sua vez, iluminam o mundo, e nossas cabeças brancas não são mais que pequenas lanternas balançadas ao vento. Um poeta negro, sem ao menos dar-se conta de nós, segreda à mulher que ama:
>
> > Mulher nua, mulher negra
> > Vestida de tua cor que é vida [...]
> > Mulher nua, mulher obscura.
> > Fruto maduro de carne sólida, sombrios êxtases de vinho negro
>
> E nossa brancura nos parece um estranho verniz pálido que impede nossa pele de respirar, um maiô branco, vestido até os cotovelos e os joelhos, sob o qual, se pudéssemos tirá-lo, se encontraria a verdadeira carne humana, a carne cor de vinho negro.[1]

---

* "A única grande poesia revolucionária". (N. E.)

O homem de cor viveu sempre tutelado no Ocidente. Introduziram-no aí e lhe deram alguns papéis para representar, e até recentemente, em toda parte no Ocidente, ele permaneceu segregado em grandes aglomerados, imerso em sua mentalidade pré-lógica. Tendo ele próprio assimilado os padrões culturais do homem branco, passou a ver-se a si mesmo inclusive e à sua herança cultural através dos padrões culturais do homem branco. Assim, o homem de cor, especialmente o pouco instruído, é vítima de uma profunda ambivalência psicológica, que o faz hesitar entre as sobrevivências das culturas negras e os traços culturais representativos do Ocidente.

A pesquisa sociológica e antropológica tem provado, à saciedade, essa ambivalência.

Por toda parte onde culturas negras estabeleceram comércio com os valores ocidentais, ela se registra. Mas essa ambivalência, embora dolorosa, é a matéria-prima da subjetividade negra. Ela tem sido para o homem de cor o aguilhão que o mantém vivo, esperto e criador. As forças da alma negra longamente represadas constituem atualmente a maior reserva de vitalidade de nossa civilização. Quando tudo nesta civilização, quase inteiramente construída pelo esforço do branco, parece gasto, quando o impulso anímico desta civilização parece totalmente objetivado, quando toda a cultura já se transformou em civilização ou em burocracia, reponta uma esperança de salvação, descobre-se neste mundo uma mina inusitada, a alma negra, a subjetividade negra. Essa é a hora do homem de cor.

A reserva anímica do homem de cor já se entremostra em toda parte. Toda vez que lhe dão oportunidade de exprimir-se, ela extasia os sentidos cansados do homem branco.

Essa reserva anímica reponta numa cozinha famosa e picante, tão viva e estranha que mantém uma indústria turística. Reponta numa música de índole esquisita, como o samba, o blues, o jazz, o bebop, o *spiritual*; na poesia de sabor passional dos Langston Hughes e dos Solano Trindade; numa religião sincrética em que o dogma cristão se alia ao primitivismo; numa indumentária pitoresca, num folclore riquíssimo e em tantas outras expressões.

É importante observar que esse potencial anímico não se está empregando como um explosivo, mas como uma força de revitalização, dentro do Ocidente. O homem branco habituou-se com a sua criação e está empedernido. E esse empedernimento se exprime, por exemplo, em sua arte abstracionista, depauperada de paixão. Sua arte sofisticou-se em engenharia. E aí estão a atual música de engenheiro, pintura de engenheiro, poesia de engenheiro.

O homem de cor, porém, mal egresso de seu primitivismo, é portador de extraordinária disponibilidade espiritual. Tem a capacidade de ver tudo como se fosse pela primeira vez, de ver todas as formas em seu estado incoativo, e, quando terça os refinados estilos do branco, empresta-lhes uma autenticidade que eles pareciam ter perdido.

Utilizando os mesmos veículos de expressão do branco, o homem de cor manifesta o seu espírito em estado nascente.

Um americano ilustre me confessou que nunca viu um *Imperador Jones* tão convincente como o que o negro Aguinaldo Camargo representou na montagem do TEN. Quem tenha visto Ruth de Souza no palco não pode deixar de atestar, nessa atriz, um grande poder de persuasão. Os dramas a que ambos emprestam o seu talento se enriquecem de uma genuinidade que decorre da passionalidade que os anima.

Também seres passionais são um Solano Trindade, o João de Deus da poesia brasileira, que se utiliza dos trens do subúrbio para viajar no universo; Ironides Rodrigues, la bête enamorada de Greta Garbo, cuja fidelidade à arte desafia a fome; Abigail Moura, maestro e compositor de gênio; Raimundo Souza Dantas, com as suas núpcias comoventes com as letras; e Cléo Navarro, fantástica rosa dos ventos.

Esses e muitos negros ingressados na cultura que o homem branco elaborou estão devolvendo a essa cultura, quase extenuada, a sua significação pristina.

Não é sem motivo que em toda parte do mundo se está verificando uma tomada de consciência da subjetividade negra. É um evento que nada tem de assustador. Ao contrário, é um sintoma de convalescença de nossa civilização.

Os governos das democracias capitalistas parecem estar percebendo que a consagração da restrição dos direitos das massas dos homens de cor pode incliná-los à adesão às ideologias que se nutrem do ressentimento. A sábia política do presidente Truman é uma resposta hábil às contingências peculiares de nossa época. É significativo que ele esteja empenhando-se em assegurar, nos Estados Unidos, a plena emancipação jurídica da gente negra.

Por sua vez, as Nações Unidas, inspiradas por um ideal de conciliação de todas as raças, tendo disso dado provas efetivas, confiando ao negro Ralph Bunche uma das missões de importância mais decisiva para a paz mundial, constituem um dos mais poderosos estimulantes dessa tomada de consciência.

O Teatro Experimental do Negro é, no Brasil, a única instituição em seu gênero que encarna esse espírito de conciliação. Ele não é uma semente de ódio. É uma entidade pela qual os homens de cor do Brasil manifestam sua presença inteligente e alerta a um apelo do mundo.

É com esses objetivos que se instala, hoje, o Instituto Nacional do Negro, que iniciará as suas atividades com um Seminário de Grupoterapia.

Não desejo roubar o tempo da audiência para expor o programa desse novo departamento de estudos e pesquisas do TEN.

Seja-me permitido, entretanto, dizer algumas palavras sobre o que se pretende com o Seminário de Grupoterapia. A ideia desse seminário nasceu da constatação, confirmada em numerosas pesquisas realizadas entre nós, de que o ressentimento é uma das matrizes psicológicas mais decisivas do caráter do homem de cor brasileiro. Não é esta ocasião para descer a detalhes sobre esse assunto. Mas é do conhecimento de todos que há entre os nossos homens de cor várias espécies de animosidade. Entre outras, há a animosidade do negro de status inferior contra o negro de status superior, do negro contra o mulato e deste contra o negro, e, ainda, em quase todo homem de cor parece existir uma certa tendência a explicar os seus insucessos sociais, entre os brancos, em termos de preconceito racial, quando muitas vezes tais insucessos são resultantes principalmente de sua despreparação cultural.

Esse ressentimento é um precipitado emocional da estrutura da sociedade republicana brasileira.

Ele é, embora em menor grau, da ordem daquela dinamite psíquica que na Revolução Francesa impulsionou a plebe contra a nobreza espúria. Em seu famoso livro *O ressentimento na construção da moral*, diz Max Scheler que a enorme explosão de ressentimento que se manifestou na Revolução Francesa contra a nobreza e os estilos de vida que se relacionavam com ela, assim como a formação desse ressentimento em geral, seria completamente inconcebível se essa nobreza não estivesse formada em mais de quatro quintos de sua composição nominal (segundo os cálculos de Werner Sombart, em *Luxo e capitalismo*) por plebeus que, por compra dos bens nobiliários, se apoderaram dos títulos de nomes de seus possuidores, e se seu sangue não estivesse dissolvido por enlaces de conveniência.

Ora, como o plebeu saído dos "estamentos" medievais, o negro é um recém-egresso da escravidão. Há 61 anos, não funcionava para o negro escravo o princípio da competição social. Até aquela época, o negro tinha moldado "seus hábitos de pensamento e de agir pelo sistema da escravidão". A sua definição do mundo era, por assim dizer, quietista. Isto é, a sociedade lhe parecia um esquema definitivo, em que era perfeitamente legítimo que as funções sociais fossem transmitidas por herança. Os negros aceitavam seu próprio status inferior como uma parte da ordem da natureza, e desenvolviam as atitudes, sentimentos, lealdades e crenças que se ajustavam ao seu status inferior. Eram, até então, não apenas escravos no corpo, mas psicologicamente escravos. Sem as atitudes mentais apropriadas nenhum grupo pode ser mantido em regime de escravidão. Nenhum sistema de escravidão pode ser mantido apenas na base da força física. A lei de 13 de maio de 1888 não podia mudar a estrutura do caráter do negro de um momento para outro.

Ela o tornou juridicamente igual a todos os cidadãos brasileiros. Mas, efetivamente, o seu novo direito era uma abstração. Por outro lado, a estrutura do caráter do negro teve de modificar-se, sob o influxo da nova ordem social. Assimilou o novo sistema de concorrência social que, no dizer de Scheler, "é um sistema em que as ideias relativas às funções e seus valores se radicam na atitude de todos desejarem ser mais e valer mais em tudo". Todo "posto" passa a ser um ponto de transição nessa caça geral. O negro deixou de ser um quietista para ser um "aquisitivo". Passou a ser "igual" ao branco, e quando experimentou sê-lo sentiu a sua própria impotência. O seu ressentimento se originava daí, dessa contradição.

Se a igualdade jurídica do negro fosse equivalente a uma igualdade econômica e cultural, o seu ressentimento, pelo menos o social, teria sido escasso.

São oportunas a esse propósito as palavras de Max Scheler. Diz o sociólogo:

> O ressentimento será escasso — e o tem sido — por exemplo: em uma organização da sociedade em castas, como aqui existia na Índia; ou em uma organização de classes rigorosamente articuladas. A máxima carga de ressentimento deverá corresponder àquela sociedade em que, como a nossa, os direitos políticos — aproximadamente iguais — e a igualdade social, publicamente reconhecida, coexistem com diferenças muito acentuadas no poder efetivo, na riqueza efetiva e na educação efetiva; em uma sociedade em que qualquer indivíduo tem direito a comparar-se com qualquer um sem, contudo, "poder comparar-se de fato". A própria estrutura social nesse caso implica uma poderosa carga de ressentimento.[2]

Ora, o TEN já é, em essência, um centro de grupoterapia, ou seja, uma sociedade em que pretos, mulatos e brancos se reúnem simpateticamente; uma sociedade, portanto, em que os homens de cor têm oportunidades de se libertarem experimentalmente de suas tensões emocionais. A grupoterapia é nada mais nada menos que isso. O que se pretende no Instituto Nacional do Negro é dar um conteúdo sociológico ao que o TEN vem pondo em prática de maneira intuitiva, e, ao mesmo tempo, empregar de maneira mais extensa essa nova técnica social, largamente aplicada na última guerra.

Iniciativas como essa definem o TEN. Muitos homens de cor, como também muitos brancoides, gostariam que ele fosse animado de truculência. Não nos confundimos com aqueles que fazem indústria do ódio e do ressentimento. O integral sucesso de nossa iniciativa depende, entretanto, de que, como diria Alioune Diop, os poderosos despertem de sua indiferença e de seu egoísmo e reconheçam aquilo que o gênio e a vontade do TEN oferecem à sociedade brasileira de mais singularmente construtor.

Apresentação da grupoterapia

> O homem deve tornar-se um autoinstrumento perfeito e total.
>
> NOVALIS

O Instituto Nacional do Negro [INN], que é o departamento de pesquisas e estudos do Teatro Experimental do Negro [TEN], inaugurou no dia 19 de janeiro, no terceiro andar da ABI — dependência do Serviço Nacional de Teatro —, o seu novo órgão, o Seminário de Grupoterapia. Presente uma assembleia constituída de elementos do TEN, estudiosos dos problemas da gente de cor, intelectuais e escritores, proferiu a aula inaugural o professor Guerreiro Ramos, sociólogo de renome e diretor do INN. Dado o grande interesse despertado e a importância de que se reveste a experiência desse seminário que vai apresentar pela primeira vez no Brasil representações de psicodramas e sociodramas, publicamos abaixo o resumo da aula inaugural do professor Guerreiro Ramos.

No FIM DO SÉCULO XVIII, iniciou-se na Europa um dos períodos de mudança social dos mais radicais que se conhecem. Tal transição adestrou alguns espíritos lúcidos numa nova concepção da sociedade, isto é, numa concepção que procurava ser tanto quanto possível científica.

Saint-Simon imaginou uma "fisiopolítica" cujo objetivo seria a direção científica da sociedade. Ele é, assim, um precursor dos estudos atuais sobre planificação.

Saint-Simon, porém, preocupou-se quase exclusivamente com o aspecto social da transição. Foram, sobretudo, Charles Fourier e Robert Owen que, na mesma época, focalizaram os aspectos psicológicos da mudança social.

O primeiro percebeu nitidamente que a sociedade de seu tempo se tornara arcaica, uma espécie de camisa de força imposta aos seus contemporâneos. Haveria, segundo o filósofo francês, um desacordo fundamental entre as instituições e a natureza humana. Para corrigi-lo, concebeu um plano de reconstrução da sociedade, cuja peça principal era o "falanstério", espécie de ambiente ideal para a criatura humana no qual as paixões (assim ele chamava aos impulsos naturais do homem), "desfrutando de perfeita liberdade, poderiam combinar harmoniosamente e funcionar em benefício da sociedade".

Robert Owen é também autor de um plano de sociedade racional que ele expõe em sua obra *A New View of Society*. Salientou o socialista inglês que o caráter do homem é pré-fabricado pelos seus predecessores. Suas ideias, hábitos, crenças são preestabelecidos pela tradição. A esse fato imputa os males de sua época e afirma o princípio revolucionário de que através da manipulação das circunstâncias é possível governar e dirigir a conduta humana.

Esses dois homens são na minha opinião dois "faróis", na acepção baudelairiana do termo. Deles se desprendem as correntes de pensamento que vão tomar na ciência do ajustamento social que se poderá chamar de *sociatria* ou de *sociometria*, com Jacob L. Moreno.

Ambos formularam diagnósticos corretos. Não encontraram, porém, uma terapêutica acertada, um método efetivo de resolução do problema social fundamental de seu tempo — o desajustamento entre a estrutura da sociedade e a natureza humana. Imaginaram que seria possível a transformação da sociedade, mediante uma espécie de operação cirúrgica, mediante um ato de heroísmo e de renúncia das classes dominantes.

Não contaram com os interesses investidos, nem com a inércia emocional com que esbarra toda tentativa deliberada de mudança social. Por essa razão é que eles foram "utópicos".

A sociedade passa do estado do utópico para o estado científico quando descobre processos não heroicos de ajustamento psicológico.

A psicanálise representa o início da fase científica da sociatria. Entretanto, a deformação profissional do seu criador o induziu a erros graves, o principal dos quais é a confusão do biológico com o social, confusão que só recentemente foi inteiramente desfeita, especialmente graças aos esforços do médico e sociólogo austríaco Jacob L. Moreno, criador da *sociometria*.

Se se fizer um balanço do que resultou de positivo dos trabalhos de Charles Fourier e Robert Owen, encontrar-se-ão as seguintes conclusões:

1. a de que o ajustamento do homem às instituições impõe certa distorção de seus impulsos genuínos;
2. a de que o caráter social do homem não é um atributo fixo e imutável; e
3. a de que é possível transformar o caráter social do homem através da manipulação indireta das circunstâncias e, portanto, de uma terapêutica do desajustamento.

Em resumo, Fourier e Owen abriram a pista da patologia da normalidade e da técnica sociológica de eliminação das tensões emocionais.

O tema da patologia da normalidade é complexo e impõe um desenvolvimento.

Para que um homem se torne socialmente "normal", isto é, integrado na sociedade, é necessário que adquira um caráter que o faça *agir* e *querer* como *agem* e *querem* os outros membros da sociedade (Erich Fromm). Nessas condições, o homem aprende a ser normal, por assim dizer, como se aprende a tocar piano. A aquisição da normalidade ocorre, porém, às custas de um certo sacrifício da originalidade, da espontaneidade e da liberdade do ser humano.

Quando Auguste Comte disse que os mortos dirigem cada vez mais os vivos, pôs o dedo nesse problema da automutilação que cada homem se impõe a fim de encaixar-se no sistema social. A educação é, em boa parte, um treinamento que objetiva "reduzir a independência e a liberdade do indivíduo até o nível necessário à existência social". Rainer Maria Rilke disse que ela consiste em substituir os dons por lugares-comuns.

Nessas condições, cada ser humano socialmente ajustado, por mais perfeita que seja a sociedade em que se encontre, é vítima de um déficit de espontaneidade. Na verdade, o homem é um grande consumidor de "conservas culturais". Quase todo o seu comportamento é uma reprodução de *moldes* ou *respostas* conservadas, moldes ou respostas que ele não elaborou livremente, que lhe foram legados pelos *mortos*, como insinuava Auguste Comte.

A normalidade implica, portanto (Erich Fromm):

Apresentação da grupoterapia 61

1. o enfraquecimento ou paralisia da originalidade ou espontaneidade da pessoa;
2. a substituição do "eu" genuíno por um "pseudo-eu", como a soma total das expectativas dos outros a meu respeito;
3. a substituição da autonomia pela heteronomia.

É preciso advertir que mostrar o aspecto patológico da normalidade não implica fazer a apologia da anormalidade. Antes da psicologia social de nossos dias focalizar a sua atenção sobre esse problema, já um poeta cristão, Charles Péguy, o tinha entrevisto, quando verberava aqueles que "pensam por pensamentos feitos, querem por vontades feitas e sentem por sentimentos feitos", e mais precisamente quando afirmava: "Há uma coisa pior do que uma alma perversa: é uma alma habituada".

A investigação da patologia da normalidade ou da "conserva cultural", como quer J. L. Moreno, indica a necessidade de descobrir um processo que torne possível a integração social do homem, com um mínimo possível de economia de sua espontaneidade e, ainda, um processo de treinamento da espontaneidade naqueles que a perderam.

A diminuição do déficit da espontaneidade através de processos terapêuticos não é, aliás, uma prática recente. Aristóteles reconheceu um desses processos no que chamou de *catarsis*. Em sua *Poética*, escreveu o filósofo: "A função da tragédia é produzir nos espectadores, através do medo e da compaixão, a libertação de tais emoções". Também a poesia, a capacidade de ver as coisas como se fosse pela primeira vez, tem sido sempre adquirida através de um processo de treinamento da espontaneidade. Ilustram-no os Hölderlin, os

Novalis, os Rimbaud, os Rilke, os Murilo Mendes, os Carlos Drummond de Andrade.

A grupoterapia lança suas raízes nessa tradição. Ela é a cultura da espontaneidade, um processo sociológico de purgação de conservas culturais.

Teoria e prática do psicodrama

> O homem é um ser eminentemente teatral.
> MURILO MENDES

ATÉ HOJE O DRAMA DIZ RESPEITO, em sua acepção comum, às peças elaboradas para serem representadas num palco. Todavia, um exame mais acurado do conceito, à luz de recentes resultados da psicologia social e da sociologia, torna imperativo redefinir o drama, reivindicar para o termo um significado mais amplo.

De fato, o comportamento social do homem não é inato. É um sistema de papéis que têm de ser aprendidos e que devem ser inculcados ao recém-nascido. O comportamento social de uma abelha, de uma formiga, de uma térmita lhe é dado pronto pela espécie. O homem, porém, não recebe já elaborado da espécie um equipamento de papéis sociais. Para participar da comunidade social tem de aprender, através de ensaios e erros, os papéis sociais, os quais, integrados em sistema, constituem a sua personalidade. A vida social é, pois, representação, e o drama é consubstancial e coextensivo à sociedade.

A essência da sociedade é o drama, a convenção, concluíram a psicologia e a sociologia moderna, revelando assim possibilidades quase ilimitadas de modelação deliberada da vida social e de autoinstrumentalização da personalidade humana, como queria Novalis. E as ilustrações mais espetaculares da efetividade do conceito convencional ou dramático da sociedade são as planificações postas em prática na Rússia, na Alemanha e na Itália, os modernos processos de direção e de manipulação da opinião pública e de formação de pressão social, postos em prática nos países democráticos, especialmente nos Estados Unidos, a conduta ideológica, a psiquiatria etc.

O teatro é, assim, uma forma particularíssima do drama. Muitas outras existem, entre as quais o solilóquio, o sociodrama, o psicodrama.

Foi um sociólogo e médico austríaco, J. L. Moreno, quem mais decisivamente contribuiu para a nova interpretação do significado do drama, e grande parte deste ensaio inspira-se em sua obra numerosa.

Nesta oportunidade serão expostas a teoria e a prática do psicodrama.

O psicodrama é, ao mesmo tempo, um método de análise das relações humanas e um processo de terapêutica psicológica. Aliás, ordinariamente é difícil separar o intuito analítico do intuito terapêutico.

Realiza-se o psicodrama com a pessoa, ou as pessoas, que constituem objeto de análise, e os eus auxiliares que são outras pessoas que fazem os papéis das que estão ausentes. Suponhamos que se deseja realizar um psicodrama para analisar um conflito entre um indivíduo, A, e seus pais, B e C. A situação pode ser configurada no palco fazendo A o papel real de filho e duas outras pessoas os papéis de B e C, depois de receberem, de A ou de outrem, informações acerca de B e C.

O palco representa a miniatura da sociedade, em que se materializa o problema psicológico. Na psicanálise o caso é exposto apenas de modo verbal. No psicodrama se concretiza efetivamente a constelação de relações de que o indivíduo é participante. A análise desse tipo opera com elementos mais numerosos e fidedignos do que os colhidos na hipótese, na narcossíntese e na psicanálise. Por outro lado, enseja-se aí, ao paciente, a possibilidade de lutar — não apenas na dimensão imaginária e verbal, mas em todas as dimensões — com seus temores e ansiedades.

O paciente, no palco, pode ser treinado num novo papel ou numa nova conduta. Sua readaptação é obtida aí, e a confiança que ele aí adquire, observa Ernest Fantel, pode ser transportada para a vida real.

A representação pelo paciente e pelos eus auxiliares dos aspectos fundamentais do problema psicológico introduz o analista na compreensão da situação efetiva do paciente, e é na base dessa compreensão que se poderá realizar a terapêutica.

É, porém, a catarse o mecanismo fundamental do psicodrama. Daí o motivo por que Aristóteles deve ser considerado o precursor do método psicodramático. Foi o filósofo grego quem descobriu que a tragédia, pela compaixão e o terror, provoca uma libertação própria a tais emoções. E identificou essa espécie de libertação interior com a palavra "catarse", metáfora poética tirada da medicina — da qual era curioso, observa Pero de Botelho, em seu pequeno mas excelente *Tratado da mente grega*. (Aliás, Aristóteles pressentiu também a psicomúsica, quando, numa passagem de sua *Política*, se referiu aos "cantos purificadores".)

Shakespeare foi, entretanto, mais além do que Aristóteles. Numa de suas tragédias, *Hamlet*, o seu herói imagina um verdadeiro psicodrama, como expediente para analisar as emoções do rei e da rainha da Dinamarca e levá-los à experiência do remorso pelos seus crimes, ou seja, a uma purgação psicológica.

A ideia psicodramática se delineia, em Hamlet, depois de ter ouvido o fantasma de seu pai, cuja narração salienta este trecho capital:

> Enquanto dormia no meu jardim, era esse o meu costume todas as tardes; teu tio, aproveitando a minha inconsciência, aproximou-se de mim munido de um frasco de meimendro, e lançou-me num ouvido o conteúdo. É um veneno tão ativo para o sangue humano que, com a sutileza do mercúrio, corre e se infiltra em todos os canais, em todas as veias, coalhando e alterando o sangue pela sua ação enérgica: o mais puro e límpido não lhe resiste, é como uma gota de qualquer ácido numa taça de leite, tal foi o seu efeito, que uma lepra instantânea cobriu meu corpo de uma crosta impura e infecta. Eis como, durante o meu sono, tudo me foi arrebatado de uma vez, e pela mão de um irmão: vida, coroa e consorte.[1]

A narração da Sombra introduz Hamlet num mundo de dúvidas e hesitações. Ele se pergunta se a Sombra não será uma ilusão ou obra do demônio; por outro lado, não vê claramente a maneira de vingar o assassinato do pai. Nesse estado de espírito é que Guildenstern lhe fala dos atores ambulantes que encontrara no caminho. A ideia do psicodrama, concebe-a Hamlet durante a primeira representação dos atores ambulantes. Quando esta termina e os atores estão retirando-se, chama um deles e encomenda-lhes uma encenação da morte de Gonzaga. Sozinho, na sala, expõe a si mesmo a sua ideia com toda clareza:

> Ouvi dizer que criminosos assistindo a representações dramáticas de tal modo se perturbavam vendo a sua culpa em cena que, espontânea e imediatamente, fizeram confissão de seu crime, porque o assassino, embora mudo, trai-se e fala. Quero que os atores representem na presença de meu tio a morte de meu pai, observarei as suas feições, sondarei as suas impressões; se se perturbar, sei o que me cumpre fazer. O espírito que me apareceu talvez seja um demônio, porque pode revestir-se da forma de um objeto amado, tem poder sobre as almas melancólicas, e quem sabe se na minha fraqueza e dor acha os meios para me perder, condenando-me para sempre. Quero ter a certeza; o drama em questão será o laço armado à consciência do rei.

Hamlet é descrito na cena II do terceiro ato como um verdadeiro líder psicodramático. As instruções que ele dá a seu amigo Horácio e a sua própria atitude durante o espetáculo encontram similares nas práticas atuais levadas a termo em teatros terapêuticos. Para comprová-lo, leia-se todo o diálogo entre Hamlet e Horácio, momentos antes de começar a pantomima. "Tu observa-o atentamente", diz o herói a Horácio (referindo-se ao rei, seu tio), "eu não o perderei de vista; depois, juntando os nossos juízos, concluiremos conforme ao que vimos."

Shakespeare assim descreve a pantomina:

> (Soam os clarins, começa a pantomima. Um rei e uma rainha entram em cena, o seu aspecto é de namorados, abraçam-se. A

rainha ajoelhada aos pés do rei, mostrando pelos seus gestos que lhe protesta o mais vivo amor. O rei levanta-a, e inclina a cabeça sobre o seu ombro; depois deita-se num banco coberto de flores. A rainha, vendo-o adormecido, sai. Aparece um personagem que lhe tira a coroa e a leva aos lábios, lança veneno num ouvido do rei, e sai em seguida. Volta a rainha, acha o rei morto, e dá mil sinais de desespero. O envenenador, seguido por duas ou três pessoas, chega e parece lamentar-se com a rainha. O cadáver é levado da cena. O envenenador requesta a rainha, dá-lhe presentes. Ela mostra a princípio repugnância, mas acaba por aceitar o amor oferecido. Saem.)

Esse enredo que se representa numa sala do castelo de Helsingor é, realmente, como quer o seu idealizador, "um laço armado ao crime". Nele aparecem os eus auxiliares do pai de Hamlet, do rei e da rainha. Os pacientes assistem ao seu psicodrama, entre os espectadores. Quando o rei, no meio da representação, já inquieto com o desfecho da peça, depois de perguntar a Hamlet se ela nada contém de repreensível, indaga o seu título, o herói responde:

"'O Laço', já se sabe, por metáfora."

O clímax da função é atingido quando um ator recita:

O pensamento negro, o braço bem disposto,
A droga preparada, a hora favorável,
Cúmplice a ocasião, a ver nem um só rosto,
Mistura infecta e imunda, ex-trato abominável
De peçonhenta sarça à meia noite achada,
Três vezes poluída e três envenenada

D'Hécate à maldição; possa a tua virtude
Fechar uma existência, e abrir um ataúde.

(Deita veneno num ouvido do rei adormecido.)

É nesse momento que Ofélia exclama para Hamlet: "O rei levantou-se". De fato, não suportando o que hoje chamaríamos de choque terapêutico, o rei, de pé, ordena, depois de o cortesão Polônio ter determinado cessasse a peça: "Tragam luzes. Saiamos".

O choque deflagra no rei e na rainha o processo de purgação psicológica. Sozinho, o rei diz esta frase que revela indisfarçavelmente sua ambivalência interior: "Pareço um homem que duas ocupações reclamam, e que, não sabendo por qual optar, não escolhe nenhuma". E na cena IV do terceiro ato, que se passa num quarto do castelo, a rainha, ao ser acusada com veemência pelo filho, interrompe-o: "Oh! Hamlet, cessa por piedade; obrigas o meu olhar a volver-se todo para a minha alma, e nela descubro máculas tão negras e tão profundamente impressas, que nada já as pode lavar".

A tragédia de Shakespeare é, portanto, uma espetacular demonstração dos poderes terapêuticos do drama. A moderna prática do psicodrama firma-se no mesmo princípio em que se baseou Hamlet. Apresenta, entretanto, aspectos organizacionais que lhe dão maior eficácia que as peças teatrais.

No atual psicodrama a operação catártica se transporta do auditório para o palco. Como no drama primitivo, no psicodrama não há diferenciação entre ator e espectador. O paciente representa no palco o seu próprio psicodrama e experimenta uma catarse, em três dimensões, como criador do seu próprio drama, como ator e, ao mesmo tempo, como espectador.

Distingue também o psicodrama da peça teatral comum o fato de que o primeiro não é o que J. L. Moreno chama de "conserva cultural". O psicodrama não é uma obra pré-realizada, destinada a ser executada no palco segundo determinações preestabelecidas. O psicodrama é improvisado e não submete os que o executam senão à sua espontaneidade, permitindo surpreender as emoções em seu estado nascente. É uma forma de teatro da espontaneidade, *"Stegreiftheater"* ou *"impromptu theater"*.

No Seminário de Grupoterapia que estou realizando no Instituto Nacional do Negro, tive oportunidade de fazer algumas demonstrações públicas de psicodrama. Numa delas, depois de expor o que era o novo método, pedi que alguém da audiência me apresentasse um problema psicológico para psicodramatizar. Um jovem se me apresentou. Disse-me que tinha aversão pelo seu pai, com o qual não vivia há muito tempo e de quem mesmo não tinha notícias. A razão de sua aversão era o mau tratamento que o seu pai dispensou sempre à sua mãe e ao jovem. Como a sessão tinha um caráter mais acadêmico ou informativo do que terapêutico, aproveitei o ensejo para mostrar aos participantes do seminário o psicodrama como método de análise das relações humanas.

Depois de fazer algumas perguntas ao jovem a fim de me certificar da sinceridade de suas disposições, pedi-lhe que descrevesse para uma moça que escolhi para fazer o papel de eu auxiliar o tipo de sua mãe, e também que narrasse a última cena chocante que presenciou entre seus pais.

A meu pedido, ainda, o jovem dispôs os móveis sobre o palco de maneira a dar uma ideia do aposento de sua casa onde a cena real se desenrolara.

Isso posto, iniciou-se o psicodrama. O eu auxiliar (a mãe) sentado numa cadeira. Entra o jovem, fazendo o papel de seu próprio pai. Assiste-se a uma troca de insultos e imprecações. Aquela curta representação foi o necessário para introduzir a audiência na compreensão da matriz dos sentimentos do jovem voluntário.

Um outro aspecto da vida do jovem foi psicodramatizado. A cena foi a seguinte. O pai do jovem, um eu auxiliar, chega da rua e é informado pelo filho de que na vizinhança suspeitavam de que tivesse sido ele o autor de um furto. O pai avança para o menino e diz-lhe:

Pai — Foi você mesmo quem roubou, seu moleque!

Jovem — Não foi, papai!

Pai — Não minta, moleque.

Jovem — Não estou mentindo, papai, não fui eu.

Pai — Moleque, sem-vergonha, já lhe disse que não quero ver você com esses vagabundos da vizinhança. Passa o dia com eles e só aprende a roubar. Vagabundo! (*Avança para o menino como quem vai bater.*)

Jovem (*quase chorando e temeroso*) — Papai, o senhor não vai me bater...

(*O pai avança para o menino e o espanca.*)

A cena foi tão convincente e sincera que a audiência prorrompeu em palmas entusiásticas. Tais manifestações fogem à natureza do psicodrama. Ali, porém, eu estava fazendo uma demonstração. Tratava-se de um seminário em que todos procurávamos aprender. O que ocorreu quase que valeu apenas como uma ilustração da palestra. Ainda assim, fiz uma rápida análise do psicodrama e, como a audiência não se dispunha a discutir comigo os casos apresentados (há duas horas que estávamos numa sala), encerrei a sessão.

O psicodrama é um método de análise das relações humanas que lança suas raízes na tradição europeia (sobretudo dramática e poética) e supera os quadros do provincialismo da sociologia americana (ao qual recentemente se referiu Robert K. Merton). O líder psicodramático tem de ser sociólogo e poeta.

Teoria e prática do sociodrama
(Notas)

> [...] *denn schon das frühe Kind wenden wir um und zwingens,*
> *dass es rückwärts Gestaltung sehe...**
>
> RAINER MARIA RILKE

ESTAMOS TÃO ACOSTUMADOS a admitir que a personalidade é uma esfera vital distinta da sociedade que a custo percebemos que ela não é uma condição necessária da existência humana. Quanto mais remontamos aos estádios originários da sociedade, mais claramente verificamos a impossibilidade de distinguir o pessoal do social. O homem só adquire a consciência de sua personalidade num estádio avançado da evolução social. Sua primeira visão do mundo não foi obra sua, mas elaborada pela tradição. Aderido a esta, o seu eu era um produto inteiramente configurado pela sociedade. A posse do indivíduo pela sociedade, em suas etapas iniciais, é tão profunda que, como mostrou recentemente Hans Kelsen (*Society and Nature*), a própria natureza permanece incorporada ao domínio do social.

---

* "[...] pois desde a infância desviamos o olhar para trás e o espaço livre perdemos". Rainer Maria Rilke, *Elegias de Duíno*, sétima elegia, trad. Dora Ferreira da Silva. São Paulo: Biblioteca Azul, 2013. (N. E.)

O primitivo é monista, não faz distinção entre a sociedade e a natureza.

A emergência da personalidade é condicionada por situações históricas especiais. Enquanto a sociedade é capaz de dar todo o sentido à existência de cada um dos seus membros, a percepção de uma experiência individual independente é obscura. Nesse caso é que o indivíduo poderia dizer com Bastian: "Eu não penso, pensam em mim". O indivíduo, nesta fase, é incapaz de subsistir como tal, e, se o grupo, a tribo, ou, mais sociologicamente, a horda, for destruída por um cataclismo ou por uma guerra, ele também sucumbe. A história da invasão do Império Romano registra casos dessa espécie.

A consciência da personalidade é correlata a um certo mal-estar na cultura. Implica a perturbação do equilíbrio entre o indivíduo e a sociedade, o enfraquecimento do poder coercitivo da tradição e, ainda, a passagem de uma etapa de isolamento a outra em que os contatos se multiplicam, em número e espécie.

O despertar da personalidade se registra, no Ocidente, a partir do fim do século XIII, na Itália, pois até então a consciência, com as suas duas faces, "a que olha o mundo e a que olha o interior do homem", estava "recoberta por um véu, vivendo em sonho, em estado de meia vigília".[1] O homem, observa Jacob Burckhardt, só se reconhecia como raça, povo, partido, corporação, família etc., isto é, em uma ou outra forma do universal.

Émile Durkheim foi um dos primeiros sociólogos que trataram desse tema. Seu livro *A divisão do trabalho social* contém uma teoria explicativa do advento da personalidade. Uma das contribuições mais válidas dessa obra são as categorias de solidariedade orgânica e solidariedade mecânica.

A solidariedade mecânica resulta da semelhança psicológica entre os indivíduos, dentro de um mesmo espaço social. É à sua custa que as sociedades primárias e isoladas ganham consistência. Nelas, a vida do *socius* transcorre conforme padrões já elaborados, de modo que o que resta para a iniciativa individual é praticamente pouco significativo. Para resolver os limitados problemas que se apresentam ao homem, basta recorrer a soluções já prontas.

À medida que a sociedade se torna complexa, geralmente em virtude de romper-se aquele isolamento em que permanecia, e, portanto, de cada vez mais depender de contatos com outras sociedades, aparecem os estímulos à iniciativa individual. Tornam-se importantes as soluções novas, e mais estimados aqueles *socius* capazes de inventar e oferecer contribuições eficazes à conservação do grupo. A esse fato junta-se ainda o da divisão do trabalho social, que, quando muito extensa, conduz à perda da visão unitária da sociedade e à preponderância de solidariedade orgânica, isto é, baseada na heterogeneidade das condutas. Nessas épocas, o indivíduo adquire, pela primeira vez, a consciência de que tem um destino, de que deve planejar sua existência para subsistir. Ocorre, então, que se passa a valorizar tanto as diferenças como as uniformidades, e que o indivíduo procura instrumentalizar a sociedade, pondo-a a serviço de sua expressão e de seus interesses.

O drama da personalidade consiste em que, de um lado, ela quer realizar uma missão, uma vocação, um destino único, e, de outro lado, encontra estilos sociais organizados na suposição da identidade fundamental de todos os homens. Em nossos dias, ainda que a sociedade procure diminuir essa fricção, tomando, através do Estado e de outras instituições (orientação profissional, *"child guidance"*, clínica de comportamento etc.), a iniciativa de ajustar os seus membros às suas exigências, a realização singular do destino humano continuará sempre problemática.

Na criação literária, por exemplo, a tensão entre o individual e o social é patente.

O artista tem de exprimir sua visão pessoal do mundo usando significados socialmente definidos. A solução, para o artista, é utilizar as palavras como máscaras. Elas estão ali no papel, mas como senhas, seu sentido convencional servindo como disfarce ou cobertura de um significado recém-elaborado.

Em certas obras, poder-se-á ver essa dissociação entre o significado externo e o indireto. Para muitos leitores, a *Odisseia* é nada mais que a narração de uma aventura pitoresca, escapando-lhes inteiramente o humanismo que encerra. Para outras, as *Elegias de Duíno* constituem um *non sens*. A razão disso parece ser o fato de que há vários graus de socialização, desde o eu solitário até o eu incapaz de solidão, inteiramente despersonalizado e gregarizado, para o qual só têm vigência os estereótipos. Nas *Cinco meditações sobre a existência: solidão, sociedade e comunidade*, Berdiaeff estuda esse assunto, do ponto de vista de sua filosofia social.

A compreensão da personalidade requer um profundo conhecimento dessas questões. Compreender um homem é ser capaz de distinguir o sentido externo de sua expressão (obras, atos etc.) daquele sentido indireto. Quanto mais rica e profunda uma personalidade, mais difícil essa penetração. É que, neste último caso, o exegeta terá muitas vezes de abandonar a zona do convencional e descobrir o princípio mesmo da vida que estuda. Sem esse princípio, é impossível surpreender a unidade psicológica dos atos de um personagem.

Referindo-se, precisamente, à realidade de um eu autêntico diverso do eu sujeito das relações sociais, Charles Morgan escrevia recentemente:

> Nenhuma tarefa do historiador é mais difícil do que a de distinguir um homem dos seus atos. Bonaparte não foi apenas um general e um legislador, não consistiu em sua carreira militar e em sua política civil. Ele foi aquele animal único. Napoleão, filho de Letícia, marido de Josefina, prisioneiro de Santa Helena, uma criança que se tornou um jovem, um jovem que se tornou um homem, carregando dentro de si um sentido de sua contínua identidade, consciente, como todos nós somos, de que seus atos eram misteriosamente independentes dele e que quem quer que o julgasse pelos mesmos estava, em grande parte, baseando seu julgamento sobre mera aparência. Um homem vive e estriba sua existência tão poderosamente num plano de imaginação que o que é ordinariamente chamado os fatos de sua vida, mesmo quando eles incluem suas cartas e sua conversa, é uma evidência extremamente incompleta de sua natureza. Seu pensamento entre o sono e a vigília, suas pequenas esperanças e decepções, suas ideias acerca de si mesmo, mil segredos dos quais nem ele possui a chave, são partes necessárias da verdade total, e todas as suas obras dão ao historiador acesso a não mais do que um fragmento desses fragmentos.[2]

O dito de Rilke de que a glória é a soma de mal-entendidos que se dizem a respeito de uma pessoa é também uma intuição da irredutibilidade do eu autêntico a termos sociais. E, a propósito, na segunda metade do século XVIII, Lichtenberg lembrava que toda a nossa história não é senão a história do homem desperto, e que ninguém pensou ainda na história do homem dormindo.

É preciso observar, porém, que a manutenção da vida pessoal no plano da autenticidade exige um esforço de que a maioria não é capaz. Tudo conspira, na sociedade, para reprimir a autenticidade humana. O ser mais autêntico e espontâneo é o recém-nascido. Mas, tão logo a sociedade inicia o exercício da tutela do novo ser, é o seu olhar espiritual obnubilado. O recém-nascido encontra o mundo definido e interpretado, e essas definição e interpretação lhe são inculcadas assim que, à medida que ele se integra na sociedade, mais se atrofia a sua capacidade de fruição autêntica do mundo. O preço da integração social da criatura humana é, assim, a sua mutilação interior.

Toda sociedade é, pois, um preconceito do universo. Cada um de nós está dentro de um casulo de preconceitos através do qual vê o universo. A nossa vigília e o nosso sono estão impregnados de preconceitos.

Pretender, portanto, que desapareçam os preconceitos equivaleria a pretender destruir a própria sociedade. O preconceito é expediente atuarial, é uma condição da própria segurança da sociedade. Léon Bloy dizia que é uma condição de segurança para a grande maioria das criaturas humanas, pois que poderiam fazer ou dizer se não existissem os lugares-comuns?

Deve-se admitir, porém, que em toda sociedade há uma hierarquia de preconceitos. Um certo número deles, se desfeitos, importaria o esfacelamento da sociedade. A esses Sumner chamou de "mores". Outros entretanto há que podem ser desfeitos, sem que se ameace a sociedade, e até com benefício para muitos dos seus membros.

O sociodrama é precisamente um método de eliminação de preconceitos ou de estereotipias que objetiva libertar a consciência do indivíduo da pressão social. Por exemplo, adestra uma pessoa para ver um funcionário, um negro ou um judeu não à luz dos estereótipos — o *funcionário*, o *negro* ou o *judeu* — mas como personalidades singulares, únicas, inconfundíveis.

PASSO AGORA A RELATAR algumas demonstrações de sociodrama que tenho realizado no Seminário de Grupoterapia do Instituto Nacional do Negro (para melhor entendimento deste artigo, é indispensável que o leitor conheça os que foram publicados nos dois números anteriores deste jornal).[3] Numa das sessões do seminário, verifiquei que estava presente uma ex-aluna minha, filha de alemães. Chamei-a ao palco e disse-lhe (eu tinha certeza de sua boa vontade):

— Sei por você mesma que os seus pais têm forte preconceito contra homens de cor. Sei ainda que você mesma recebeu grande influência deles neste particular. Assim, você é um bom caso sobre o preconceito de cor. Vamos improvisar portanto a seguinte cena: passando por sua casa, tenho a ideia de visitá-la. Bato à porta e você me recebe. Seus pais estão em casa e vêm para a sala, e aí conversamos todos.

Pedi à jovem que dispusesse os móveis sobre o palco de modo a dar uma ideia da sala de visitas de sua casa. Tudo arranjado, eu toco a campainha da porta da rua. Atende a jovem, que, quando me vê, perturba-se um pouco.

Guerreiro (*o autor é mulato*) — Boa tarde, Jane. Passava por aqui quando me lembrei de lhe fazer uma visita.

Jane — Entre, professor. Me dá muito prazer.

(*Um casal, previamente informado por Jane de como reagiriam seus pais numa situação desta, faz no palco os papéis dos pais de Jane.*)

Jane — Papai, este é o professor Guerreiro.

Pai (*apertando a mão de G.*) — Muito prazer.

Jane (*indicando a mãe*) — Esta é minha mãe.

Mãe (*apertando a mão de G.*) — Muito prazer.

(*Todos se sentam.*)

Guerreiro — A minha visita é mais intencional do que casual. Eu desejava conhecer os pais de Jane, uma estudante como há muito tempo não encontrava. Desejava conhecê-los e lhes pedir que permitissem que ela realize comigo uma sessão demonstrativa de psicodrama no auditório do Instituto Nacional do Negro.

(*Explico em linhas gerais o que é o psicodrama.*)

Jane — Ah! que interessante!

Pai — Mas você está certa de que tem habilidade para isso...?

Guerreiro — Mas o psicodrama não é o que se chama vulgarmente teatro. É uma conversa muito semelhante a esta. Apenas ocorre num palco...

Pai — Bom, dr. Guerreiro, se a Jane quiser...

Jane — Quero sim...

Guerreiro — O meu objetivo está alcançado e eu vou pedindo permissão para me retirar.

(*Cumprimentam-se. Despedidas habituais.*)

(*A seguir focaliza-se no palco o que se passa na casa de Jane depois que o professor Guerreiro saiu. O pai e a mãe de Jane a reprovam. Ela tenta explicar. Acende-se uma discussão, no decorrer da qual Jane afirma imperiosamente que irá à sessão do psicodrama.*)

FINALIZANDO, mostrei os defeitos técnicos da sessão de sociodrama que se terminou de realizar. Seria necessário, eu disse, que outras pessoas do auditório viessem dar as suas versões dos casos ali focalizados. Lastimo a falta de voluntários e de tempo e passo a analisar com a audiência as cenas que foram exibidas. Nessa análise, fica patente que as estereotipias e os preconceitos foram as causas dos conflitos e da incompreensão entre as pessoas. Tal análise exerce sobre a audiência uma visível influência liberatória ou catártica.

UM OUTRO SOCIODRAMA que despertou grande interesse nos participantes do Seminário de Grupoterapia foi o que focalizou restrições que as pessoas de cor encontram em certos empregos. Transportei para o palco uma situação em que a gerente de uma companhia americana se negava a aceitar uma moça morena como candidata a um emprego de estenógrafa. A seguir, organizei uma outra cena em que a moça rejeitada conversa com os membros da sua família sobre o que lhe acontecera.

Uma audiência de brancos e pretos analisou comigo esse sociodrama. Os mesmos rendimentos catárticos foram obtidos.

Apresentação da negritude

O BRASIL DEVE ASSUMIR no mundo a liderança da política da democracia racial. Porque é o único país do orbe que oferece uma solução satisfatória do problema racial. Com respeito aos homens de cor, oferece-lhes a sociedade brasileira praticamente todas as franquias. E se há um problema dos homens de cor em nosso país, ele consiste eminentemente em exercitá-los, pela cultura e pela educação, para usar aquelas franquias.

Entre nós, qualquer movimento de negros, de caráter agressivo e isolacionista, vem ferir de cheio a tradição nacional e, consequentemente, torna-se mero caso de polícia.

O Teatro Experimental do Negro é um movimento vanguardista de elevação cultural e econômica dos homens de cor, em cujos quadros se processa a elaboração consciente da ideologia tradicional do Brasil com respeito às relações de raça. Apresta-se assim o país, por intermédio de uma parte de sua intelligentsia, para oferecer ao mundo uma metodologia genérica de tratamento de questões raciais.

Esta é a nossa profunda convicção. No momento em que lançamos na vida nacional o mito da negritude, fazemos questão de proclamá-la com toda clareza.

A negritude não é um fermento de ódio. Não é um cisma. É uma subjetividade. Uma vivência. Um elemento passional que se acha inserido nas categorias clássicas da sociedade brasileira e que as enriquece de substância humana. Humana, demasiadamente humana é a cultura brasileira, por isso que, sem se desintegrar, absorve as idiossincrasias espirituais as mais variadas. E até compõe com elas a sua vocação ecumênica, a sua índole compreensiva e tolerante. A cultura brasileira é, assim, essencialmente católica, no sentido de que nada do que é humano lhe é estranho.

A negritude, com seu sortilégio, sempre esteve presente nesta cultura, exuberante de entusiasmo, ingenuidade, paixão, sensualidade, mistério, embora só hoje, por efeito de uma pressão universal, esteja emergindo para a lúcida consciência de sua fisionomia. É um título de glória e de orgulho para o Brasil o de ter-se constituído no berço da negritude a doce e estranha noiva de todos nós, brancos e trigueiros...

A Unesco e as relações de raça

[Tese]

- Considerando que um dos propósitos fundamentais da Unesco é promover o desenvolvimento dos processos democráticos;
- Considerando que a Unesco tem procurado atuar como um centro de intercâmbio e disseminação de ideias e práticas a fim de treinar bons cidadãos, e dar a cada pessoa, rica ou pobre, na cidade ou no campo, sem distinção de cor, raça, sexo ou religião, a oportunidade de educação que melhor lhe assegure a possibilidade de desenvolver sua personalidade e cumprir suas responsabilidades sociais;
- Considerando que a Unesco tem procurado aperfeiçoar e tornar mais bem conhecidos os métodos e processos das ciências sociais e, especialmente, sua possível contribuição ao desenvolvimento da cooperação e da compreensão;
- Considerando que a integração das minorias raciais nos vários países onde elas se encontram mais ou menos discriminadas é um problema para cuja solução a Unesco deve contribuir com sugestões práticas, evitando os estudos de ordem acadêmica ou meramente descritivos e que levam a uma consciência falsa do mesmo;

O 1 Congresso do Negro Brasileiro solicita que o governo brasileiro encaminhe aos seus representantes na Unesco, para que os defenda, os seguintes itens:

1. Este congresso sugere à Unesco que se esforce por estimular, nos países em que existem minorias raciais discriminadas, a instalação de mecanismos sociológicos que transformem o conflito interétnico num processo de cooperação. Para esse fim a Unesco é solicitada a estudar as experiências de solução da questão racial atualmente ensaiadas nos vários países em que a questão se apresenta.
2. Este congresso reconhece que é digna de exame da Unesco a experiência sociológica do Teatro Experimental do Negro e solicita a sua atenção especialmente para os seguintes aspectos da mesma:
a) a utilização do teatro como instrumento de integração social;
b) os concursos de beleza racial como processo de desrecalcamento em massa;
c) as tentativas de aplicação em massa da socioatria e da grupoterapia;
d) a utilização de museus e filmes como instrumentos de transformação de atitudes.
3. Este congresso solicita que a Unesco examine a possibilidade de organizar um Congresso Internacional de Relações de Raça.

[Discurso]

Como veem, meu cansaço é uma coisa patente, pois, como os senhores congressistas são testemunhas, o meu trabalho aqui tem sido diário e permanente, e, às vezes, as forças físicas falecem. Aceitando as insinuações do relator da tese, vou referir-me de maneira sumária à parte que se refere ao teatro como uma tentativa psicológica. Achamos que o teatro é um meio de distração da massa, podendo ser, também, motivo de educação moral e cultural. Devemos dar participação maior a um mecanismo como é o teatro, tão cheio de recursos emocionais, para que possamos utilizar-nos do drama, da arte, como meio de realizações, como meio de educação de comportamento. Creio nessa ideia e chamo a atenção para essa tentativa, cujos resultados, todavia, não acho ainda definitivos. O Teatro Experimental do Negro, aceitando o que fiz no Instituto do Negro, onde comecei experiências, tendo oportunidade de fazer alguns sociodramas e psicodramas, que são, justamente, processos de reeducação, de reconsideração de atitudes, através de uma manipulação externa, manifestou-se de acordo com a minha doutrina.

Notícia sobre o I Congresso do Negro Brasileiro

COMO É DO CONHECIMENTO DE TODOS, vem de ser realizado, nesta capital, entre os dias 26 de agosto e 4 de setembro, o I Congresso do Negro Brasileiro. Dada a importância desse certame na vida do país, é necessário fixar, enquanto elas são facilmente perceptíveis, as suas coordenadas.

O primeiro certame sobre assuntos negros verificou-se no Brasil em 1934, no Recife, tendo sido seu principal organizador o sociólogo Gilberto Freyre.

Seguiu-se a este, em 1937, na Bahia, organizado por Edison Carneiro e Aydano do Couto Ferraz, o II Congresso Afro-Brasileiro. Ambos os conclaves foram predominantemente acadêmicos, descritivos. Exploraram o que se pode chamar de temas de africanologia, bem como o pitoresco da vida e das religiões dos negros. Apesar da participação de elementos de cor, esses dois foram congressos "brancos", pelo *approach* que usaram os seus organizadores, como também pelos temas focalizados, temas de interesse remoto do ponto de vista prático.

Mas isto é dito aqui sem nenhum intuito de empequenecer o I e o II Congresso Afro-Brasileiro. É de justiça reconhecer que eles desbravaram o caminho para os movimentos atuais de negros.

Um chiste inteligente do escritor paulista Fernando Goes sobre esses dois congressos mostra a "brancura" dos mesmos.

"Agora", dizia mais ou menos Fernando Goes, "agora é preciso fazer um congresso de negros sobre os brancos, ao qual nós, os mestiços, compareceremos para medir os crânios, os narizes, as orelhas, os olhos dos brancos, e estudar, entre outras coisas, a sua alimentação e sua religião."

Em 1938 foi organizado o Congresso Afro-Campineiro (Campinas, São Paulo), já preocupado com o aspecto dinâmico do problema do negro e no qual se afirma a figura do líder Abdias Nascimento, que, daí para diante, passa a ser o inspirador não só de outros certames de intuitos não acadêmicos como do maior movimento brasileiro de recuperação econômica e social da gente de cor — o Teatro Experimental do Negro, fundado em 1944. Ele estará presente, como elemento central, no Comitê Democrático Afro-Brasileiro (Rio de Janeiro, 1945) e na I e na II Convenção Nacional do Negro, realizadas respectivamente em São Paulo e no Rio, em 1945 e 1946. Para descrever o que foram essas reuniões seria necessário recolher os testemunhos do próprio Abdias Nascimento, de Aguinaldo Camargo, de José Correia Leite, de Sebastião Rodrigues Alves, de Geraldo de Souza Campos, de Luís Lobato e de outros, os quais não devem furtar-se a esse dever, para que os cronistas do futuro tenham suficientes fontes de informação para fazer justiça àqueles que hoje estão empenhados num movimento que, tudo indica, será decisivo nos destinos políticos do Brasil. Não se esqueçam eles de contar inclusive como tem sido difícil interessar nesse trabalho os seus próprios beneficiários e os diversos tipos de sabotagem dirigidos contra suas iniciativas pelos homens de cor, como, por exemplo, é o caso de um conhecido industrial da condição de analfabeto, usufrutuário do título de escritor negro e que se faz notar nesse meio por seus intuitos de obstrução e por sua irresponsabilidade.

O I Congresso do Negro Brasileiro se coloca na linha de todas essas iniciativas, embora as ultrapasse por muitos motivos. Ele foi ao mesmo tempo um certame de objetivos científicos, em que se procurou estudar a questão racial à luz da sociologia e da antropologia, e um movimento político, no sentido amplo do termo, em que os negros procuraram e conseguiram lançar as diretrizes fundamentais do movimento nacional de recuperação econômica e social da gente de cor. Foi também o certame mais bem realizado do ponto de vista técnico. Assim é que o público, através de duas mensagens iniciais e de uma declaração final, pôde conhecer, com segurança, os seus intuitos e os seus resultados, e, dentro em breve, possivelmente em mais um volume de seus anais, todo o trabalho formal (teses, indicações e atas) e informal dos congressistas (discussões, debates e depoimentos) será divulgado e fixado. As atas taquigrafadas terão uma importância decisiva para compor a verdadeira fisionomia do congresso, pois ali se retrataram as atitudes efetivas de brancos e sobretudo de pretos em face dos problemas focalizados.

Dentre as pessoas que compareceram ao congresso salientam-se, por sua atuação, Aguinaldo Camargo, Sebastião Rodrigues Alves, Jorge Prado Teixeira, Rubem Gordo, Alvarino Antônio de Castro, Joviano Severiano de Melo, Ironides Rodrigues, José Bernardo da Silva, padre Pedro Schoomaker, Aníbal Souza, Rosa Gomes de Souza, Guiomar Ferreira de Matos, deputado Afonso Arinos de Melo Franco, senador Hamilton Nogueira, professor Roger Bastide, professor Charles Wagley, João Conceição, professor L. A. Costa Pinto, professor Darcy Ribeiro, professor Mário Barata, Carlos Galvão Krehs, Walfrido de Moraes, Venâncio Neiva, Orlando Miranda Aragão, professor Nóbrega da Cunha, Romão Silva, Celso Alves Rosa, João Nepomuceno Barcelos, Joaquim Ribeiro, José Pompilho da Hora.

Dentre as pessoas ou entidades que apoiaram o I Congresso do Negro Brasileiro, enviando trabalhos ou manifestando o seu apreço, salientaram-se: Alioune Diop, diretor da *Présence Africaine*, Fernando Ortiz (Cuba), George Schuyler (Estados Unidos), Frank Goldmann, Oracy Nogueira (da Escola Livre de Sociologia e Política de São Paulo), Thales de Azevedo (Faculdade de Filosofia da Bahia), Roberto J. Taves, Nunes Pereira, Dante de Laytano, o cardeal arcebispo do Rio de Janeiro, Congresso Nacional, Osório Nunes, Murilo Mendes, Teatro Folclórico Brasileiro, Orquestra Afro-Brasileira, ONU, Grêmio Cruz e Sousa de Juiz de Fora, União dos Homens de Cor, União Cultural dos Homens de Cor.

Esperamos, em outra oportunidade, tratar em detalhe de alguns aspectos mais significativos do I Congresso do Negro Brasileiro. Tentaremos, então, fixar as atitudes de pretos e brancos em face do problema do negro no Brasil e das teses de maior interesse.

Narcisismo branco do negro brasileiro

PSIQUIATRAS E ANTROPÓLOGOS têm chamado atenção para o narcisismo branco dos indivíduos pigmentados que vivem nas sociedades ocidentais. Segundo eles, tais indivíduos revelam em seu comportamento manifesto como oculto uma forte tendência para considerar a cor branca como um símbolo da "excelência".

Melville Herskovits verificou entre pretos norte-americanos uma tendência para casar com pessoas mais claras. Também o autor destas linhas, numa pesquisa realizada entre servidores públicos civis, registrou o mesmo fenômeno. Nessa pesquisa, realizada no Distrito Federal, apurei que 42,85% dos mulatos que responderam aos questionários declararam não admitir casamento com mulatos; e, ainda, que 64,85% deles declararam não admitir casamento com negros.

Sem querer antecipar as conclusões de um estudo mais desenvolvido, em preparo, é legítimo afirmar que a ideia da superioridade do branco está presente nas obras de grande número de escritores mestiços no Brasil. Já se demonstrou que um desses, Cruz e Sousa, tinha verdadeira obsessão pelo branco. Por outro lado, em nosso país, os mais superfetados adeptos do arianismo são três mestiços: Tobias Barreto, Oliveira Viana e Jorge de Lima.

Corrobora essas verificações um recente trabalho do professor Roger Bastide, apresentado ao I Congresso do Negro

Brasileiro. O professor Bastide recolheu em São Paulo, por intermédio de seus alunos, 53 sonhos de pessoas afro-brasileiras e procedeu à sua análise. Apesar dos defeitos de técnica na coleta desse material, proclamados, aliás, pelo professor Bastide, alguns resultados interessantes podem ser inferidos dos mesmos.

A conclusão genérica a ser extraída desses sonhos é a de que aparece neles um evidente desejo de mudar de cor ou de pele. Todavia os elementos oníricos se organizam diferencialmente conforme a classe a que pertencem os indivíduos.

Os sonhos de negros da classe média deixam transparecer com mais nitidez o problema coletivo da discriminação de cor. Entremostram um problema de raça ou de classe e são por assim dizer de significado revolucionário.

Entre os negros de classe média, "o problema essencial que aparece em quase todos os sonhos é o dinheiro, pois este é o grande instrumento de ascensão social". O dinheiro é desejado pelo negro como um instrumento de mudança de classe. É ainda essa estimação do valor revolucionário do dinheiro que explica a presença de animais nos sonhos recolhidos pelo professor Bastide. Os animais sonhados são profecias ou "palpites" para o jogo do bicho.

A vergonha da cor aparece frequentemente nesses sonhos. Eis um deles:

> Sou um passageiro de um ônibus completamente lotado, que desenvolve velocidade acima do normal. Os passageiros, devido à velocidade do veículo, vão se atirando, mesmo com o carro em movimento, na ânsia de não presenciarem uma colisão e dela saírem ofendidos. Mais eis que, à medida que se atiram, vão ficando

mortos pelo chão. Sou o único a permanecer no coletivo, pois o pânico não me permitiu atirar-me como os demais.

Há um outro sonho em que é mais perceptível o "desejo de destruir os espectadores de negridão". É o de um indivíduo que se vê em sonho sob a forma de um anjo negro destruindo à sua passagem todas as pessoas que encontra, com golpes de foice.

Nas classes inferiores dominam os sonhos que focalizam problemas individuais. As classes baixas parecem menos revolucionárias ou mais acomodadas ao seu status. Contudo, embora diminua, nos sonhos de indivíduos das classes inferiores, a intensidade dos problemas coletivos, eles são perceptíveis. Uma menina sonha que numa discussão diz a alguém: "Não estamos mais no tempo da escravidão".

O professor Roger Bastide aponta vários traços nos sonhos de negros da classe baixa. Entre estes, porém, desejo salientar a presença, em tais sonhos, do que ele chama de libido narcisista branca. Expõe o professor Roger Bastide, em seu relatório apresentado no I Congresso do Negro Brasileiro:

> Geralda sonha que seu namorado, preto, se transformou num célebre cantor de rádio, branco. Uma cozinheira de quarenta anos sonha que sua patroa lhe dá ouro e amendoim torrado, as filhas da patroa comem o amendoim e só resta o metal brilhante. Noutro dia, a mesma empregada sonha que encontra dois moços que vão plantar trigo, mas não querem lhe dar nenhum grão, oferecendo-lhe em troca amendoim para plantar; mas ela foi transportada para um castelo onde havia grão de trigo, e o dono do castelo deixou-a tomar quanto queria. O desejo de casamento interracial está aqui patente; o símbolo é duplamente condensador, o ouro

amarelo e o amendoim escurecido pelo fogo, o trigo europeu e o amendoim africano. Este desejo aparece, porém, até no conteúdo manifesto: "Ia me casar, mas houve uma série de contratempos. O nome do noivo era Waldemiro... A gente sonha cada bobagem... esse Waldemiro era branco".

Apesar das reservas com que o professor Roger Bastide apresenta o seu relatório, tudo faz crer que, mesmo nos sonhos de negros, transparece a sua lealdade ao padrão estético branco e a sua estimação pejorativa da cor preta.

Ora, a identificação desse complexo de inferioridade do negro brasileiro sugere uma dupla discussão: em primeiro lugar uma discussão em torno da explicação desse complexo; em segundo lugar a discussão do seu tratamento e de sua erradicação em massa.

As estimações, as preferências, as idealizações do negro brasileiro são condicionadas por sua situação econômica, social e política. A cultura ocidental, elaborada por populações brancas, moldou o seu sistema axiológico à sua semelhança. Seus dentes são brancos, seus símbolos de prestígio são brancos. Introduzidos nessa cultura que não elaboraram, os negros assimilaram os seus valores, e porque os assimilaram manifestam no seu comportamento, consciente e inconscientemente, a tendência de identificar-se com o branco. Mas essa tendência é uma espécie de vetor, de caráter precário e circunstancial. Não é nada de orgânico ou instintivo.

As populações de cor que se mantêm atualmente mais ou menos isoladas do branco apresentam uma outra psicologia. Seus deuses são escuros; seus símbolos de prestígio, também. Os bantos não ocidentalizados têm horror a toda pele cuja cor difere da sua. Certos povos canibais têm repugnância pelos brancos, cuja carne consideram indigesta porque não é "madura". Malinowski assinalou, entre raças não europeias, preconceitos de cor tão fortes como os nossos e Arnold Toynbee assinala o desgosto manifestado pelos japoneses vegetarianos quando em face do "odor fétido" dos povos do Oeste.

Os problemas psicológicos do negro brasileiro são, portanto, culturalmente condicionados. A própria organização social do Brasil engendra uma patologia. É essa organização mesma que é neurótica. É essa organização mesma que tem de ser objeto de um tratamento, se se pretende uma reabilitação psicológica das massas de cor. O aspecto prático do problema do negro é este. Seu exame, porém, não cabe mais aqui e fica adiado para outra oportunidade.

Senhores e escravos no Brasil

O SISTEMA DE RELAÇÕES ENTRE senhor e escravo em vigência no Brasil até a data da abolição tem sido descrito como um sistema que se orientou mais no sentido da compreensão e da conciliação do que da luta e do conflito permanente. Os autores dos numerosos trabalhos científicos ou meramente impressionistas que veiculam essa ideia foram naturalmente influenciados pelas relações entre escravos e senhores dominantes em outros países. Comparativamente, a escravidão no Brasil lhes pareceu obedecer a um código mais humano ou mais fraternal do que em outras regiões.

Muitos são os fatos que podem ser selecionados em favor dessa tese. Os estudiosos do assunto, por motivos que poderão ser explicados talvez à luz da sociologia do conhecimento, têm preferido acentuar a humanidade da escravidão no Brasil e contribuíram, assim, para que se formasse, entre nós, o estereótipo do senhor bom, tolerante e paternal e do escravo submisso e acomodado.

Tais generalizações estão infundindo muitas reservas aos jovens estudiosos da questão que, equipados de instrumentos conceituais recém-elaborados no campo da sociologia e da antropologia cultural, se mostram dispostos a uma revisão do chamado problema do negro.

Não será o estereótipo mencionado acima uma dessas elaborações ideológicas, uma racionalização de escritores brancos ou de qualquer forma ligados à estrutura de dominação do branco? Se os estudos sobre negros fossem realizados preponderantemente por negros, não teriam eles assumido um outro caráter? Essa indagação está desafiando quem quer que seja capaz de aproveitar os atuais recursos da sociologia do conhecimento.

No I Congresso do Negro Brasileiro apareceram duas teses representativas do novo espírito dos sociólogos brasileiros. São elas: *Posição dos escravos na sociedade brasileira*, de autoria de A. Porto de Oliveira, e *Escravidão e abolicionismo numa comunidade do interior*, de autoria de Oracy Nogueira.

A tese do sr. Amaury Porto de Oliveira é uma tentativa de tratar o tema à luz da sociologia do conhecimento. Para ele, o estudo da escravidão que se pretenda científico deve partir, necessariamente, da visão dos escravos como classe, vale dizer, como participantes das relações de produção vigentes na sociedade brasileira. É esse fato que poderá esclarecer, entre outras coisas, o padrão alimentar dos escravos, a sua vida familiar, a sua posição de luta em face do cativeiro e também o que há de falsa consciência naquela imagem do senhor bondoso e paterno e do escravo doce e passivo. O sr. Amaury Porto de Oliveira quase insinua que essa imagem é uma espécie de narcótico, "artifício empregado para eludir o problema fundamental de indivíduos desprovidos dos meios de produção e espoliados brutalmente em sua força de trabalho". Se houve, no Brasil, uma camada de escravos que gozavam de favores, de condições de vida mais ou menos satisfatórias, não deve o fato servir de base para apresentações idílicas de nossa sociedade escravocrata. Muito ao contrário, afirma o sr. Porto de Oliveira:

A criação de uma "aristocracia" no seio da classe oprimida, de uma camada de privilegiados que, a troco de certos favores pessoais e de participar das sobras da espoliação de seus próprios companheiros, se prestam ao papel de divisionistas, de espiões e mesmo de repressores, é fato comum a todas as sociedades divididas em classes ao qual não podia fugir a sociedade escravocrata brasileira. E, na realidade, muito embora tenha sido até hoje pouco destacado, o divisionismo foi um dos métodos de dominação mais pertinazmente seguidos pelos senhores de terra e de escravos no Brasil. Os feitores, os capangas, as mucamas, os "bons escravos", em suma, cujos serviços eram frequentemente recompensados com a própria manumissão, são todos exemplos expressivos do método.

O trabalho do sr. Amaury Porto de Oliveira apresentado ao 1 Congresso do Negro Brasileiro é uma simples comunicação. Parece-me um projeto de um estudo mais amplo sobre o negro brasileiro. O sr. Porto de Oliveira não deve ficar nesse ensaio, pois se o desenvolver poderá contribuir decisivamente para que os estudos sobre o negro brasileiro adquiram interesses e entrem numa fase dinâmica, ultrapassem a sua atual fase acadêmica, descritiva e até inócua. Um problema apaixonante, vivo, fundamental em nossa vida pública como esse, que pede soluções, que desafia a nossa capacidade política, quase só tem encontrado para tratá-lo folcloristas e antropólogos livrescos, os quais só têm enxergado os seus aspectos mais remotos e inocentes. Isso fica dito aqui, aliás, sem que signifique uma adesão, de minha parte, à metodologia sociológica do sr. Amaury Porto de Oliveira.

A contribuição do sr. Oracy Nogueira ao I Congresso do Negro Brasileiro é também, como a anterior, orientada no sentido da correção do estereótipo do senhor bondoso versus escravo manso. É, por assim dizer, um *case study* da escravidão e da abolição, tendo por campo uma comunidade do interior de São Paulo (Itapetininga). Aí colheu o autor uma documentação que parece confirmar a hipótese da existência de fortes tensões entre senhores e escravos. Ela consta de requerimentos, registros, postura municipal, recibos, petições, atestados médicos, recortes de jornal, dados estatísticos que não podem ser expostos aqui, mas cuja leitura inclina o leitor a aceitar as conclusões do jovem e competente sociólogo paulista, assim redigidas:

1. Ao contrário da apregoada "docilidade" ou "passividade" do negro diante da instituição da escravatura, o que se nota é que essa instituição era mantida à custa de constante repreensão às suas tentativas para dela se esquivar.
2. O próprio negro liberto vivia sob a impressão causada pela possibilidade de tornar a ser "reduzido" por algum indivíduo menos escrupuloso.
3. A indiferença dos senhores pelas agruras que a velhice e a invalidez impunham aos escravos; os castigos físicos e públicos que opunham às suas reivindicações; as burlas com que tentavam retardar as ações de liberdade, mesmo quando o escravo estava amparado pelas leis, tudo isso mostra que a escravidão, no Brasil, não foi uma instituição "suave" e "humana" como alguns tendem a pensar.
4. Não decorreu a abolição da escravatura da mudança de atitude por parte dos donos de escravos, porém, antes, do fato

de se haver formado, ao lado da classe dos grandes proprietários agrícolas, que eram escravocratas por excelência, outra classe, de elementos urbanos, recrutados, em grande parte, entre os próprios parentes dos primeiros.
5. Na fase final do período escravagista, a instituição do cativeiro, ao mesmo tempo que satisfazia apenas às necessidades de produção de uma fração mínima das classes dominantes, era ainda o maior espantalho à imigração do trabalhador livre de outros continentes.
6. Embora a interpretação aqui apresentada se baseie exclusiva ou quase exclusivamente em dados referentes ao município de Itapetininga, não é provável que em outras partes do país as coisas se tenham passado de modo fundamentalmente diferente; no entanto, o autor reconhece e mesmo encarece a necessidade de levantamento de dados semelhantes aos seus em tantas cidades antigas do território brasileiro quanto possível, o que sem dúvida viria enriquecer um dos mais importantes setores tanto da nossa história social como de nossa sociologia.

Ao relatar essa tese, o professor Roger Bastide propôs que o congresso recomendasse a elaboração de estudos monográficos sobre a escravidão, mediante a utilização dos arquivos existentes nos municípios brasileiros. Um negro que participava do congresso protestou. Dizia ele: "Para que lembrar que os nossos antepassados foram escravos, sofreram sob o chicote do senhor? Nós não queremos saber disso!". Mas a assembleia achou graça e aprovou a proposta do professor Roger Bastide.

Os estudos sobre o negro brasileiro

OS ESTUDOS SOBRE O NEGRO NO BRASIL estão manifestamente atrasados. Não superamos ainda, neste particular, a fase do academicismo e do epicurismo sociológico interessado nos aspectos pitorescos da questão. O problema do negro no Brasil tem sido focalizado com aquele intuito de descrever, de estudar por estudar. A gente toma um susto quando faz essa verificação, pois, à primeira vista, tinha-se a impressão de que havia no país uma consciência do problema, criada pelos numerosos livros escritos sobre o tema. Mas é preciso ter vindo "de fora", como é o caso deste rabiscador, "ser novo no assunto", para constatar como é assustadora a situação dos estudos sobre o negro no Brasil, pois até certo ponto eles criaram uma "falsa consciência" da questão. Tranquilizaram a consciência das elites, quando o caso não é para isso ainda. Deram-nos a impressão de que tudo corria bem, quando efetivamente tudo corre mal.

O negro tem sido estudado, entre nós, como palha ou múmia. A quase totalidade dos estudos sobre o tema implica a ideia de que a abolição tenha sido uma resolução definitiva do problema das massas de cor. Depois daquele cometimento espetacular, nada haverá que fazer senão estudar um negro do ponto de vista estático. E, assim, os especialistas entraram na pista dos trabalhos de reconstituição histórica, do folclore e de certa antropologia descritiva, por excelência.

Seria injustiça negar o valor intrínseco de muitos desses trabalhos e a sua utilidade como documentário ou material. Mas o que se lhes imputa é serem inatuais, a sua carência de oportunidade, o fato de não se terem constituído em forças operativas, mas em peças de museu.

Que antropólogos, sociólogos, folcloristas de outros países, à guisa do exercício escolástico, ou de dissertações de doutoramento, ou ainda, por simples desenfastio — o que ocorreu com muitos viajantes, adidos, embaixadores e missionários —, tenham se aplicado em estudos meramente descritivos dos assuntos negros, compreende-se. Essa atitude e essa preferência justificam-se como um dos correspondentes do complexo imperialista daqueles países.

Em nossa antropologia, nossa sociologia do negro, quiçá de quase todos os outros temas, é que poderíamos ser menos inocentes ou diversionistas, menos artigo de importação.

Não hesito em dizer mesmo que, do ponto de vista do interesse nacional, a maioria de nossos estudos antropológicos e sociológicos sobre o negro se constituíram para travar o processo de evolução cultural das massas de cor, porque, de certa maneira, instalaram entre nós um certo saudosismo e desviaram a atenção da população pigmentada da necessidade de superar muitos dos seus estilos culturais desajustados a uma sociedade organizada, sob a forma capitalista. Explico-me: há certa corrente da antropologia, entre nós, que estimula a preservação de formas religiosas de caráter pré--letrado, sem atentar que, na medida em que o negro adere a tais formas, está incapacitado de elevar-se numa organização social capitalista. Sem aderir aos processos violentos de dissolução dessas sobrevivências (em trabalho a sair, *Relações de raça no Brasil*, propus uma terapêutica indireta dessas sobrevivências), melhor será para as massas de cor que ultrapassem a sua atual religiosidade mágica e adiram, por exemplo, ao protestantismo ou ao catolicismo, traços mais operativos no incipiente capitalismo brasileiro. Diga-se de passagem, ainda, que essa espécie de antropologia tem suscitado no Brasil a exploração, por negros ladiníssimos, de uma indústria turística de ritos e exorcismos religiosos para inglês ver, e também para basbaques e "existencialistas".

A grande tarefa pós-abolicionista não encontrou quem a empreitasse, embora ela tivesse sido claramente delineada por Joaquim Nabuco num livro que, apesar de publicado em 1883, excede em oportunidade o academicismo pós-abolicionista. Com efeito, escrevia Joaquim Nabuco em *O abolicionismo*:

> Depois que os últimos escravos houverem sido arrancados ao poder sinistro que representa para a raça negra a maldição da cor, será ainda preciso desbastar, por meio de uma educação viril e séria, a lenta estratificação de trezentos anos de cativeiro, isto é, de despotismo, superstição e ignorância. O processo natural pelo qual a escravidão fossilizou nos seus moldes a exuberante vitalidade do nosso povo durou todo o período do crescimento, e enquanto a nação não tiver consciência de que lhe é indispensável adaptar à liberdade cada um dos aparelhos do seu organismo de que a escravidão se apropriou, a obra desta irá por diante, mesmo quando não haja mais escravos.[1]

"Adaptar à liberdade" as massas de cor, eis a grande tarefa pós-abolicionista, que ficou irrealizada, perdida a tradição dos estudos sobre o negro, tão bem representada pela obra referida de Joaquim Nabuco. Atualmente, uma pressão universal está forçando a retomada dessa tradição. No momento em que monumentais organismos internacionais estão constituindo-se com o propósito de assegurar efetivamente direitos humanos e de resolver problemas de minorias, o Brasil terá de retomar a consciência dessa tradição.

Dentro dessa ordem de ideias, parece-nos que há hoje dois temas fundamentais: o da evolução do nível moral, cultural e econômico das massas de cor através de mecanismos de cooperação específicos para o negro e o da reeducação das camadas brancas e brancoides.

O I Congresso do Negro Brasileiro pode ser, nesse particular, o fermento de uma nova orientação para os estudos sobre o negro brasileiro. Sua declaração final é um verdadeiro itinerário. Ela indicou medidas práticas de tratamento psicológico e uma orientação política, dentro daquele espírito construtivo que caracterizou a obra de Joaquim Nabuco. Deixando para outra oportunidade o seu comentário, transcrevo as recomendações do congresso, a saber:

1. o estímulo ao estudo das reminiscências africanas no país, bem como dos meios de remoção das dificuldades dos brasileiros de cor, e a formação de institutos de pesquisas, públicos e particulares, com esse objetivo;
2. a defesa vigilante da sadia tradição nacional de igualdade entre os grupos que constituem a nossa população;
3. a utilização de meios indiretos de reeducação e desrecalcamento em massa e de transformação de atitudes, tais como o teatro, o cinema, a literatura e outras artes, os concursos de beleza e técnicas de sociatria;

4. a realização periódica de congressos culturais e científicos de âmbito internacional, nacional e regional;
5. a inclusão de homens de cor nas listas de candidatos de agremiações partidárias, a fim de desenvolver a sua capacidade política e formar líderes esclarecidos, que possam traduzir, em formas ajustadas às tradições nacionais, as reivindicações das massas de cor;
6. a cooperação do governo, através de medidas eficazes, contra os restos de discriminação de cor ainda existentes em algumas repartições oficiais;
7. o estudo, pela Unesco, das tentativas bem-sucedidas de solução efetiva dos problemas de relações de raças, com o objetivo de prestigiá-las e recomendá-las aos países em que tais problemas existem; e
8. a realização, pela Unesco, de um Congresso Internacional de Relações de Raça, em data tão próxima quanto possível.

Um herói da negritude

QUEM SE PROPUSER FAZER A HISTÓRIA das ideias no Brasil terá de registrar como uma das mais revolucionárias e ricas de implicações aquela que define melhor o movimento do Teatro Experimental do Negro — a ideia da negritude.

É todo um humanismo que se contém nessa ideia-força, um humanismo que postula um *niger sum*,* na mesma acepção em que Tertuliano afirmava o seu *homo sum*, isto é, uma comoção idiossincrática do universo, resultante de uma peculiaríssima compenetração de fatores históricos e biológicos, semelhante, por exemplo, às circunstâncias, à cosmovisão judaica.

Oferece esse humanismo a todo negro, a todo mestiço, uma verdadeira terapêutica espiritual, a liberação do medo e da vergonha de proclamar sua condição racial, a possibilidade de desmoralizar os equívocos em torno do homem de cor suscitados por uma longa etapa da história do Ocidente.

Esse patrimônio espiritual não se perderá, pois que a sua criação e o seu enriquecimento têm custado até o martírio.

Não foi outra coisa Aguinaldo Camargo senão um mártir da negritude. Um homem fabuloso, com uma vocação incoercível para a grandeza, uma organização espiritual das mais complexas aparecida no Brasil, uma criatura de eleição

---

* "Negro sou" e, em seguida, "homem sou". (N. E.)

a quem as limitações e a mediocridade do meio negaram realização.

Todos os indícios de sua vida o marcavam como um predestinado. Mesmo os que o conheceram superficialmente não lhe negam o testemunho nesse sentido.

Mas, apesar de lhe terem faltado os implementos materiais de expressão que requeria a sua personalidade, Aguinaldo Camargo comunicou o essencial de sua predestinação. Todos nós, os seus amigos, após a sua morte, vemos perfeita a sua verdadeira face interior, e mais nítidos os caminhos de que fomos os descobridores e que perlustramos audaciosamente. Aqueles caminhos hoje reais, porque têm a marca dos nossos passos pioneiros, eram e são os desvios que dão acesso aos tesouros da negritude.

Os que participaram do I Congresso do Negro Brasileiro hão de lembrar-se da figura de Aguinaldo Camargo na noite em que se discutia a tese de Ironides Rodrigues sobre "a estética da negritude".

A palavra caiu no meio da assembleia como um espantalho. Viram nela um propósito racista de exaltação do negro. Aguinaldo foi dos que perceberam o valor catártico ou psicanalítico do termo. Foi nesse dia que ele defendeu a tese segundo a qual é preciso "reeducar o branco", no sentido de adestrá-lo para a convivência democrática com os homens de cor, de minar e desfazer os seus estereótipos e sua ideologia racial discriminativa, que se manifesta até em seu comportamento inconsciente, por exemplo, quando associa à cor preta significados pejorativos, elaborados em contextos históricos e já ultrapassados. Reeducar o branco para perceber a beleza negra e estimá-la, como uma realidade intrínseca.

A tese da negritude, afirmada por uma elite de intelectuais de cor, e que se concretiza no Teatro Experimental do Negro, representa uma superação do imperialismo antropológico e sociológico à luz do qual tem sido considerado o chamado problema do negro no Brasil.

A concepção ortodoxa que os nossos mais prestigiados antropólogos e sociólogos têm do negro brasileiro é uma transplantação cultural, algo estranho à cultura brasileira. Quero dizer, os nossos antropólogos e sociólogos veem o problema do negro brasileiro como os seus colegas norte-americanos e europeus. Daí terem explorado o aspecto exótico e pitoresco do tema, exatamente como o faria o estudioso estrangeiro recém-chegado ao Brasil.

O grupo de que é uma ilustre expressão Aguinaldo Camargo considera reacionária tal antropologia e tal sociologia, porque elas paralisaram o ímpeto do processo político e social do abolicionismo, distraindo a atenção das massas de cor e das elites para aspectos secundários ou perfunctórios do problema. Há, nessas disciplinas indígenas, um resíduo de etnocentrismo.

Foi um mestiço paulista, uma grande inteligência, o escritor Fernando Goes, quem denunciou dramaticamente esse etnocentrismo. Por ocasião de um congresso afro-brasileiro cujo temário se referia predominantemente aos aspectos curiosos da vida do negro, ele propôs que os homens de cor realizassem um Congresso do Branco Brasileiro. Já me surpreendi imaginando o que seria o temário desse congresso. Deveriam constar dele tópicos como estes: dimensões antropométricas do branco, tatuagens do branco, hábitos sexuais e alimentares do branco, vida privada do branco, religiões e ídolos do branco, criminalidade do branco, indumentária e habitação do branco etc.

É compreensível que a tese da negritude tenha suscitado irritação e incompreensão. Ela se choca de encontro a hábitos de pensar muito inveterados em nosso meio, os quais têm a sanção das personalidades mais relevantes.

Durante muito tempo a negritude será uma elaboração cultural cuja fruição se restringirá a um pequeno grupo de intelectuais. Nem as massas pigmentadas nem as elites brancoides do país estão em condições de assimilar todas as implicações desse valor.

A negritude encontra-se em sua fase heroica. Os homens que vivem o seu páthos são uns solitários, são criaturas paradigmáticas como Aguinaldo Camargo, esse Aguinaldo que antes de morrer pediu que vestissem o seu cadáver com o seu smoking.

Ele não era um plebeu. Era um príncipe da negritude.

A Unesco e o negro carioca

A PRESENTE FASE DINÂMICA e prática dos estudos e do tratamento do problema do negro não é uma façanha suscetível de ser atribuída a uma pessoa. Apareceu como o resultado de um longo processo de transformação econômica e social do país, o qual tornou e vai tornando cada vez mais perceptível a alienação da gente de cor. Na medida em que esse processo marcha, aumenta o contingente de negros que se liberam material e culturalmente da dependência que os fazia verem-se a si mesmos do ponto de vista do branco.

O Teatro Experimental do Negro é, entre nós, a manifestação mais consciente e espetacular dessa nova fase. Todavia está vinculado a uma série de gestos e associações que se registram ao longo de nossa história. A esse propósito, vale citar iniciativas como a Frente Negra Pelotense, a Frente Negra de São Paulo, o Congresso Afro-Campineiro realizado em 1938 (Campinas, São Paulo) e o Comitê Democrático Afro-Brasileiro (Rio de Janeiro, 1945). Em 1944 se fundou, nesta capital, o TEN, que patrocinou as Convenções Nacionais do Negro, a primeira em São Paulo (1945) e a segunda no Rio (1946), a Conferência Nacional do Negro (Rio de Janeiro, 1949) e o I Congresso do Negro Brasileiro (Rio de Janeiro, 1950).

Todos esses certames foram animados de propósitos práticos, e não reuniões de debates acadêmicos. Isso não impediu, entretanto, que um estudioso como Arthur Ramos tivesse participado, como convidado, da Conferência Nacional do Negro, em cuja sessão final compareceu em vésperas de sua viagem para a Europa, onde faleceu.

Em 1949, um documento em que se definia o sentido prático do movimento rezava:

> A condição jurídica de cidadão livre dada ao negro (pela Abolição) foi um avanço, sem dúvida. Mas um avanço puramente simbólico, abstrato. Socioculturalmente, aquela condição não se configurou; de um lado porque a estrutura de dominação da sociedade brasileira não se alterou; de outro lado porque a massa juridicamente liberta estava psicologicamente despreparada para assumir as funções de cidadania. Assim, para que o processo de libertação dessa massa se positive, é necessário reeducá-la e criar condições sociais e econômicas para que essa reeducação se efetive. A simples reeducação dessa massa, desacompanhada de correlata transformação da realidade sociocultural, representa a criação de situações marginais dentro da sociedade. É necessário instalarem-se na sociedade brasileira mecanismos integrativos de capilaridade social capazes de dar função e posição aos elementos da massa de cor que se adestrarem nos estilos das classes dominantes.[1]

Em 1950, escrevi, em um artigo publicado em *A Manhã* (10 de dezembro de 1950), "Os estudos sobre o negro brasileiro":

> Os estudos sobre o negro no Brasil estão manifestamente atrasados. Não superamos ainda, neste particular, a fase do academicismo e do epicurismo sociológico interessado nos aspectos pitorescos da questão. O problema do negro no Brasil tem sido

focalizado com aquele intuito de descrever, de estudar por estudar. A gente toma um susto quando faz essa verificação, pois, à primeira vista, tinha-se a impressão de que havia no país uma consciência do problema, criada pelos numerosos livros escritos sobre o tema. Mas é preciso ter vindo "de fora", como é o caso deste rabiscador, "ser novo no assunto", para constatar como é assustadora a situação dos estudos sobre o negro no Brasil, pois até certo ponto eles criaram uma "falsa consciência" da questão. Tranquilizaram a consciência das elites, quando o caso não é para isso ainda. Deram-nos a impressão de que tudo corria bem, quando efetivamente tudo corre mal.

O negro tem sido estudado, entre nós, como palha ou múmia. A quase totalidade dos estudos sobre o tema implica a ideia de que a abolição tenha sido uma resolução definitiva do problema das massas de cor. Depois daquele cometimento espetacular, nada haverá que fazer senão estudar um negro do ponto de vista estático. E, assim, os especialistas entraram na pista dos trabalhos de reconstituição histórica, do folclore e de certa antropologia descritiva, por excelência.

Além disso, comentei amplamente, em artigo publicado em *A Manhã* em 21 de outubro de 1950, duas teses enviadas ao I Congresso do Negro Brasileiro. Uma delas intitula-se "Posição dos escravos na sociedade brasileira" e é de autoria do sr. Amaury Porto de Oliveira, para quem o estudo da escravidão que se pretenda científico deve partir, necessariamente, da visão dos escravos como classe, vale dizer, como participantes das relações de produção vigentes na sociedade brasileira. É esse fato — afirma o autor — que poderá esclarecer, entre outras coisas, o padrão alimentar dos escravos, a sua vida familiar, a sua posição de luta em face do cativeiro e também o que há de falsa consciência naquela imagem do senhor bondoso e paterno e do escravo doce e passivo. A outra contribuição, de autoria do sociólogo paulista professor Oracy Nogueira, se orientava no mesmo sentido e continha fartos dados que reforçavam aquele ponto de vista.

Nesse mesmo artigo ("Senhores e escravos no Brasil") escrevi ainda:

> Os estudiosos do assunto [o problema do negro], por motivos que poderão ser explicados talvez à luz da sociologia do conhecimento, têm preferido acentuar a humanidade da escravidão [...] e contribuíram, assim, para que se formasse, entre nós, o estereótipo do senhor bom, tolerante e paternal, e do escravo submisso e acomodado. [...]
>
> Não será o estereótipo [...] uma dessas elaborações ideológicas, uma racionalização de escritores brancos ou de qualquer forma ligados à estrutura de dominação do branco? Se os estudos sobre negros fossem realizados preponderantemente por negros, não teriam eles assumido um outro caráter? [...]
>
> Um problema apaixonante, vivo, fundamental em nossa vida pública como esse, que pede soluções, que desafia a nossa capacidade política, quase só tem encontrado para tratá-lo folcloristas e antropólogos livrescos, os quais só têm enxergado os seus aspectos mais remotos e inocentes.

Finalmente se publicou em toda a imprensa do país, na data de 4 de setembro de 1950, a declaração final do I Congresso do Negro Brasileiro, em que, entre outras providências, se recomendava "o estudo, pela Unesco, das tentativas bem-sucedidas de solução efetiva dos problemas de relações de raça, com o objetivo de prestigiá-las e recomendá-las aos países em que tais problemas existam".

Estavam assim as coisas quando, em novembro de 1950, vem ao Brasil um emissário da Unesco encarregado de aqui promover uma pesquisa sobre relações de raça. Pois bem, a tarefa no Rio de Janeiro é entregue a um anônimo nessa espécie de estudos. Mas isso não teria importância se a pessoa escolhida tivesse qualificações técnicas e morais. Não as tinha, pois já por essa época havia dado um atestado público de que era um plagiário, como demonstrarei se alguém duvidar.

Ao desincumbir-se da tarefa em apreço, o autor de *Lutas de famílias no Brasil* prefere isolar-se. Em São Paulo, os professores Roger Bastide e Florestan Fernandes conduzem-se de modo inverso: associam-se com os líderes do movimento negro e suas respectivas sociedades. Orientação análoga pauta a pesquisa da Bahia, a cargo do professor Thales de Azevedo.

Mas o que é gravíssimo no trabalho sobre o negro no Rio de Janeiro, sob o patrocínio da Unesco, é que o seu autor, em nota prévia ao mesmo,[2] confirma as suas tendências incoercíveis para usurpar o trabalho alheio, assumindo em face das atividades do TEN uma postura *remplaçant*. Assim, nem uma vez, na mencionada nota, se refere ao TEN. E escreve:

> O desenvolvimento dos estudos sobre o negro no Rio de Janeiro nos convenceu de que palmilhávamos um caminho quase virgem, e não podia querer derrubar toda a floresta quem se dava por muito satisfeito em *ter aberto uma pequena clareira* [grifo meu]. Estamos convencidos, mais do que ninguém, de que os esforços ora feitos já terão alcançado muito se conseguirem apenas contri-

buir para colocar os estudos sociológicos sobre as relações de raça no Rio de Janeiro num plano autenticamente científico.

Diz mais:

Partíamos da verificação de que os estudos sobre o negro no Brasil quase se limitaram até hoje a encarar o negro como um espetáculo [...] no qual o centro de interesse estava localizado na assimilação do africano ao Novo Mundo, ou, mais precisamente, nos produtos desse processo sobre diversos setores da vida brasileira: religião, língua, culinária, vestuário, música, dança, folclore.

Afirma ainda esta verdadeira infâmia:

O negro brasileiro, ou melhor, *o brasileiro negro* e o processo de sua integração nos quadros da sociedade brasileira [...] *jamais despertaram o interesse sério dos estudiosos* [...] porque um arraigado estereótipo os convencera de que nada havia a estudar em relação ao negro igual a nós [...]

Mas o autor de *Lutas de famílias no Brasil* surgiu enfim: "Sentimo-nos perfeitamente à vontade para abordar a análise das relações entre negros e brancos no Rio de Janeiro [...] sem pactuar, em nenhum momento, com as estereotipias que entre nós têm envolvido o problema". E transfigura-se ao praticar este ato do heroísmo: "Já era tempo de dizer um 'basta' e de corrigir esse *bias*, que uma concepção falsa de orgulho nacional, de um lado, e a *inércia mental* [grifo meu], de outro, cultivaram por tanto tempo e exportaram para todo o mundo".

Antes do autor de *Lutas de famílias no Brasil*, que "pela primeira vez" focaliza o tema com tanta coragem ou temeridade, "o grupo dominante" via o negro "como um exótico".

Como se vê, a nota prévia do estudo sobre o negro no Rio de Janeiro patrocinado pela Unesco é um verdadeiro escárnio lançado à face dos que nesta cidade têm-se dedicado à questão e também ao público. A menos que o seu autor seja, como tudo indica, um caso de desenfreada paranoia e mitomania. Se isso acontece, os empresários do autor de *Lutas de famílias no Brasil* terão de recolhê-lo a uma clínica, antes que seja tarde demais...

Sociologia clínica de um baiano "claro"

VOLTAM À ORDEM DO DIA, entre nós, os estudos de relações de raça. Nas linhas que seguem, para obter certos efeitos terapêuticos, exporei algumas observações sobre o caso de um baiano "claro", numa linguagem supervalorizada e jactanciosa, em alguns aspectos, paródia da em que está escrito recente livro sobre o negro no Rio de Janeiro patrocinado pela Unesco.

UMA PERSPECTIVA NOVA DISCERNE-SE atualmente nos estudos brasileiros sobre relações de raça. O autor deste artigo, como é notório, assume, de boa mente, a principal responsabilidade no encaminhamento de tais investigações. A nova tendência se caracteriza por um propósito de antes transformar praticamente do que de interpretar o quadro de nossas relações étnicas e, ainda, em plano secundário, pelo fato de iniciar os estudos sobre o "branco" brasileiro. Sabe-se que, até data recente, o "branco" jamais constituiu tema ou objeto de observações de cunho científico. A nova orientação alcança-o também juntamente com os outros tipos étnicos. Abre-se, assim, para a sociologia indígena um veio inesgotável destinado a ser explorado pelos estudiosos. Estou certo de que o progresso dessa corrente está a depender não apenas do trabalho de um cientista, mas de uma equipe e de algumas gerações de investigadores. Contento-me, portanto, em ser um simples gomo dessa nova orientação.

As dificuldades que o pesquisador encontra nesse campo não podem ser subestimadas. A metodologia e as categorias para tal estudo só agora estão sendo esboçadas. Por outro lado é escassa a documentação informativa sobre a matéria. Até a presente data, por exemplo, nenhum cronista se lembrou de fixar os costumes e os usos mais típicos de nossa camada mais clara, nos vários períodos da história pátria, e os fisiologistas e antropometristas nacionais, por sua vez, praticamente nada fizeram sobre as características somáticas desse valoroso contingente da população brasileira. Mas é preciso dizer um "Basta!" a essa omissão lamentável de nossa ciência social e, mesmo afrontando perigos, fazer essa reivindicação. O "branco" brasileiro é também um objeto de ciência. É um direito que lhe assiste e que só os energúmenos lhe podem negar. Na defesa desse direito, quero ser o primeiro a me colocar, pois resolvi dedicar a minha vida ao estudo das relações humanas.

O FATO DE QUE O INICIADOR desses estudos no Brasil seja um cientista de raça negra é, por si só, um testemunho da vigência, em nosso meio, de apreciável grau de confraternização étnica, e, além disso, garante a isenção de ânimo, a objetividade na observação dos fatos. É possível que através dos órgãos de divulgação da Unesco essa nova faceta da ciência indígena venha a alcançar interesse universal. Pois é essa a primeira vez na história do mundo em que o "branco" se torna assunto, ou suscita uma especialização no campo da ciência social.

Em virtude de um conjunto de incidências felizes, o presente cientista pode colher um material abundante sobre o problema em pauta. Mas — é uma informação necessária — este material foi colhido, em sua maior parte, no estado da Bahia, em que o contingente branco é minoria. Por outro lado, teve o ensejo de observar a carreira social de vários baianos claros, um dos quais estudou e estuda com especial atenção, por ser um caso de extraordinário interesse científico. Finalmente, como principal organizador do I Congresso do Negro Brasileiro, reunido nesta capital em 1950, teve o ensejo de analisar, através da *"participant observation"* (ou se quiserem: *insight, Verstehen*), as reações de patrícios claros em relações interétnicas. Aquele certame foi, para o autor, um verdadeiro laboratório de sociologia experimental e lhe possibilitou um acervo de notas que perfazem algumas dezenas de cadernos.

Terei o cuidado, neste e em próximos artigos, de não individualizar as análises a que procederei. Essa, como se sabe, constitui uma regra sagrada para o pesquisador sério e honesto. Se, porém, alguma pessoa vier a identificar-se no que se exporá, peço-lhe, desde já, minhas sinceras desculpas — o único propósito que me anima é o de servir à ciência. E talvez aqui, também, valha advertir que muitas semelhanças entre o que se relata e situações pessoais poderão ser meras coincidências.

O caso de que se tratará aqui é o de um baiano "claro" da classe média, e que abraçou a carreira de sociólogo. Essas indicações são importantes, pois contribuem decisivamente para uma melhor inteligência do problema. Na Bahia, o cidadão claro da classe média apresenta, quando em relação com as pessoas de cor, um comportamento particular e que se explica historicamente. Um dos fatores da particularidade desse comportamento é o choque frontal entre o preconceito de que é portador o "claro" e a atitude das pessoas de cor da classe média.

Acontece na Bahia, principalmente em Salvador, que os "claros" são minoria. Na referida capital, há cerca de 400 mil habitantes, dos quais 47% são mestiços, 20% são negros e apenas 33% são brancos. Esse fenômeno quantitativo se refrata qualitativamente com certos matizes psicológicos, muito particulares. Uma apreciável parcela de pessoas de cor, habitantes da cidade em apreço, vem ultimamente ocupando posições econômicas seguras e, ainda, de relevante expressão cultural e social. Essas pessoas de cor, por força de sua própria situação existencial, competem com os "claros" com uma consciência muito nítida do seu valor, e às vezes mesmo exagerada. Em face dos "claros", longe de assumirem a atitude subserviente e tímida, aparentemente comum entre pessoas de cor menos favorecidas em idêntica relação, assumem uma postura de "igual", tendendo às vezes, em oportunidades de tensões, a tornar-se irônica, uma forma refinada de agressividade. De modo geral os negros e mulatos baianos da classe média ladinizam-se, esmeram-se em processos sutis de afirmação própria e de competição frontal com os "claros".

Tal comportamento se choca fortemente com a expectativa dos "claros", nos quais a educação familiar inculcou uma imagem estereotipada do negro como um ser inferior, tímido e subserviente. Esse estereótipo, de fato, organizava funcionalmente o comportamento dos "claros", numa fase da estrutura econômica do Estado atualmente superada. Assim, quando os "claros", em competição e nas relações com os negros e mestiços, são por estes vencidos ou simplesmente obstaculizados, traumatizam-se fortemente, tornam-se "ressentidos" e exprimem o seu "ressentimento" procurando atingir os seus competidores de cor com atitudes equivalentes a "Negro, se enxergue", ou "Negro, procura o teu lugar".

OCORRERIA AQUI UMA ESPÉCIE do que os sociólogos americanos têm chamado de *"lag"*, ou, em vernáculo, "demora". As gerações novas de "claros", educadas pelas gerações antigas, não se dão conta, em larga margem, de que a posição de uma parcela de negros e mestiços na estrutura social se modificou e, consequentemente, a psicologia destes últimos. Na medida em que "mores" e "folkways" antigos persistem no comportamento dos baianos "claros" sem que lhes correspondam já situações concretas, entram em descompasso emocional.

O caso especial que venho observando é o de um baiano "claro" de família da classe média que, na sua juventude, esteve ameaçado de descer de classe em virtude do falecimento de seu pai, um homem ilustre na Bahia. Essa situação, já por si, é favorável a manifestações de ansiedade, e esta, no caso, se agravou, porque um dos principais adversários de Gildo (chamemo-lo assim, por um imperativo de discrição profissional) é precisamente um mulato que é de sua mesma geração, de sua mesma cidade, que abraçou a mesma profissão, que atua no mesmo meio e nos mesmos campos específicos de estudo.

Gildo sente, por assim dizer, na sua própria carne, como uma espécie de subtração do que deveria ser seu, qualquer progresso ocorrido na carreira do seu adversário de cor. Cada progresso deste é uma ferida que se abre em Gildo, que, para compensar-se, inconscientemente retorna à sua infância, onde ele encontra as memórias dos tempos em que vivia o seu pai ilustre, e de lá volta ansioso pela aquisição do status ilustre, tudo isso, entretanto, tornando-o apreensivo e emocionalmente inseguro. O projeto existencial de Gildo, pelo que tenho observado, é construído sobre o arquétipo paterno.

NA ANSIEDADE PARA VENCER a sua insegurança e a sua angústia, ou para realizar o seu projeto existencial, Gildo incorre, com frequência, em desonestidade e na prática da simulação. Assim, o seu primeiro livro é um plágio e, em muitos aspectos, uma cópia da obra francesa *La vengeance privée et les fondements du droit international public*, de Jacques Lambert, e o seu segundo livro, sobre relações de raça, é depoimento de sua própria frustração, pois, obnubilado pelo ressentimento contra o seu adversário mulato, não conseguiu atingir a objetividade científica e passou mesmo a proceder a invectivas ao seu competidor, do tipo "Negro, procura o teu lugar". Assim, utiliza os estudos do seu competidor distorcendo-os; injuria-o e procura atribuir-lhe ideias e atuações absolutamente inverídicas. Dir-se-ia que a ideia fixa de Gildo é liquidar o seu adversário. O próprio Gildo, num momento de lúcido autoconhecimento, percebe-se um ressentimento e confessa isso, experimentando um pouco do "drama de ser dois". É vê-lo, por exemplo, gemer no prefácio do seu último livro, em que injuria o seu colega de cor: "se apesar da nossa constante preocupação [...] *acaso restou motivo de ressentimento*" [grifo meu]. Vê-se por aí que ele é portador de reservas da neurose. Mas Gildo é também simulador. Uma de suas simulações mais obstinadas, estreitamente vinculada ao arquétipo paterno, é fazer-se passar por catedrático da Universidade do Brasil.

As cicatrizes das feridas que as frustrações de Gildo têm promovido resultam num fenômeno que o psiquiatra Erich Fromm já observou; ou paralisia da originalidade, ou espontaneidade da pessoa, é a substituição do "eu" por um "pseudoeu", no qual o sentimento do "eu sou" é substituído pela experiência do "eu" como sendo a soma total das expectativas que outros possam ter a meu respeito; a substituição da autonomia pela heteronomia.

O ÚLTIMO LIVRO DE GILDO confirma isso. Está escrito em forma supervalorizada e jactanciosa, é um esforço comovente de alterar-se, de nivelar-se entre os mais ilustres, ele mesmo querendo parecer "ilustre", aproveitando o mais ínfimo incidente que para tanto contribua, e, escravo de uma ideia fixa, avantajando-se ao seu colega de cor pela mentira e falseamento dos fatos. Parece um náufrago agarrado desesperadamente a uma tábua de salvação.

O caso "Gildo" não é propriamente representativo, é uma extremação de certos aspectos da situação ordinária do baiano "claro" de classe média. Acredito que a aplicação do psicodrama e do sociodrama poderá, em casos como o de Gildo, dar excelentes resultados. Como se sabe, o psicodrama e o sociodrama são procedimentos clínicos de sociologia que visam adestrar os pacientes a vencer suas próprias dificuldades emocionais, possibilitando-lhes viver situações reproduzidas da existência concreta.

Continuarei a explorar este material clínico, tão esclarecedor de ângulos importantes das relações de raça no Brasil, ordinariamente desapercebidos pelo observador leigo. Por enquanto o espaço a minha disposição neste jornal me obriga a fazer ponto-final.

O negro, a Unesco e o carreirismo

A Unesco patrocinou a realização no Brasil de várias pesquisas sobre relações de raça. No Distrito Federal,* a investigação foi confiada a pessoas sem qualificações técnicas e morais para levá-la a efeito, motivo por que a publicação dos primeiros informes referentes ao trabalho[1] está suscitando forte repulsa nos meios interessados. Dir-se-ia que a Unesco, vítima da leviandade de algum conselheiro indígena, se torna fator de dissensões em torno de um assunto tão delicado como o das relações de raça.

Vencendo a minha resistência para tratar de questões pessoais, estou disposto a proceder a uma série de esclarecimentos tendentes a neutralizar a atuação desonesta de certa máfia de calhordas que, travestidos de sociólogos e antropólogos, estão tentando controlar as atividades institucionais no campo da sociologia e da antropologia. O *affaire* tem mais gravidade do que se pensaria à primeira vista, como se verá. Embora seja notória a pusilanimidade dos indivíduos em tela, que só costumam agir em coro ou embuçados, tentarei forçá-los a se identificarem.

Neste e em artigos seguintes, farei uma exposição sobre as atividades do Teatro Experimental do Negro, com o propó-

---

* À época, o Rio de Janeiro. (N. E.)

sito de mostrar em que medida se caracteriza a impostura do estudo sobre o negro no Rio de Janeiro realizado sob o patrocínio da Unesco.

Nenhuma pessoa interessada em relações de raça pode, sem má-fé, desconhecer o significado e a importância do Teatro Experimental do Negro. Suas atividades e realizações, amplamente conhecidas, tornaram-no o marco de uma fase nova no estudo e tratamento das relações de raça, fase em que o negro se recusa a servir de mero tema de dissertações "antropológicas" e tenta, de modo prático, alterar a sua posição na sociedade brasileira.

No dia 9 de maio de 1949, no discurso de abertura da Conferência Nacional do Negro, o sr. Abdias Nascimento teve ocasião de formular, com clareza, o que chamou "o espírito e a fisionomia do TEN". Nesse importante documento, define-se o TEN como uma estratégia para a transformação das condições de vida da gente negra ou ainda como um campo de polarização psicológica onde se forma um movimento social de vastas proporções.

Fundamentado em bases científicas, de caráter sociológico e antropológico, o TEN nunca foi compreendido pelos prógonos da ciência oficial, que, embora não o hostilizassem francamente, sempre se conduziram em face do empreendimento com desconfiança. No fundo, percebiam que o TEN representava uma mudança de 180 graus na orientação dos estudos sobre o negro.

Todavia, nunca hostilizamos os "antropólogos" e "sociólogos" oficiais. Temos sido pacientes com eles. Temo-los atraído mesmo para as nossas reuniões, certos de que, na medida em que sejam sinceros, poderão ser recuperados.

Vale a pena insistir neste ponto. O TEN foi, no Brasil, o primeiro a denunciar a alienação da antropologia e da sociologia nacionais, focalizando a gente de cor à luz do pitoresco ou do histórico puramente, como se se tratasse de elemento estático ou mumificado. Essa denúncia é um leitmotiv de todas as demonstrações do TEN, entre as quais o meu jornal *Quilombo*, a Conferência Nacional do Negro e o I Congresso do Negro Brasileiro, realizado em 1950.

Os dirigentes do TEN sabiam e sabem que, de modo geral, a camada letrada e os "antropólogos" e "sociólogos" oficiais não estavam, como não estão, preparados mentalmente para alcançar o significado da iniciativa.

No que diz respeito à sociologia e à antropologia do negro, observávamos que tais disciplinas não tinham atingido a fase científica, entre nós. Nossa sociologia e nossa antropologia do negro vinham sendo elaboradas com categorias europeias ou norte-americanas, altamente portadoras de ingredientes ideológicos. Utilizando literalmente essas categorias, nossos especialistas fizeram-se autores de estudos de nula validade científica e de consequências depressivas no seio da gente de cor, pois a descreviam sob uma luz desfavorável.

O TEN representa uma reação de intelectuais negros e mulatos que, em resumo, têm três objetivos fundamentais: 1) formular categorias, métodos e processos científicos destinados ao tratamento do problema racial no Brasil; 2) reeducar os "brancos" brasileiros, libertando-os de critérios exógenos de comportamento; e 3) "descomplexificar" os negros e mulatos, adestrando-os em estilos superiores de comportamento, de modo que possam tirar vantagens das franquias democráticas em funcionamento no país.

Na realização do primeiro objetivo, o TEN desmascarou, de maneira aliás muito polida, a antropologia oficial. O I Congresso do Negro Brasileiro marca definitivamente a nova fase dos estudos sobre o negro. Com a plena consciência disso, escreveu Abdias Nascimento:

> O I Congresso do Negro pretende dar uma ênfase toda especial aos problemas práticos e atuais da vida da nossa gente de cor. Sempre que se estudou o negro, foi com o propósito evidente ou a intenção mal disfarçada de considerá-lo um ser distante, quase morto, ou já mesmo empalhado como peça de museu. Por isso mesmo o congresso dará uma importância secundária, por exemplo, às questões etnológicas e menos palpitantes, interessando menos saber qual seja o índice cefálico do negro, ou se Zumbi suicidou-se realmente ou não, do que indagar quais os meios de que poderemos lançar mão para organizar associações e instituições que possam oferecer oportunidades para a gente de cor se elevar na sociedade. Deseja o congresso encontrar medidas eficientes para aumentar o poder aquisitivo do negro, tornando-o assim um membro efetivo e ativo da comunidade nacional. Guerreiro Ramos vai mais longe, afirmando que essa tomada de posição de elementos da nossa massa de cor nada mais é do que uma resposta do Brasil a um apelo do mundo que reclama a participação das minorias no grande jogo democrático da cultura. E o futuro congresso, portanto, vem afirmar que já existe em nosso país uma elite de cor capaz de infundir confiança às classes dominantes, porquanto o nosso movimento não é um diversionismo, não visa objetivos pitorescos e nem se caracteriza por aquela irresponsabilidade que infelizmente tem prejudicado a maioria das iniciativas de negros no Brasil.[2]

Nesse mesmo sentido, escrevi diversos estudos amplamente divulgados, entre os quais: "Contatos raciais no Brasil", publicado no periódico *Quilombo* em 9 de dezembro de 1948; "O negro no Brasil e um exame de consciência", publicado em suplemento dominical de *A Manhã* em 1949; e "O museu como sucedâneo da violência", estes dois últimos reunidos no livro *Relações de raça no Brasil*.[3]

Além disso, pela primeira vez no Brasil, realizou-se um Seminário de Grupoterapia sob o patrocínio do TEN com o objetivo de tratar praticamente de problemas de preconceito. De duas seções desse seminário, dei pormenorizada notícia em números de *Quilombo*.

Pois bem, a revista *Cultura*, em seu número 5, insere a nota prévia de um estudo a ser publicado sobre o negro no Rio de Janeiro no qual se revela uma preocupação por assim dizer doentia de ocultar a contribuição do TEN. O autor desse trabalho, posso afirmá-lo com segurança, conhece grande parte da documentação do TEN, inclusive os papéis do I Congresso do Negro Brasileiro, que lhe foram emprestados por mim, por intermédio de amigo comum.

Não é, aliás, a primeira vez que esse cidadão falseia fatos e oculta fontes para engrandecer-se. Aguardarei a publicação do seu livro para examiná-lo pormenorizadamente. Todavia, a fim de sistematizar o assunto, voltarei a este jornal tendo em vista possibilitar aos leitores interessados informações objetivas que permitam um julgamento sereno da situação atual em que se encontram os estudos sobre relações de raça no Brasil.

Esse programa só será modificado se o autor da nota prévia publicada no número 5 de *Cultura* não continuar a fazer ouvidos moucos em face das graves acusações que lhe tenho feito, e que reitero aqui, e das que lhe fez Abdias Nascimento no número 5 de *Panfleto* (setembro de 1953), e vier tentar justificar publicamente o seu procedimento, como é o seu dever.

Uma redefinição do problema do negro

Se o leitor me permite uma confidência, eu lhe adiantaria que, durante muito tempo, resisti ao compromisso com o movimento negro. E o que me levou a dar o passo definitivo nesse sentido, em 1949, foi o fato de ter sido contagiado por uma paixão, a paixão que testemunhei vivida pelos que labutaram e labutam no Teatro Experimental do Negro, entre os quais Abdias Nascimento, Aguinaldo Camargo, Maria Nascimento, Sebastião Rodrigues Alves, Ruth de Souza, Haroldo Costa.

Depois de frequentes contatos com as figuras do movimento, descobri, de repente, num dado instante, o páthos em que estavam imersas aquelas pessoas e de onde elas hauriam a força transfiguradora da precariedade dos meios de ação de que dispunham, descobrimento este que me decidiu a participar das atividades do Teatro Experimental do Negro.

Embora seja um cidadão notoriamente trigueiro, não tinha, como não tenho, pessoalmente, motivos poderosos para reivindicações vinculadas a acidentes raciais. O problema do negro era, até então, para mim, conhecido principalmente através da literatura antropológica e sociológica. Lia, por exemplo, as obras "antropológicas" sobre o negro no Brasil e experimentava impressões melancólicas. É que, sendo de raça negra, e, além disso, natural de um estado — o da Bahia — onde existe um forte contingente de pessoas de cor, percebia que aquilo que os "sociólogos" e "antropólogos" descreviam, em seus livros, como um "problema do negro" era mais uma projeção de seus espíritos na realidade do que a realidade efetivamente vivida. Principalmente quando tais livros tratavam das chamadas "sobrevivências religiosas" ou da "patologia criminal" da gente de cor.

Tais produções me pareceram sempre revelar uma espécie de pernosticismo de "brancos" e frutos de uma atitude postiça que merecia atenção acurada.

O TEN me deu uma oportunidade de viver o problema do negro, em vez de ler ou escrever coisas doutorais sobre ele. E segui a regra fecunda: *"On s'engage, et puis on voit".** E, a partir de uma situação concretamente vivida, comecei a estudar a fundo o problema do negro no Brasil. O meu *engagement* representou, inicialmente, uma fase de liquidação de certas fixações mentais de que era vítima até aquele momento e, em seguida, conferiu-me a capacidade de ver as relações de raça desde uma perspectiva que não suspeitava existir.

A partir dessa perspectiva, verifiquei, com clareza, que os estudos sobre o negro no Brasil, em sua quase totalidade, são inexatos e, em grande escala, encerram verdadeira mistificação e ignomínia; no caso, faça-se justiça, mistificação e ignomínia inconscientemente praticadas.

Por que inexatidão? Porque os traços e caracteres que os "antropólogos" e os "sociólogos", até bem pouco, consideravam como "negros" eram efetivamente comuns a muitos brancos e pretos de certa condição social, e não o eram de significativa parcela de pretos e mulatos. Por exemplo, as sobrevivências dos

---

* Em tradução literal: "Primeiro se age, depois se vê". (N. E.)

cultos africanos, na Bahia e em outros estados do Brasil, impregnam a vida religiosa de brancos e pretos indistintamente. Quem quer que frequente as casas onde se procedem a esses cultos verá todos os tipos de fiéis, de todas as cores e mesmo de todas as classes. Na verdade, grande parte da massa de cor acha apenas pitorescas essas práticas sobre as quais se debruçam, com gravidade, muitos estudiosos. Há, aliás, uma certa exploração de "brancos" exercida por negros ladiníssimos, usufrutuários de uma verdadeira indústria de ritos africanos. Dir-se-ia ser necessária uma cruzada de salvação dos "brancos" dessa espoliação negra...

Por que ignomínia? Porque aqueles estudos tinham como suporte um privilégio: o privilégio do branco de ver o negro sem ser visto por ele. Colhi essa observação num ensaio de Sartre sobre o negro francês. Na verdade, o estudioso branco falava do preto e o julgava segundo padrões de cultura que se admitiam absolutos e eram, por assim dizer, adversos ao negro. Nesse sentido, conhecido antropólogo brasileiro escreveu uma *Aculturação negra no Brasil*. Que seria, em última análise? Um processo de preservação e expansão da "brancura" de nossa herança cultural. Mas, a partir da perspectiva do negro, a aculturação é um ponto de vista que merece muitas reservas. Como um caso particular da europeização do mundo, a aculturação é, talvez, inevitável, pois que as populações de origem não europeia jamais poderiam participar com vantagem e dignidade da civilização mundial, em sua forma contemporânea, sem a posse e o domínio de grande acervo de elementos culturais do Ocidente. Todavia, para o negro, a aculturação tem um limite: ela não pode dividi-lo interiormente, não poderá fazer do negro um autoflagelado. Há, assim, uma questão ética a considerar na aculturação.

O TEN tem sido um campo de exercitação psicológica onde muitos negros, expurgando-se do sentimento de inferioridade e da vergonha de sua cor, reencontram a autenticidade de sua condição racial. Essa autenticidade, tornando-os positivos, não os faz ser contra os brancos: ela os faz livres da ambivalência interior, ou da autoflagelação.

O TEN se chama a si próprio de negro, sem orgulho, mas com serenidade. Não é a luta contra o preconceito que o justifica, mas uma concepção profundamente democrática da convivência de raças.

Na evolução dos estudos sociológicos e antropológicos sobre o negro no Brasil, o TEN é uma referência fundamental. Em primeiro lugar, implantou a fase dinâmica e prática desses estudos, fazendo um pouco do "branco" um "assunto". Denunciou o etnocentrismo de que estavam afetadas, largamente, entre nós, a sociologia e a antropologia do negro; lançou no cenário artístico nacional várias personalidades de grande expressão, entre as quais o famoso ator Aguinaldo Camargo, a atriz Ruth de Souza e o ator Haroldo Costa, atualmente em andanças pela Europa integrando a equipe do Teatro Folclórico Brasileiro; e, finalmente, através de vários certames, inclusive o I Congresso do Negro Brasileiro, iniciou, no Distrito Federal, um ciclo de amplas reuniões de brancos e pretos com o propósito de induzir da análise objetiva de sua situação concreta normas gerais de política, no alto significado da palavra.

Para que seja superada a fase que representa o TEN na evocação do estudo e do tratamento do problema do negro é necessário que se crie um outro mecanismo de integração social, mais avançado, qualitativamente, do que ele. Até a presente data, isso não aconteceu. Anuncia-se, é verdade, um livro sobre o negro no Rio de Janeiro cujo autor, em prévia do mesmo, considera-se como "desvirginador" de caminhos na matéria. Mas, rigorosamente, sua produção e suas atitudes o classificam como um vulto proeminente daquela espécie de sociologia do negro que, depois do TEN, é mera sobrevivência...

O problema do negro na sociologia brasileira

Sobre o problema do negro no Brasil existe farta literatura de caráter histórico e socioantropológico produzida por autores estrangeiros e nacionais. Nessa literatura, em sua quase totalidade, está implícito um modo de ver as relações raciais no país que se revela, nos dias que correm, em contradição com as tendências de autonomia espiritual e material do Brasil.

O negro tem sido estudado, no Brasil, a partir de categorias e valores induzidos predominantemente da realidade europeia. E assim, do ponto de vista da atitude ou da ótica, os autores nacionais não se distinguem dos estrangeiros, no campo em apreço.

Por consequência, a partir de uma posição científica de caráter funcional, isto é, proporcionadora da autoconsciência ou do autodomínio da sociedade brasileira, importa, antes de estudar a situação do negro tal como é efetivamente vivida, examinar aquela literatura, tendo em vista desmascarar os seus equívocos, as suas *ficelles*, e, além disso, denunciar a sua alienação.

Aquela literatura é, ela mesma, um material ilustrativo do que há de problemático na condição do negro na sociedade brasileira. Eis por que tratarei, neste estudo, menos do problema do negro no Brasil do que desse problema tal como ele se configurou nos escritos dos sociólogos e antropólogos.

Essa é tarefa preliminar necessária para a elaboração de uma consciência sociológica, verdadeiramente nacional, da situação do homem de cor brasileiro.

Caráter geral da sociologia e da antropologia no Brasil

Para a compreensão do nosso problema do negro, é necessário que o estudioso se dê conta de que, de modo geral, os estudos de sociologia e antropologia no Brasil refletem o estado em que neste se encontra o trabalho científico. Até a presente data, não temos, senão em pequeníssima escala, uma ciência brasileira. Nessas condições, o trabalho científico, entre nós, carece, em larga margem, de funcionalidade e de autenticidade. De um lado, porque não contribui para a autodeterminação da sociedade; de outro lado, porque o cientista indígena é, via de regra, um *répétiteur*, hábil muitas vezes, um utilizador de conceitos pré-fabricados, pobre de experiências cognitivas genuinamente vividas e, portanto, vítima dos "prestígios" dos centros europeus e norte-americanos de investigação.

Embora os princípios gerais de conhecimento positivo sejam universais, existe, em vários sentidos, uma ciência nacional em todo país de cultura autêntica. Em primeiro lugar, o trabalho científico está sempre, direta ou indiretamente, articulado com um projeto nacional de desenvolvimento — o que transparece nos objetos em que incide. Os problemas científicos radicam-se em situações historicamente concretas, embora possam ser intrinsecamente abstratos. Eis por que a problemática científica é uma coisa na Rússia, outra nos Estados Unidos, outra na França, outra na Inglaterra, outra na Alemanha. O comportamento dos quadros científicos, nesses países, é comandado pelas necessidades práticas da sociedade. Não é ocasional nem gratuito. Quanto mais comandada seja a vida nacional, mais restrições à disponibilidade do trabalho científico.

Além disso, uma ciência nacional se caracteriza pelo fato de que se forma pedestremente, de modo cumulativo, "assente sobre bases próprias, para um crescimento evolutivo regular".[1] Ao contrário, não se elabora revolutivamente, pela justaposição de conhecimentos importados ou pela mera sucessão abrupta de orientações. Jamais se chega a constituir uma ciência nacional, se as gerações de cientistas não se articulam no sentido de um labor contínuo e se os especialistas de uma mesma época não se organizam para a cooperação.

A inobservância de tais requisitos retarda o aparecimento em nosso país de uma ciência nacional. Ela é notória, por exemplo, em nossa antropologia.

Na verdade, entre nós, a antropologia não chega a constituir uma ciência nacional. Uma coleção de obras não faz necessariamente uma ciência. O que faz uma ciência é um espírito, uma atitude militante de compreensão de uma circunstância historicamente concreta. E a antropologia, no Brasil, está fortemente alienada do meio brasileiro, já por suas categorias, já pela sua temática.

Com efeito, as categorias de nossa antropologia têm sido literalmente transplantadas de países europeus e dos Estados Unidos. Ora, de todas as chamadas ciências sociais, a antropologia, naqueles centros, é a que se tem menos depurado de ingredientes ideológicos. De modo geral, a antropologia europeia e a norte-americana têm sido, em larga margem, uma racionalização ou despistamento da espoliação colonial. Esse fato marca nitidamente o seu início, pois ela começou fazendo dos povos "primitivos" o seu material de estudo. Entre outras, a noção de raça assinalou, durante muito tempo, as implicações imperialistas da antropologia. Sob o signo dessa categoria, fortemente impregnada de conotações depressivas, elaboram-se no Brasil alguns trabalhos considerados representativos de nossa antropologia, entre os quais se incluem principalmente os de Nina Rodrigues e *Raça e assimilação*, de Oliveira Viana.

Não faltaram, porém, no Brasil, espíritos como o de Sílvio Romero e Euclides da Cunha, que, embora não inteiramente livres da obnubilação do conceito de raça, proclamaram a sua desconfiança com respeito a ele e fizeram os primeiros esforços em prol da criação de uma antropologia nacional assente em critérios autônomos de avaliação de nossas relações étnicas.

Neste sentido, é de muito relevo a contribuição de Alberto Torres e Álvaro Bomílcar, que, antes do atual movimento antropológico, formularam indicações fundamentais para a compreensão do problema racial no Brasil.

Mas a atual antropologia europeia e, principalmente, a norte-americana estão longe de se terem depurado de resíduos ideológicos. Conceitos igualmente equívocos como o de "raça" tornaram-se basilares no trabalho antropológico. Entre eles, o de estrutura social, o de aculturação, o de mudança social, os quais supõem uma concepção quietista da sociedade e, assim, contribuem para a ocultação da terapêutica decisiva dos problemas humanos em países subdesenvolvidos. Tal orientação, adotada literalmente pelos profissionais de países como o Brasil, constitui-se em poderoso fator de alienação.

Ao contentar-se o antropólogo com descrever os comportamentos como implicações da estrutura social da comunidade, concorre para obscurecer o fato fundamental da precariedade histórica de tais implicações, e quase se faz um apologista do aqui e do agora, ou pelo menos um interessado na inalterabilidade da sociedade particular onde atua. Proceder desse modo em face de uma comunidade pré-letrada é, sem dúvida, uma experiência enriquecedora para o antropólogo pessoalmente, uma experiência estética, aliás, muito mais do que científica. Mas tal atitude, por isso mesmo, é imperialista e espoliativa.

O significado quietista e imperialista dessa tendência antropológica é perceptível ainda mais nos refolhos das noções de aculturação e mudança social. A aculturação supõe o *valer mais* de uma cultura em face de outra, do mesmo modo como a superioridade de certas raças em face de outras suposta pela antropologia racista.

A aculturação não se faria, assim, pela eugenia, pelo controle de nascimento e de casamentos; faz-se pela inculcação de estilos de comportamento por meio de processos sociais formais e informais, diretos e indiretos, mas, em tais processos, admite-se sempre uma variável cultural quase independente e outra ou outras dependentes. Por outro lado, essa antropologia, quando se torna prática ou "aplicada" (*applied anthropology*), parece tender a considerar a mudança social em seus aspectos puramente superestruturais, justificando a mudança social por intermédio de agências educacionais e sanitárias antes que mediante a alteração das bases econômicas e políticas da comunidade.

Na medida em que a antropologia no Brasil se ajusta a esse sistema de referências, desserve o país e confunde os interessados no equacionamento dos problemas nacionais. Os nossos grandes problemas "antropológicos" são indecifráveis à luz das categorias habituais daquela espécie de antropologia.

Os nossos grandes problemas "antropológicos" — o do índio e o do negro — são aspectos particulares do problema nacional de caráter eminentemente econômico e político. Daí resulta que, sem estribar-se na teoria geral da sociedade brasileira, o antropólogo, em nosso país, se expõe a tornar-se uma espécie de "mercenário inconsciente", um "inocente útil" ou, na melhor das hipóteses, um esteta.

Rigorosamente, é lícito afirmar que, em um país como o Brasil, o trabalho antropológico terá sempre sentido dispersivo se não se articular com o processo de desenvolvimento econômico. Na fase em que se encontra, o mero aspecto "antropológico" dos seus problemas é acentuadamente subsidiário. Nossos problemas culturais, no sentido antropológico, são particulares e dependentes da fase de desenvolvimento econômico do Brasil. A mudança faseológica de nossa estrutura econômica automaticamente solucionará tais problemas. Parece, pois, que em nosso meio o insulamento do antropólogo nos quadros restritos e formais de sua disciplina limita as suas possibilidades de compreender exatamente os fatores mediados, mas básicos, dos problemas que pretende tratar. Nessas condições, os nossos patrícios, cultores desta matéria, têm diante de si uma tarefa ciclópica, qual a de, utilizando o acervo de conhecimentos acumulados universalmente neste campo, induzirem da realidade nacional os seus critérios de pensamento e ação. Pois jamais serão científicas obras resultantes da imitação servil ou da transplantação literal de conceitos e atitudes. A ciência não é coleção de livros, nem tampouco gesticulação. É estilo de vida. Essas deficiências de nossa antropologia, de que também está afetada nossa sociologia, são nitidamente perceptíveis nos estudos sobre o negro brasileiro.

História sincera dos estudos sobre o negro no Brasil

À luz de um critério funcional, está por fazer, até agora, a história dos estudos sobre o negro no Brasil e das tentativas de tratamento prático da questão.

Pondo de lado os escritos de natureza folclórica e de caráter puramente histórico, e as numerosas obras de estrangeiros que nos visitaram na fase colonial e imperial de nossa formação, tais como Debret, Maria Graham, Rugendas, Koster, Kidder e outros, discernem-se, neste campo, três correntes fundamentais.

Uma delas é fundada por Sílvio Romero, que continua nas obras de Euclides da Cunha, Alberto Torres e Oliveira Viana e se caracteriza pela atitude crítico-assimilativa dos seus epígonos, em face da ciência social estrangeira. Apesar das diferentes orientações teóricas desses autores, todos eles estavam interessados antes na formulação de uma teoria do tipo étnico brasileiro do que em extremar as características peculiares de cada um dos contingentes formadores da nação. No que diz respeito ao elemento negro, seus trabalhos, embora ressaltem a sua importância, contribuíram para arrefecer qualquer tendência para ser ele considerado do ângulo do exótico, ou como algo estranho na comunidade.

A segunda corrente, que pode ser chamada monográfica, é fundada por Nina Rodrigues, e continua nas obras de Arthur Ramos, Gilberto Freyre e de seus imitadores. O elemento negro se torna "assunto", tema de especialistas, cujos estudos pormenorizados promoveram, entre nós, movimento de atenção de uma parcela de cidadãos para os chamados afro-brasileiros. Interessava-lhes o passado da gente de cor ou as sobrevivências daquele no presente. Enquanto a primeira corrente viu o elemento de cor preponderantemente em devenir, em processo, a última inclinava-se a adotar ponto de vista estático, acentuando minuciosamente o que na gente de cor a particularizava em comparação com os restantes contingentes étnicos da comunidade nacional.

A mais antiga posição em face do problema do negro no Brasil se configurou predominantemente sob a forma de comportamentos mais que sob a forma de escritos. Caracteriza-se pelo propósito antes de *transformar* a condição humana do negro na sociedade brasileira do que de descrever ou interpretar os aspectos pitorescos e particularíssimos da situação da gente de cor; seus prógonos e epígonos são numerosos e se registram desde a época colonial. A caracterização mais pormenorizada dessa terceira posição se fará mais adiante.

Na ordem desta exposição, tratar-se-á de cada uma dessas correntes. Toca, portanto, a vez de focalizar a primeira delas, o que farei imediatamente, ocupando-me da contribuição de Sílvio Romero.

Sílvio Romero e a mestiçagem

Interessou-se Sílvio Romero pelo estudo do elemento negro eminentemente do ponto de vista da história social. É provável que o primeiro documento que adverte os nossos estudiosos para este assunto tenha sido o ensaio do autor "A poesia popular no Brasil", publicado em *Revista Brasileira*. "É uma vergonha", diz o polígrafo, "para a ciência do Brasil que nada tenhamos consagrado de nossos trabalhos ao estudo das línguas e das religiões africanas."[2] Parecia-lhe urgente que se dedicasse aos pretos a mesma atenção prestada aos índios, e a urgência se explicava em virtude de que estavam desaparecendo moçambiques, benguelas, monjolos, congos, cabindas, caçanjes. O negro, dizia, não é só uma máquina econômica; ele é antes de tudo, e malgrado sua ignorância, um objeto de ciência.

E levando a sério essa advertência, Sílvio Romero dedicou à matéria páginas de grande interesse. Na verdade, incorreu em muitos enganos, mas a maioria em decorrência dos instrumentos de estudo que utilizou, na época muito precários. Entre os autores em que se apoia incluem-se Taine, Renan, Préville, Broca e Gobineau, a quem chamou, com simpatia, "ilustre".

É compreensível, portanto, que Sílvio Romero tenha formulado a respeito do negro pronunciamentos hoje inaceitáveis. Assim, incorreu em lances em que chama "povos inferiores" aos índios e aos negros; em que afirma ser o mestiçamento uma das causas de certa "instabilidade moral na população"; em que chama aos "arianos" "a grande raça", "bela e valorosa raça"; e, finalmente, em que adota a ideologia do branqueamento (uma das futuras teses de Oliveira Viana) nestes termos: "Não [...] constituiremos uma nação de mulatos; pois que a forma branca vai prevalecendo e prevalecerá".[3]

Mas esses e outros semelhantes são erros da ciência da época e até estereótipos populares vigentes no momento em que viveu Sílvio Romero. Quando, porém, se estriba em suas próprias observações e em sua argúcia, Sílvio Romero acerta quase sempre. Ele foi, em face do tema, um ambivalente, pois, apesar das referências mencionadas acima, esboçou indicações fundamentais para o estudo e o tratamento do nosso problema do negro.

Ao contrário do seu contemporâneo Nina Rodrigues, levantou em torno do conceito de raça, característico da antropologia europeia, uma suspeita que a ciência moderna confirmou totalmente. Assim, referindo-se às contradições reinantes no campo, disse: "Aqui anda erro conscientemente arranjado e aplaudido", e falou ainda em "capricho para encobrir e desculpar os defeitos nacionais". Também a esse propósito esclarece que, nos "países conquistados e submetidos", habitados pelo que os colonizadores "chamam selvagens e gentes inferiores", implanta-se "uma ordem de coisas em que as raças inferiores não se podem manter". Tratando do problema da distinção das raças, escreveu esta advertência: "O critério para a sua separação é quase puramente linguístico, e a linguística é um critério bem fraco na etnografia, especialmente entre os povos modernos e recentíssimos, resultantes da fusão de raças".

Explicando por que os estudiosos brasileiros não tinham dado atenção ao contingente negro, disse que ninguém até então se atrevera a isto "com receio do prejuízo europeu, que tem sido um dos nossos grandes males, com medo de mostrar simpatia para com os escravizados e passar por descendentes deles, passar por mestiço"; e admirava-se de que a tarefa ainda não tivesse sido empreendida por "tantos negros e mestiços ilustrados existentes no país". Não lhe escapou também o aspecto prático do problema do negro, o qual, a seu ver, exigia medidas seguras, eficazes e amplas, que apressassem, precipitassem a sua completa emancipação. O roteiro de estudos sobre o negro, delineado pelo nosso autor, é, em essência, válido para os dias que correm. Ei-lo:

Seria preciso estudar acuradamente, sob múltiplos aspectos, cada um dos povos que entraram na formação da nação atual; dividir o país em zonas; em cada zona analisar uma a uma todas as classes da população e um a um todos os ramos da indústria, todos os elementos da educação, as tendências especiais, os costumes, o modo de viver das famílias de diversas categorias, as condições de vizinhança, de patronagem, de grupos, de partidos; apreciar especialmente o viver das povoações, vilas e cidades, as condições do operariado em cada uma delas, os recursos dos patrões, e cem outros problemas, dos quais, nesta parte da América, à retórica politicante dos partidos em luta nunca ocorreu cogitar.[4]

O que parece importante ressaltar na posição de Sílvio Romero é o ter conseguido superar a precariedade dos instrumentos da ciência de sua época. Assim viu, com precisão, as bases ideológicas da antropologia do seu tempo e esforçou-se em induzir da realidade brasileira os critérios de investigação do "problema" do negro. Graças a isso, identificou o sentimento de "vergonha" da camada letrada pelas origens raciais da população e inclinou-se pela busca de uma solução dessa inautenticidade. No equacionamento do problema do negro, como no de outros problemas do Brasil, assinalou a deficiência fundamental dos estudiosos: a adoção literal de categorias europeias, das quais suspeitou com fundamento. Aliás Sílvio Romero, em toda a sua obra, principalmente em sua famosa *História da literatura brasileira*,[5] acentuou o caráter inautêntico da cultura brasileira, decorrente da prática intensiva e extensiva da transplantação.

O aspecto dinâmico da questão também lhe interessou, como se viu há pouco, tendo estranhado que "negros e mestiços ilustrados" se mantivessem alheios ao assunto e, ainda, encarecido medidas práticas de emancipação da gente de cor. E o roteiro de estudos que esboçou ilustra que ele compreendeu não existir uniformidade na situação do negro no Brasil. Graças a sua familiaridade com os trabalhos da escola de Le Play, pôde perceber que tal situação apresentava nuanças diversas, decorrentes das diversidades de zona, de classe e de atividade econômica.

Há, certamente, duplicidade na posição de Sílvio Romero. Mas, apesar disso, é indiscutível que em sua obra se delinearam algumas das tendências mais acertadas no estudo do negro brasileiro.

Euclides da Cunha e a mestiçagem

Euclides da Cunha elaborou os seus estudos sobre os problemas étnicos no Brasil em época em que os conceitos de cultura e raça não estavam perfeitamente desembaraçados um do outro. A distinção entre o processo biológico e o processo social, hoje corriqueira e nítida nos compêndios de sociologia e antropologia, não tinha sido alcançada ainda pela ciência do tempo de Euclides. Entre os autores que mais influíram na formação do autor, incluem-se Gumplowicz e, indiretamente, Ratzel.

Como se sabe, Ratzel foi um dos precursores do conceito antropogeográfico de área cultural, e, em seu sistema, atribuía ao meio um papel de condicionador das manifestações culturais do homem. Euclides adotou essa orientação e, em seus estudos, principalmente em Os sertões,[6] sublinhou a importância das circunstâncias mesológicas como elementos formadores da sociedade. A atenção que ele dispensou a esse fator o levou a dar, de um lado, contribuição de relevo e que consistiu em reconhecer a heterogeneidade social do país, em decorrência da sua diversidade geográfica ("um meio físico amplíssimo e variável, completado pelo variar de situações históricas, que dele em grande parte decorreram"). Nesse sentido, Euclides é um dos fundadores de nossa sociologia regional. Todavia, a antropogeografia ratzeliana é talvez responsável pelas páginas escritas em *Os sertões* em que se atribui ao clima, entre outras influências negativas, a de inferiorizar os contingentes humanos. Diz-se aí, por exemplo, que "o calor úmido das paragens amazonenses [...] modela organizações tolhiças".

Por outro lado, Euclides foi vítima da antropologia racista do seu tempo, e viu a nossa formação à luz da teoria da luta de raças de Gumplowicz. Assim, segundo o autor de *Os sertões*, a evolução cultural de um povo define-se, em última análise, como evolução étnica. "A nossa evolução biológica", diz ele, "reclama a garantia da evolução social." Para ele, a "mistura de raças" é "prejudicial", e o "mestiço — mulato, mameluco ou cafuz —, menos que um intermediário, é um decaído, sem a energia física dos ascendentes selvagens, sem a altitude intelectual dos ancestrais", ou, ainda, é "um desequilibrado" ou um "histérico".

De resto, em matéria de relações de raça no Brasil, Euclides da Cunha equivocou-se tanto quanto, por exemplo, Nina Rodrigues. E o que, entretanto, o diferencia do último e dos seus seguidores são duas coisas: em primeiro lugar, a sua atitude crítico-assimilativa em face da ciência estrangeira, que ele utilizou sem passividade e sem basbaquice, mas com plena lucidez, repensando os conceitos e as teorias, à luz dos fatos que coletava. Jamais é surpreendido na prática de meros confrontos de textos de cientistas estrangeiros, de dissertações doutorais anódinas ou do *crochet* de citações. As páginas de seus livros saem inteiriças, expressão direta do que o autor pensa. Há que se sublinhar, pois, aqui, a autenticidade de um esforço de compreensão merecedor, só por isso, de ser apresentado como paradigmático aos cientistas brasileiros.

Em segundo lugar, embora Euclides da Cunha tenha adotado os preconceitos da antropologia racista, soube superar as suas conotações depressivas para os brasileiros. Viu, por exemplo, o mestiço brasileiro exatamente ao contrário do modo como Nina Rodrigues e Arthur Ramos viram o negro; viu os mestiços como brasileiros "retardados", como "patrícios", como "nossos irmãos", e não como elemento exótico, estranho ou mumificado. Ao contrário dos africanistas de mentalidade estática, acentuou o caráter provisório de nosso quadro de relações de raça e apontou mesmo a terapêutica para alterá-lo.

Os antropólogos e sociólogos da corrente que tenho chamado de "consular"[7] entenderam escassamente ou de nenhum modo o significado profundo de *Os sertões*, preocupando-se em descobrir no livro os erros de técnica científica. Arthur Ramos o considerou um "terrível anátema contra o nosso povo de mestiços".[8]

Mas é justamente o inverso. É uma tentativa de estilização dos tipos da sociedade brasileira, como já assinalou alguém. E, como tal, um documento importante da precária ciência brasileira.

Para Euclides da Cunha, o mestiço brasileiro é, com efeito, retrógrado, mas não em caráter definitivo. Deixará de o ser por meio do processo civilizatório. "Estamos condenados à civilização", diz o autor. E ainda: "Ou progredimos ou desaparecemos". Foi o "abandono" a que ficou relegado o responsável pelos seus comportamentos atrasados. Esses comportamentos, porém, foram vistos pelo nosso autor como verdadeiro sociólogo, isto é, foram vistos como produtos naturais, que não poderiam ser arguidos à luz de critérios heteronômicos. Isso é o que faz de Euclides da Cunha, em primeiro lugar, um sociólogo e, em segundo, um sociólogo brasileiro. Cientista, apesar dos seus erros de técnica trata dos fatos da vida brasileira procurando extrair da sua dinâmica critérios de avaliação objetiva. Aprendera com um dos seus mestres, Taine, que o vício e a virtude são produtos como o vitríolo e o açúcar. E, assim procedendo, não anatematizou, antes estilizou os nossos tipos históricos concretos. Por exemplo, descreveu os "sertões" e o "sertanejo" sem nenhuma inclinação pejorativa. Tudo indica, em Euclides, uma grave compenetração do que essa ótica envolvia de hostil à concepção *litorânea* ou europeia dos aspectos mais genuínos do Brasil. Proclamou-se um "narrador sincero", do qual disse Taine:

> *Il s'irrite contre les demi-vérités qui sont des demi-faussetés, contre les auteurs qui n'altèrent ni une date, ni une généalogie, mais dénaturent les sentiments et les moeurs, que gardent le dessin des évènements et en changent la couleur, qui copient les faits et défigurent l'âme: il veut sentir en barbare, parmi les barbares, et, parmi les anciens, en ancien.**

---

* "Ele se irrita com as meias-verdades que são meias-falsidades, com os autores que não alteram uma única data, uma única genealogia, mas desnaturam os sentimentos e os costumes, que olham o desenho dos acontecimentos e mudam sua cor, que copiam os fatos e desfiguram a alma: ele quer se sentir bárbaro entre os bárbaros e ancião entre os anciãos." (N. E.)

A superioridade de Euclides da Cunha, enquanto sociólogo, quando comparado a estudiosos como Nina Rodrigues, Arthur Ramos ou Gilberto Freyre, é não ter utilizado a ciência estrangeira simétrica e mecanicamente. Não importam seus erros. Temos de aprender com ele a assumir atitude integrada na realidade nacional. Não é difícil escrever obras com o propósito de mostrar que se sabe bem uma lição ou como quem escreve deveres colegiais. Os acertos dos atuais sociólogos e antropólogos consulares e os equívocos de Euclides da Cunha se equivalem: uns e outros são importados ou frutos de nossas obnubilações pelos "prestígios" ocasionais dos centros estrangeiros.

Tivessem os monografistas ou africanistas visto o negro no Brasil como Euclides da Cunha viu o sertanejo, e uma página melancólica da história de nossas ciências sociais teria sido proveitosamente eliminada. Qualquer estudante de sociologia ou de antropologia, atualmente, é capaz de descobrir os erros do autor de *À margem da história*. Mas nenhum dos nossos sociólogos mais festejados o excede, em autonomia mental, na capacidade de ver os problemas brasileiros.

A visão euclidiana do Brasil é, aliás, algo a restaurar, e implica uma altura do espírito que devem esforçar-se por atingir os novos sociólogos. Ela tornou dramaticamente perceptível a alienação da cultura brasileira. A campanha de Canudos, que Euclides estudou, é descrita em *Os sertões* como um episódio em que essa alienação provocou conflito sangrento de brasileiros contra brasileiros, conflito que continua a ser, hoje, em forma larvar, um dado ordinário da vida brasileira.

E nos dias presentes trava-se no âmbito das ciências sociais no Brasil uma luta decisiva entre o espírito euclidiano e o espírito litorâneo ou consular.

Alberto Torres e a mestiçagem

Muitas restrições merece a obra de Alberto Torres, a qual, por isso mesmo, não pode ser aceita em bloco. Tais restrições decorrem principalmente do fato de ter o autor de *O problema nacional brasileiro* adotado uma concepção psicológica da sociedade, segundo a qual os nossos males poderiam ser erradicados mediante a transformação do caráter nacional. Admitiu mesmo que se pudesse formar a nação de cima para baixo, artificialmente, partindo da inteligência para a vontade. Negligenciou, portanto, o condicionamento da psicologia do povo brasileiro e de suas elites pelas condições materiais do país e, assim, incorreu em enganos e erros em muitos aspectos do seu diagnóstico e de sua terapêutica do "problema nacional".

Mas há, na obra de Alberto Torres, muitas contribuições a incorporar na formulação de uma sociologia nacional. Ele foi inexcedível, por exemplo, quando focalizou o caráter abstrato de nossa cultura. Neste terreno, temos de retomar o fio de seu pensamento e de recolocar, no presente, a polêmica iniciada por ele. Alberto Torres tocou no ponto central da sociologia brasileira quando escreveu:

> As ideias em que se baseiam os estudos sociais e políticos até hoje feitos sobre a nossa vida partem de postulados e dados, analíticos ou sintéticos, inferidos da vida e da evolução de povos de existência multissecular, de seu progressivo desenvolvimento em regiões densamente povoadas, sob ação dos fatores ordinários da formação e desenvolvimento das velhas sociedades e civilizações. Estas ideias não têm aplicação à interpretação dos fenômenos dos

países, como o nosso, criados por descobrimento, com sociedades formadas por colonização, nem à solução de seus problemas.[9]

Na medida em que obedeceu à orientação de "inferir" da realidade nacional os critérios de pensamento e de ação, Alberto Torres foi uma das figuras mais representativas da sociologia brasileira. Ele é da estirpe dos "assimilativos". Cada livro seu é um monobloco, isto é, tecido com um pensamento que segue sua lógica própria e independente. Raramente cita, o que tem tornado difícil para os exegetas a reconstituição das fontes em que se abeberou.

No que diz respeito às relações de raça no Brasil, a obra de Alberto Torres resiste com vantagem à comparação com as de quaisquer outros que, depois dele, trataram do assunto. Em certo sentido, os que o sucederam, no trato da matéria, deram um passo atrás. Não tem importância, no caso, que alguns destes últimos tenham sabido mais e que Torres tenha errado quando afirmou que o cruzamento produzisse a degeneração orgânica do indivíduo e, por isso, devesse ser evitado. Tem importância, sim, que o nosso autor fez, como ninguém depois dele, um esforço para ver as relações de raça no Brasil à luz dos fatos da vida brasileira, e não, literalmente, a partir das categorias da ciência antropológica europeia. Afrontou-as até, verberando a sua tendenciosidade. Assim é que, para ele, as teorias de Weismann sobre a distinção irredutível das raças e de O. Ammon sobre a superioridade da raça teutônica nada mais são do que justificações do direito de dominação, em apoio da política de expansão. Declarou ainda que "a pretensa unidade da raça indo-europeia não é mais do que uma ficção, resultante da supremacia política dos árias sobre as populações primitivas dos países conquistados, e mais: que a posição eventual de superioridade de certos povos emana de uma seleção histórica, que obedece a fatores ou poderes tão artificiais quanto os que selecionam os indivíduos.

Em consonância com essas verificações, Torres, já em sua época, anteviu uma das tendências mais modernas da sociologia: a de arquivar o conceito de raça, que lhe pareceu um "dos mais abusivos". Descortina-se atualmente na ciência um grande esforço dos estudiosos na busca de novo conceito que supere os inconvenientes do de raça, reconhecidamente "um produto de ginástica mental", como proclamava Jean Finot, em 1905.[10]

A noção de raça seria daquelas, como tantas outras correntes entre nós, "deduzidas da organização de outros países". É em virtude de sua adoção literal que "o nosso povo é caluniado pelos seus homens de letras e pelos seus homens de Estado". Nessas condições, Alberto Torres colocou o estudo das relações de raça em nível que não foi ulteriormente ultrapassado. Muito antes de Arthur Ramos e Gilberto Freyre, o autor de *A organização nacional* mostrou a carência de fundamento científico de posições como a de Nina Rodrigues, que admitira a tese "da degeneração de nossa raça e de sua inferioridade intrínseca". Diz ele em artigo do ano de 1916: "as raças escuras" são as raças "próprias" dos meios tropicais, e "podem, se é que não devem, vir a ser raças superiores desses meios, quando a extensão dos fatores sociais que estimulam a civilização tender a fazer das sociedades negras, por exemplo, sociedades de Luiz Gama e de Rebouças".

Referindo-se aos "antropologistas criminais", em grande voga em sua época e em que se baseara Nina Rodrigues, escreveu em 1916:

Não dou a menor fé a essa *pretensa ciência antropológica* [grifo meu], convencido, como estou, de que os fatores sociais da evolução humana envolvem completamente o indivíduo, a ponto de tornar quase, se não de todo, nulos os determinantes da evolução individual, e que os fenômenos de correlação das funções mentais com os caracteres orgânicos acham-se ainda muito aquém de exato conhecimento, para que se possa distinguir, em assuntos de imputabilidade, o fisiológico do patológico, o anormal do normal, o inumano do humano.

Em 1915, certo escritor brasileiro vê em Alberto Torres um adepto da tese da inferioridade do nosso mestiço. Esclarecendo o seu pensamento, escreveu:

[...] essa *tese abstrata de etnologia* [grifo meu] não tem e não pode ter, para cérebros de orientação prática, senão um tribunal julgador: o curso ordinário dos fatos, operando ao jogo de todos os elementos e de todos os fatores do "habitat" e da vida, o joeiramento das seleções [...] Ora, essa teoria da desigualdade definitiva das raças é a premissa maior do silgismo que leva à condenação do "mestiço"; e um dos mais esforçados, justamente, dos meus trabalhos tem consistido [...] em combater a influência dessa tese.

Atualmente, parece necessário reconsiderar certos aspectos da posição que Alberto Torres assumiu em face das relações de raça no Brasil. De fato, depois dele, os estudos nesse campo deram um passo atrás: em parte, porque, influenciados por Nina Rodrigues, se extremaram em considerar o negro como uma espécie de corpo estranho na comunidade nacional; em parte, porque aos seus autores faltaram vocação científica e aquela capacidade prática que habilitou o nosso escritor a perceber o caráter "abstrato" e tendencioso da antropologia importada.

Não se conclua daí que Alberto Torres tenha ignorado os trabalhos de antropologia de seu tempo. Nada mais falso do que isso. Estava, ao contrário, ao corrente das ciências sociais da época e, por exemplo, familiarizado com a obra do mestre de Gilberto Freyre, que foi Franz Boas. Assim é que, tanto quanto qualquer sociólogo de hoje, distinguiu o conceito de cultura do de raça e pôde escrever observações como esta: *"O tipo mental das raças deriva das modalidades do meio e da vida social"* (1915).

Por estas e outras contribuições, Alberto Torres é, sem dúvida, um vulto proeminente da sociologia brasileira em toda a plenitude da expressão.

Oliveira Viana, arianizante

Na história dos nossos estudos sobre relações de raça, os homens que mais se equivocaram foram Nina Rodrigues e Oliveira Viana. Ambos se basearam no pressuposto da inferioridade do negro e do mestiço. Todavia, no que diz respeito à atitude assumida em face da realidade nacional, distinguem-se muito significativamente os dois estudiosos.

Há, em Nina Rodrigues, um certo traço de sadomasoquismo quando trata de nossa questão étnica, o que parece patente em afirmação como esta: "A raça negra no Brasil [...] *há de constituir sempre* um dos fatores de nossa inferioridade como povo" (grifo meu).[11] Segundo a inteligência desse ponto de vista, seria insolúvel a inferioridade do povo brasileiro. Neste, o escritor maranhense-baiano teria visto uma espécie de lesão definitiva e, brasileiro que era, ao proclamá-la, deveria ter sentido na própria carne a imputação depressiva.

Em Oliveira Viana, porém, os erros espetaculares que cometeu ao tratar de nossas relações de raça refletem o caráter geral de sua obra, a qual foi um esforço para desenvolver as tendências autoconstrutivas do país. Assim, em vários livros, entrou no assunto com espírito polêmico, isto é, com o propósito de rebater a "previsão sombria" de Lapouge, segundo o qual o Brasil estaria destinado a ser "um imenso Estado negro".[12]

Oliveira Viana, embora adotando o critério das "seleções étnicas" de Lapouge, opõe-lhe a tese da "evolução arianizante" da população brasileira. Para ele, a inferioridade do nosso povo, resultante de sua componente negra, era passageira. Viu as nossas relações de raça não como uma situação definitiva, mas como algo em processo. Nesse sentido, escreveu: "O *quantum* do sangue ariano está aumentando rapidamente em nosso povo. Ora, esse aumento do *quantum* ariano há de fatalmente reagir sobre o tipo antropológico dos nossos mestiços, no sentido de modelá-los pelo tipo do homem branco".[13]

A precariedade científica de enunciados como este está hoje ao alcance de qualquer colegial. Oliveira Viana confunde aí o biológico com o social duplamente. Primeiro, enquanto admite que um *quantum* sanguíneo possa ser responsável por uma melhoria de caráter cultural.

Segundo, quando interpreta o incremento crescente da proporção de "brancos" na composição populacional do país como um processo biológico primário.

Dispenso-me de maiores comentários sobre o fato inequívoco de que a "cultura", como repertório de objetos e símbolos, constitui uma realidade extrassomática, isto é, algo que cada indivíduo tem de adquirir na e pela convivência.

O que, no caso, merece particular atenção é a tese do *branqueamento* do povo brasileiro. A sua adoção por Oliveira Viana, nos termos acima enunciados, é desconcertante e nisto revela certa ambivalência no sociólogo fluminense. Quem acertou tanto na crítica do caráter transplantado da cultura brasileira não deveria, logicamente, incorrer nesse engano. A questão se tornará mais desconcertante se o autor reafirmar essa tese em livro de sua autoria que está sendo anunciado (*Seleções étnicas*), pois, no último período de sua vida, Oliveira Viana foi muito permeável à influência dos modernos estudos de antropologia cultural, todos, sem exceção, imunes dos antigos equívocos racistas.

Tudo indica ter sido Oliveira Viana vítima da extremação de uma de suas qualidades: a de fazer da sociologia instrumento de autodeterminação nacional. Não hesito em dizer que essa orientação, digna de tanto apreço, é perigosa quando não se está de posse de instrumentos seguros de conhecimento científico. Ora, no que diz respeito ao nosso problema étnico, a obra de Oliveira Viana foi, por assim dizer, uma reação infeliz do orgulho nacional ofendido. No caso, em vez de se fazer ciência, fez-se apologia.

Um livro como *Raça e assimilação*[14] pode ser uma defesa, não um trabalho científico. A crítica de Arthur Ramos aos estudos do escritor, no que se refere às relações de raça, é procedente: estão eivados de afirmações apriorísticas, "suas ideias não tinham significado científico, porém político".[15] Ninguém perde nada em ler as páginas de Arthur Ramos sobre o assunto, as quais, de parte algumas inferências exageradas, são justíssimas. Surpreende-me, entretanto, que Arthur Ramos não tivesse sido, na mesma medida, rigoroso com Nina Rodrigues, também racista, e, além disso, autor de obra sem importância científica, apesar de conter alguns úteis registros históricos.

De fato, o branqueamento da população brasileira, a ser efetivo, não é um processo biológico, senão secundariamente. Em parte, é devido à conhecida tendência de considerável contingente de pessoas de cor preferirem casamento com pessoas mais claras, tendência que registrei em pesquisa realizada no Distrito Federal, cujos resultados aliás confirmam observações procedidas em outras unidades administrativas e ainda nos Estados Unidos, segundo Herskovits. Por outro lado, as pessoas claras, por força do preconceito, são influenciadas também no sentido de evitarem pessoas pigmentadas como cônjuges. Acrescente-se a isso o saldo do nosso balanço migratório, predominantemente constituído de elementos brancos. Finalmente, na medida em que o branqueamento é apurado por meio de estatísticas, deve-se levar em conta a inclinação de muitos brasileiros para se declararem, nas fichas recenseadoras, mais claros do que são realmente.

A tese da "arianização", sustentada por Oliveira Viana, é uma racionalização do preconceito de cor vigente em nosso país. Na verdade, diz-se comumente: "No Brasil, a questão racial está sendo resolvida democraticamente, sem conflitos, pois que a população se torna cada vez mais clara". Nessa ideologia, entretanto, se contém, de maneira muito sutil, a discriminação de cor. Pois por que é necessariamente melhor que a nossa população se embranqueça? Porventura, numa escala objetiva de valores, aquela tendência deve ter um sinal positivo? Por que é tranquilizadora aquela tendência do nosso processo demográfico? Há, decerto, nos refolhos dessa ideologia, verdadeiramente nacional, um preconceito em forma velada. Para liquidá-lo, evidentemente, não se deverão inverter os termos da ideologia, proclamando-se, por exemplo, que fosse desejável a "negrificação" da população nacional. Seria essa atitude uma espécie de racismo contra racismo.

Mas, na liquidação dessa forma larvar de preconceito, é legítimo utilizar o clássico procedimento da ironia. Foi o caminho que seguiram, entre nós, alguns intelectuais negros e mulatos.[16] É deles a iniciativa de eleger "misses", rainhas de beleza, de cabelo duro. Várias vezes, na capital da República, fizeram suas "rainhas" e suas "bonecas de piche". E até um jornal mantiveram, em que festejaram as celebridades de cor.[17] Os preconceituosos viram nisso ódio. Não era. Era apenas sorriso inteligente, processo brando, cordial, de "desencantamento" da brancura e de reeducação dos nossos brancos. Alguns aficionados de nossa sociologia *par coeur* viram e veem nisso racismo às avessas. Pudera: a tática em apreço não estava receitada por nenhum sociólogo estrangeiro; tinha que ser condenada, portanto, por esses decoradores.

Voltemos a Oliveira Viana. Suas vistas sobre o nosso problema étnico se destinam a uma das gavetas do arquivo de nossa sociologia. Documentam o nosso preconceito. Não escondo a minha admiração pelo escritor. Foi um mestre apesar dos seus erros. Ao lado de Sílvio Romero, Euclides da Cunha e Alberto Torres, integra a corrente autonomista do nosso pensamento sociológico. Mesmo errando ao focalizar o tema — raça —, soube vencer a tentação de tratar o negro no Brasil como elemento exótico e petrificado. Tratou-o como brasileiro.

Nina Rodrigues, apologista do branco

Rigorosamente, Nina Rodrigues seria, na sociologia brasileira, um escritor de segunda ordem. Dele, porém, fizeram um cientista, um "antropólogo", e, mais que isso, o chefe da chamada "escola baiana". Arthur Ramos considera o escritor maranhense-baiano um sábio, um mestre, portador de "melhor formação científica" do que Euclides da Cunha e Sílvio Romero. Essa legenda se fixou tanto, entre nós, que hoje é quase temeridade tentar desfazê-la. O estudo de como a chamada "escola baiana" veio a ser impingida é um capítulo esclarecedor da socioantropologia do negro. Restrinjo-me aqui, entretanto, ao exame sumário da obra de Nina Rodrigues no que diz respeito às relações de raça no Brasil.

Inicialmente devem ser lembradas algumas contribuições do escritor. Sem dúvida, ele prestou grande serviço aos estudiosos, exclusivamente no campo da crônica. Graças a ele, sobretudo, temos hoje ideia da diversidade de proveniência dos africanos que foram trazidos para o Brasil e outras informações preciosas sobre as diferenças culturais entre os negros. Além disso, são-lhe devidas algumas observações úteis sobre o nosso sincretismo religioso e linguístico. Como fonte de informação histórica, portanto, é indispensável a consulta à obra de Nina Rodrigues, no estudo de nossas relações étnicas.

Do ponto de vista científico, porém, não é possível colocar Nina Rodrigues no mesmo nível de Euclides da Cunha e Sílvio Romero. Estes, como aquele, utilizaram conceitos tendenciosos da sociologia e da antropologia de importação. Mas, enquanto Euclides e Sílvio souberam desconfiar de tais conceitos e assumiram, em face do meio brasileiro, atitude indutiva, Nina Rodrigues, ao contrário, foi verdadeiro beato da ciência importada e, por sua atitude dogmático-dedutiva, era impermeável às lições dos fatos da vida nacional.

Não teve espírito científico. Foi beato e copista. Não cita escritor estrangeiro sem empregar adjetivo laudatório. Um dos seus livros, *As raças humanas e a responsabilidade penal no Brasil*,[18] é dedicado a Lombroso, Ferri, Garofalo, Lacassagne e Corre, "em homenagem aos relevantes serviços que os seus trabalhos estão destinados a prestar à medicina legal brasileira".

Aliás, essas manifestações de êxtase e essa pacholice definem um dos traços característicos dos mais proeminentes epígonos do que, entre o pequeno círculo de etnólogos brasileiros, se tem chamado de "escola baiana". Eles gostam, como certa figura do conto de Machado de Assis, de apresentar-se na companhia de escritores estrangeiros. Dão gritinhos, quando isso acontece. E o mais recente rebento dessa "escola" está fazendo o seu *début*, em nossos dias, precisamente com esses truques e invocações.

A ciência, para Nina Rodrigues, foi uma questão de autoridade. Como um escolástico, não discutia os fatos com fatos, mas com trechos de livros, estrangeiros sobretudo. O negro e o mestiço são inferiores porque... assim está escrito nos livros europeus. Leia-se, por exemplo, o livro citado acima. É um verdadeiro caderno de deveres colegiais. "Prova-se", aí, a incapacidade do negro para a civilização, invocando-se a autoridade de escritores estrangeiros, entre os quais Abel Hovelacque, que teria estudado "magistralmente" a questão, "com rigor científico e a isenção de ânimo que não se poderá legitimamente contestar". Em outro lance, documenta suas opiniões em "luminoso parecer de segura análise psicológica, firmado pelo egrégio alienista Motet e o sábio professor Brouardel, insuspeitos ambos por títulos numerosos". Ou então fala assim: "Como demonstra Spencer, tão conhecida imprevidência dos selvagens tem a sua origem no estado emocional deles". No dia em que se fizer um estudo da patologia da vida intelectual no Brasil, uma obra como a de Nina Rodrigues será excelente documentário. Quem estiver interessado nisso, não deixe de examinar especialmente os capítulos 4 e 5 do livro supracitado.

Mas a beatice de Nina Rodrigues não para aí. Foi ainda admirador irrestrito dos povos europeus e verdadeiro místico da raça branca, na sua opinião "a mais culta das seções do gênero humano". Assim verbera a "desabrida intolerância para com os portugueses", acentuando que, "sem noção da mais elementar urbanidade, clamamos a altos brados que a nossa decadência provém da incapacidade cultural dos lusitanos [...] e *ninguém aí descobre todavia uma parte de ofensa pessoal que lhe possa caber*" (grifo meu).[19]

Por outro lado, poucas linhas adiante, lastima que a campanha pela extinção do tráfico se revestisse de "forma toda sentimental", "emprestando" ao "negro a organização psíquica dos povos brancos mais cultos", "qualidades, sentimentos, dotes morais ou ideias que ele não tinha, que ele não podia ter". Sem comentários!

O povo inglês é considerado por Nina Rodrigues um "tipo legendário de impassibilidade e compostura" e a Inglaterra, uma nação benemérita, pois que, no século xix,

> enceta a campanha gloriosa da supressão do tráfico, monta cruzeiros, policia os mares e, criando, com dispêndios enormes, enormes esquadras, torna a extinção do comércio humano uma

questão de honra [...] que a leva a cabo com a mais decidida e meritória energia.[20]

Do ponto de vista desta apologética do branco, o problema do negro passa a consistir, entre outras coisas, em "diluir" os nossos negros e mestiços ou em "compensá-los por um excedente de *população branca, que assuma a direção do país*". Considerando "nociva à nacionalidade" a influência da raça negra, o nosso autor não esconde as suas apreensões quanto ao futuro do Brasil, de vez que "as vastas proporções do mestiçamento que, entregando o país aos mestiços, acabará privando-o, por largo prazo pelo menos, *da direção suprema da raça branca*". Finalmente me seja permitido transcrever ainda o seguinte trecho de *O problema da raça negra na América portuguesa* (1903):

> O que mostra o estudo imparcial dos povos negros é que entre eles existem graus, há uma escala hierárquica de cultura e aperfeiçoamento. Melhoram e progridem; são, pois, aptos a uma civilização futura. Mas se é impossível dizer se essa civilização há de ser forçosamente a da raça branca, demonstra ainda o exame insuspeito dos fatos que é extremamente morosa, por parte dos negros, a aquisição da civilização europeia. E diante da necessidade de, ou civilizar-se de pronto, ou capitular na luta e concorrência que lhes movem os povos brancos, a incapacidade ou a morosidade de progredir, por parte dos negros, se tornam equivalentes na prática. Os extraordinários progressos da civilização europeia entregaram aos brancos o domínio do mundo, as suas maravilhosas aplicações industriais suprimiram a distância e o tempo. Impossível conceder, pois, aos negros como em geral aos povos fracos e retardatários, lazeres e delongas para uma aqui-

sição muito lenta e remota da sua emancipação social. Em todos os tempos não passou de utopias de filantropos ou de planos ambiciosos de poderio sectário a ideia de transformar-se uma parte de nações às quais a necessidade de progredir mais do que as imitações monomaníacas do liberalismo impõe a necessidade social da igualdade civil e política, em tutora da outra parte, destinada à interminável aprendizagem em vastos seminários ou oficinas profissionais. A geral desaparição do índio em toda a América, a lenta e gradual sujeição dos povos negros à administração inteligente e exploradora dos povos brancos, tem sido a resposta prática a essas divagações sentimentais.

Senti a necessidade de documentar fartamente as afirmações acima para neutralizar a impressão que algum leitor possa ter a respeito de quem escreve essas linhas, pois sustento que Nina Rodrigues é, no plano da ciência social, uma nulidade, mesmo considerando-se a época em que viveu. Não há exemplo, no seu tempo, de tanta basbaquice e ingenuidade. Sua apologia do branco nem maliciosa é, como fora a de Rosenberg (na Alemanha). É sincera, o que o torna ainda mais insignificante, se se pretende considerá-lo sociólogo ou antropólogo. Há notícia de que ele foi homem bom, professor digno e criterioso, mas os seus amigos, pretendendo fazê-lo passar à história como cientista, fizeram-lhe verdadeira maldade, pois a sua obra, nesse particular, é um monumento de asneiras. Por outro lado, é inacreditável desprezo ao público brasileiro atribuir-se a um cidadão como Nina Rodrigues lugar egrégio entre homens como Sílvio Romero e Euclides da Cunha, que, apesar dos seus erros, deram realmente contribuições efetivas no campo das ciências sociais no Brasil. Não teriam os admiradores de Nina Rodrigues extrapolado para o campo das ciências sociais a sua possível autoridade no campo da medicina legal?

O certo é que, no campo das ciências sociais, a melhor homenagem que se pode prestar às qualidades do cidadão comum Nina Rodrigues é fazer silêncio a respeito de sua obra.

O negro como tema

Com Nina Rodrigues, funda-se propriamente a corrente brasileira de estudos sociológicos e antropológicos tendo por tema o negro. Nina Rodrigues era racista e a reação contra seu biologismo foi iniciada quando ele ainda vivia, isto é, em 1902. Naquele ano, o brilhante médico baiano Oscar Freire escreveu sua tese *Etiologia das formas concretas da religiosidade no Norte do Brasil*, em que procurou mostrar as confusões de Nina Rodrigues ao imputar à raça manifestações que decorreriam de fatores sociais. Oscar Freire chega mesmo a defender a mestiçagem, o que, na época, significava muita audácia de pensamento, pois corria, entre os doutos, a ideia dos efeitos patológicos do cruzamento de indivíduos de raças diferentes. Vale, porém, notar que, apesar do seu liberalismo, Oscar Freire viu o negro naquilo em que era portador de traço cultural esquisito. O subtítulo de sua tese é "Introdução a um estudo de psicologia criminal".

Mas o continuador de Nina Rodrigues que alcançou maior notoriedade foi Arthur Ramos. Como o seu patrono, Arthur Ramos, homem aliás de grandes méritos, sob vários pontos de vista, jamais se situou em ciência. Neste terreno, não atingiu a maturidade. Nenhuma obra sua reflete unidade teórica. No plano da ciência, foi um sincrético em todos os seus livros sobre o negro, tais como: *O negro brasileiro* (1934), *O folclore negro do Brasil* (1935), *As culturas negras no Novo Mundo* (1937), *A aculturação negra no Brasil* (1942) e *Introdução à antropologia brasileira* (1943 e 1947, respectivamente, primeiro e segundo volumes).

É ainda Arthur Ramos um dos responsáveis pelo prestígio que ainda gozam entre nós as correntes norte-americanas de sociologia e de antropologia, de nefasta influência entre os especialistas em formação, quando adotadas de maneira literal. Arthur Ramos, continuando a linha de Nina Rodrigues, pelo prestígio que veio a ter nos meios intelectuais, perturbou, na verdade, a evolução do pensamento socioantropológico genuinamente brasileiro, encaminhando-se para o beco sem saída do ecletismo. Fazia, sem rebuços, profissão de fé na "fecundidade" da conciliação das doutrinas. "Cada vez mais me convenço", dizia em *O negro brasileiro*, "de que as incompatibilidades metodológicas se reduzem a questões de nomenclatura..."[21]

Infelizmente, ele não tem mesmo a desculpa de ter sido tal orientação imperativo da época e do meio em que viveu, pois já Euclides da Cunha, em 1902, verberava a aceitação passiva da ciência estrangeira e assumira, em face dela, posição crítico-assimilativa. Em *Os sertões*, por exemplo, não se surpreende o autor em nenhuma espécie de prosápia cientificista. Ao contrário, Euclides deteve-se na consideração *direta da* "figura dos nossos patrícios retardatários", desdenhando do que chamou "os garbosos neologismos étnicos". Por outro lado, não tomou o bonde da suspeitíssima antropometria, como o seu contemporâneo Nina Rodrigues, e evitou enredar-se em "fantasias psicogeométricas" que, dizia, "hoje se exageram num quase materialismo filosófico, medindo o ângulo facial ou traçando a *norma verticalis* dos jagunços". E acrescentava: "se os embaraçássemos nas imaginosas linhas dessa 'topografia psíquica', de que tanto se tem abusado, talvez não os compreendêssemos melhor".

Em seus primeiros trabalhos sobre o negro no Brasil, Arthur Ramos utilizou a psicanálise. Depois aderiu à antropologia cultural e adotou o *approach* suspeitíssimo da aculturação. Em 1942, publicou *A aculturação negra no Brasil*. Que seria, em última análise? Um processo de preservação e expansão da "brancura" de nossa herança cultural. Mas, a partir da perspectiva do negro, a aculturação se revela um ponto de vista que merece muitas reservas. Como um caso particular da europeização do mundo, a aculturação é, talvez, inevitável, pois que as populações de origem não europeia jamais poderiam participar, com vantagem e dignidade, da civilização universal, em sua forma contemporânea, sem a posse e o domínio de grande acervo de elementos culturais do Ocidente. Porém, Arthur Ramos adotou literalmente o *approach* da aculturação e não percebeu que ela teria limite: não pode fazer do homem de cor um autoflagelado, dividi-lo interiormente, como acontece em toda parte onde áreas de populações coradas estão sendo colonizadas ou politicamente dominadas por contingentes europeus. Faltou a Arthur Ramos a iniciação em certa sociologia da sociologia ou da ciência em geral — o que o teria tornado alerta para o fato de que, em grande parte, a antropologia europeia e norte-americana a que ele aderiu, sem crítica, é um "caso de cupidez". Pesa-me dizer que, em alguns aspectos, a obra de Arthur Ramos não está eximida de charlatanismo.

Ainda nesta corrente da tematização do negro brasileiro se incluem dois certames. O primeiro, em 1934, na cidade do

Recife, tendo sido seu principal organizador o sociólogo Gilberto Freyre. Seguiu-se a este, em 1937, na Bahia, organizado por Aydano do Couto Ferraz e Edison Carneiro, o II Congresso Afro-Brasileiro. Ambos os conclaves foram predominantemente acadêmicos ou descritivos. Exploraram o que se pode chamar de temas de africanologia, bem como o pitoresco da vida e das religiões de certa parcela de negros brasileiros. Apesar da participação de elementos de cor, esses dois foram congressos "brancos", pela atitude que assumiram em face da questão, como também pelos temas focalizados, temas de interesse remoto do ponto de vista prático. Mas isto é dito aqui sem nenhum intuito de empequenecer tais congressos afro-brasileiros. É de justiça reconhecer que eles desbravaram o caminho para os movimentos atuais.

Nina Rodrigues, Oscar Freire, Arthur Ramos e esses congressos ilustram com nitidez o que, no domínio das ciências sociais e da crônica histórica, se chamou, entre nós, de "o problema do negro". Para o propósito que me inspira, neste estudo, não distingo aqueles escritores de outros como Debret, Maria Graham, Rugendas, Koster, Kidder, Manuel Querino, Roger Bastide, Gilberto Freyre e seus imitadores. Há, certamente, entre eles, diferenças de método, de técnica científica. Todos, porém, veem o negro do mesmo ângulo. Todos o veem como algo estranho, exótico, problemático, como não Brasil, ainda que alguns protestem o contrário.

Ainda entre esses estudiosos, incluo os mais recentes: Donald Pierson, Charles Wagley, Florestan Fernandes e Thales de Azevedo. Como os seus antecessores, continuam percebendo, descortinando no cenário brasileiro, o contingente corado, a mancha negra, detendo-se sobre ela a fim de, *sine ira et studio*,* estudá-la, explicá-la, às vezes, discerni-la, quando, em elevadas posições da estrutura social, quase se confunde com os mais claros. Anota-se, em tais estudos, a existência de negros e mestiços no exercício de profissões liberais, participando das elites, unidos a cônjuges claros. Um destes autores jovens referiu-se mesmo a escritos sociológicos sobre o negro de autoria de um estudioso negro como documentos "curiosíssimos".

Sociologia do negro, ideologia da brancura

Em princípio, o negro, no domínio da sociologia brasileira, foi problema porque seria portador de traços culturais vinculados a culturas africanas, pelo que, em seu comportamento, apresenta como sobrevivência. Hoje, continua a ser assunto ou problema, porque tende a confundir-se pela cultura com as camadas mais claras da população brasileira.

Neste ponto, é oportuno perguntar: Que é que, no domínio de nossas ciências sociais, faz do negro um problema, ou um assunto? A partir de que norma, de que padrão, de que valor, se define como problemático ou se considera tema o negro no Brasil? Na medida em que se afirma a existência, no Brasil, do problema do negro, o que se supõe devesse ser a sociedade nacional em que o dito problema estivesse erradicado?

Na minha opinião, responder a essas perguntas corresponde a conjurar uma das maiores ilusões da sociologia brasileira.

---

* "Sem raiva nem parcialidade" — a maneira como a história deve ser escrita, segundo o historiador romano Tácito. (N. E.)

Determinada condição humana é erigida à categoria de problema quando, entre outras coisas, não se coaduna com um ideal, um valor ou uma norma. Que a rotula como problema, estima-a ou a avalia anormal. Ora, o negro no Brasil é objeto de estudo como problema na medida em que discrepa de que norma ou valor?

Os primeiros estudos no campo trataram das formas de religiosidade do negro. Terá, porém, o negro, entre nós, religião específica? Objetivamente, não. Desde a época colonial, grande massa de negros e mestiços tinha abraçado a religião predominante no Brasil — a católica. Quando, no fim do século passado, Nina Rodrigues falou, pela primeira vez, no domínio da ciência nacional, em problema do negro, a parcela de homens de cor de religião católica era a mais significativa. Mais ainda, já na época de Nina Rodrigues as sobrevivências religiosas, como ainda hoje, caracterizavam o comportamento das classes pobres, aí se incluindo tanto claros como escuros, muito embora os claros participassem dos cultos primitivos mais como aficionados ou clientes do que como oficiantes de práticas sagradas.

Tem sido, também, considerada com frequência a criminalidade do negro. Terão, porém, o negro e seus descendentes criminalidade específica? Objetivamente, ainda não.

A maior frequência de indivíduos pigmentados na estatística de certos crimes decorre necessariamente de sua predominância em determinadas camadas sociais. Assinala um fenômeno quantitativo e não qualitativo. Por outro lado, careceria de base objetiva a afirmação de que o negro no Brasil manifestasse tendências específicas essenciais na vida associativa, na vida conjugal, na vida profissional, na vida moral, na utilização de processos de competição econômica e política. O fato é que o negro se comporta sempre essencialmente como brasileiro, embora, como o dos brancos, esse comportamento se diferencie segundo as contingências de região e estrato social.

O negro é tema, é assunto, é objeto de registro, no Brasil, em todas as situações. Um dos mais recentes livros sobre o negro na Bahia[22] se detém precisamente registrando-o em posições de relevo na estrutura social e econômica. O livro em apreço exibe várias fotografias em que aparecem negros médicos, homens de negócio, universitários, pintores, compositores, de resto situações verdadeiramente comuns no estado da Bahia.

Observa-se que, em nossos dias, graças ao desenvolvimento econômico e social do país, elementos de cor se encontram, de alto a baixo, em todas as camadas sociais, e só em algumas instituições nacionais vigoram ainda fortes restrições para o seu acesso a determinadas esferas.

Nessas condições, o que parece justificar a insistência com que se considera como problemática a situação do negro no Brasil é o fato de que ele é portador de pele escura. A cor da pele do negro parece constituir o obstáculo, a anormalidade a sanar. Dir-se-ia que na cultura brasileira o branco é o ideal, a norma, o valor, por excelência.

E, de fato, a cultura brasileira tem conotação clara. Esse aspecto só é insignificante aparentemente. Na verdade, merece apreço especial para o entendimento do que tem sido chamado, pelos sociólogos, de "problema do negro".

Constitui, hoje, noção corriqueira da ciência a de que o processo biológico e o cultural se realizam em planos diferentes. Parece definitivamente aceito como resultado da observação cientificamente controlada que a cultura é realidade superorgânica e, portanto, produto da convivência humana ou do trato do homem com a natureza, e nunca uma espécie de dom, algo que emana de qualidades biológicas inatas.

Mas partir daí para não admitir o reflexo na cultura e na sociedade de certos acidentes biológicos vai um grosseiro erro de observação científica. Na verdade, os acidentes biológicos, como todos os acidentes naturais, refratam-se na cultura. Natureza e cultura se interpenetram.

Um sociólogo alemão, Georg Simmel,[23] meditando sobre as origens da cultura ocidental, concluiu que ela era masculina. No Ocidente, constituem obra do homem a indústria, a ciência, o comércio, o Estado, a religião. As instituições da cultura ocidental assinalariam a prepotência do homem. Aí o *varonil* se confunde mesmo com o "humano". Simmel ilustra essa identificação do particular com o genérico, reportando-se à alegação corrente de que as mulheres carecem de senso jurídico ou se inclinam sempre para assumir atitudes contrárias ao direito. Tal contradição, entretanto, seria apenas oposição ao direito *masculino*, único que possuímos, e não ao direito em geral. Mas para ilustrar a origem masculina das instituições do Ocidente não seria necessário apelar para o caso do direito. Lembremos que até no domínio da decoração estética do corpo da mulher é o homem, em larga margem, um ditador de critérios, ditador aliás obedecido docilmente. Aí estão para comprovar isso os famosos figurinistas e cabeleireiros de Paris e Nova York...

Sabe-se que na planície norte-americana muitas tribos eram sedentárias, baseando sua subsistência no trabalho agrícola, num regime econômico em que as mulheres detinham grande soma de poder. As divindades dessas tribos eram preponderantemente femininas e se relacionavam com a fecundidade e as vicissitudes das safras. Quando os indígenas aprenderam a usar o cavalo, iniciou-se e tomou vulto a mudança radical das bases materiais das tribos, as quais adotaram a vida nômade. A caça ganhou decisiva importância, as instituições se alteraram e, inclusive, as divindades, por exemplo, passaram a revestir-se de feições masculinas, divindades vinculadas à coragem, à guerra, à iniciativa.

É, portanto, legítimo afirmar com Simmel que a cultura é uma compenetração de elementos históricos e biológicos. Que ela não é, por exemplo, produto neutro, do ponto de vista sexual, podendo ser, de fato, masculina ou feminina.

O ingrediente biológico, a partir do qual a cultura elabora alguns dos seus elementos, faz-se bastante nítido nos valores estéticos. Com efeito, o valor estético primário para todo povo autêntico é o vivido imediatamente. Os padrões estéticos de uma cultura autêntica são estilizações elaboradas a partir da vida comunitária. Uma comunidade de indivíduos brancos terá de erigir à categoria de ideal de beleza humana o homem branco. O ideal de beleza no Japão, na China, na Índia, reflete realidades étnicas, típicas de cada um desses países. Por outro lado, o tipo de beleza para as sociedades tribais, que se mantêm ainda íntegras do ponto de vista cultural, se desprende sempre de condições étnicas particulares. As divindades das tribos africanas são negras. No século XIV, o geógrafo Ibn Batuta deplorava o desprezo pelos brancos que demonstravam os negros sudaneses. A mesma aversão se registra entre os índios peles-vermelhas. Os bantos "não civilizados", informa S. W. Molema, têm profunda aversão a toda pele diferente da sua. Os nativos da Melanésia, segundo Malinowski, acham os europeus horríveis. Certos canibais teriam repugnância pela carne do homem branco, que eles acham não "amadurecida" ou "salgada", e, conforme relatos de mais de um etnólogo, alguns povos africanos associam à pele branca a ideia "de descoloração de um corpo que permaneceu muito tempo dentro da água". O pastor Agbebi refere que, para muitos africanos, o homem branco exala um odor fétido, desagradável ao olfato. E Darwin, que viajou muito e visitou diversas partes do mundo, escreveu: "a ideia do que é o belo não é nem inata nem inalterável. Constatamos isso no fato de que homens de diferentes raças admiram entre suas respectivas mulheres tipos de beleza absolutamente diferentes".[24]

As categorias da estética social nas culturas autênticas[25] são sempre locais e, em última análise, são estilizações de aspectos particulares de circunstância histórica determinada. Tais categorias são assimiladas pelo indivíduo na vida comunitária. Aprende-se a definir o belo e o feio por meio da convivência cotidiana, do processo social. Cada sociedade, na medida em que se conserva dotada de autenticidade ou de integridade, inculca, em cada um de seus membros, pela aprendizagem, padrões de avaliação estética, os quais reforçam as suas particularidades. Cada sociedade alcança, assim, a sua própria sobrevivência, enquanto, pelos seus mecanismos institucionais, consegue fazer cada indivíduo identificado com a sua moldura histórica e natural. É assim que me louvaria em Karl Vossler[26] para dizer que toda a vida orgânica e os produtos mentais e materiais do homem estão impregnados da natureza circundante.

Todavia, o processo de europeização do mundo tem abalado os alicerces das culturas que alcança. A superioridade prática e material da cultura ocidental face às culturas não europeias promove, nestas últimas, manifestações patológicas. Existe uma patologia cultural que consiste, precisamente, sobretudo no campo da estética social, na adoção pelos indivíduos de determinada sociedade, de padrão estético exógeno, não induzido diretamente da circunstância natural e historicamente vivida. É, por exemplo, esse fenômeno patológico o responsável pela ambivalência de certos nativos na avaliação estética. O desejo de ser branco afeta, fortemente, os nativos governados por europeus. Entre negros, R. R. Moton registrou o emprego do termo "branco" como designativo de excelência e o hábito de dizer-se de um homem bom que tem um coração "branco". Esse "desvio existencial" tem sido observado tecnicamente nos Estados Unidos, no Brasil e em toda parte em que populações negras estão sendo europeizadas. O negro europeizado, via de regra, detesta mesmo referências à sua condição racial. Ele tende a negar-se como negro, e um psicanalista descobriu nos sonhos de negros brasileiros forte tendência para mudar de pele. O que escreve estas linhas teve ocasião de verificar, quando realizava uma pesquisa, o vexame com que certas pessoas de cor respondiam a um questionário sobre preconceitos raciais. Situação esta análoga à que é narrada por Kenneth e Mamie Clark numa pesquisa sobre preconceitos entre crianças negras norte-americanas de três a sete anos, que consistia em solicitar-lhes que escolhessem, a diversos propósitos, bonecas escuras ou claras. De modo geral os autores registraram entre as crianças a preferência pelo branco. Vale notar que algumas, em face de certas perguntas em que se tematizava a cor preta, se perturbaram a ponto de prorromperem em soluços, não suportando enfrentar o tema.

Ora, o Brasil, como sociedade europeizada, não escapa, quanto à estética social, à patologia coletiva acima descrita. O brasileiro em geral, e especialmente o letrado, adere psicologicamente a um padrão estético europeu e vê os acidentes étnicos do país e a si próprio do ponto de vista deste. Isso é verdade tanto com referência ao brasileiro de cor como ao claro. Esse fato de nossa psicologia coletiva é, do ponto de vista da ciência social, de caráter patológico, exatamente porque traduz a adoção de critério artificial, estranho à vida, para a avaliação da beleza humana. Trata-se, aqui, de um caso de alienação que consiste em renunciar à indução de critérios locais ou regionais de julgamento do belo por subserviência inconsciente a um prestígio exterior.

Essa alienação do padrão de nossa estética social é particularmente notória quando se considera que foram sociólogos e antropólogos do estado da Bahia — por assim dizer de uma terra de negros, de um Estado em que o contingente de brancos é, ainda hoje, minoritário —, foram eles que se extremaram no estudo do chamado "problema do negro no Brasil".

O que explica, portanto, esse "problema" de nossa ciência social é uma alienação, uma forma mórbida de psicologia coletiva, a patologia social do brasileiro e do baiano, principalmente. Pode-se dizer, no caso, que se está diante daquilo que Erich Fromm chama *socially patterned defect*, de um defeito socialmente padronizado, que o indivíduo reparte com os outros, o que lhe diminui o caráter de defeito e o transforma em verdadeira virtude.

Talvez a sociologia da linguagem nos ajude a melhor compreender esta alienação da ciência social no Brasil, no que diz respeito ao negro.

Na época helenística, as camadas letradas das cidades gregas deixaram de falar e desprezavam as línguas locais, e se esmeraram no uso de uma língua geral, a *koiné*, que desfrutava de relevante prestígio internacional. É significativo que isso tenha acontecido quando aquelas cidades perderam a independência política. O poder era exercido por ligas ou confederações de cidades, ou estava nas mãos de reis que, embora de civilização helênica, tinham suas capitais fora da Grécia propriamente.[27]

Na época de Luís XIV, graças ao prestígio e ao luxo da corte, a língua francesa tornou-se também em todo o Velho Continente uma espécie de língua geral das pessoas distinguidas.

Ora, a alienação estética anteriormente assinalada é da mesma espécie da alienação linguística. Ambas resultam de uma falta de suficiência da comunidade, do autodesprezo, de um sentimento coletivo de inferioridade, da renúncia a critérios naturais de vida, em benefício de critérios artificiais, dogmáticos ou abstratos.

A mim parece necessário seguir essa pista na análise do nosso "problema do negro", negligenciando mesmo os seus aspectos econômicos. O que nos interessa aqui é focalizar a questão do ângulo psicológico, enquanto socialmente condicionado, é atingir a sociologia funcional e científica do negro, inteiramente por fazer até agora, desde que os estudos da questão que se rotulam de sociológicos e antropológicos não são mais do que documentos ilustrativos da ideologia da brancura ou da claridade.

Isso acontece desde Nina Rodrigues até Arthur Ramos e os atuais estudos sobre relações de raça patrocinados pela Unesco.[28] É certo que os modernos sociólogos brasileiros não definem mais o problema em termos de raça como fazia Nina

Rodrigues em 1890, não o consideram expressamente como o problema de diluir o contingente negro a fim de assegurar a liderança do país pelos brancos. O problema é, em nossos dias, colocado em termos de cultura. Estima-se como positivo o processo de *aculturação*. Mas, repito, a aculturação, no caso, a uma análise profunda, supõe ainda uma espécie de defesa da brancura de nossa herança cultural, supõe o conceito da superioridade intrínseca do padrão da estética social de origem europeia. Do contrário, que sentido teria *notar, registrar* o negro até mesmo participando da classe dominante no país? Que sentido teria continuar a achar "curiosíssimos", como se escreve num dos relatórios para a Unesco, os comportamentos do negro ainda quando exprimindo-se no plano artístico e científico? O "problema do negro", tal como colocado na sociologia brasileira, é, à luz de uma psicanálise sociológica, um ato de má-fé ou um equívoco, e esse equívoco só poderá ser desfeito por meio da tomada de consciência pelo nosso branco ou pelo nosso negro, culturalmente embranquecido, de sua alienação, de sua enfermidade psicológica. Para tanto, os documentos de nossa socioantropologia do negro devem ser considerados como materiais clínicos.

Tais documentos são frutos de uma visão alienada ou consular do Brasil, de uma visão desde fora do país. Embora redigidos por brasileiros, eles se incluem na tradição dos antigos relatórios para o Reino..., ainda que, hoje, o Reino se metamorfoseie na Unesco, sediada em Paris.

Os epígonos de nossa socioantropologia do negro, desde Nina Rodrigues, glosam, aqui, as atitudes (principalmente as atitudes) e as categorias dos estudiosos europeus e norte-americanos em face do assunto. Inicialmente, com Nina Rodrigues e Oscar Freire, os modelos foram europeus, e, a partir de Arthur Ramos até esta data, passaram a ser preponderantemente inspirados em livros norte-americanos. Assim, em princípio, o contingente negro foi visto como raça inferior a ser erradicada do meio nacional. Desde 1934, porém, os estudiosos passaram a distinguir raça e cultura e se orientaram, predominantemente, conforme o sistema de referência adotado pelos sociólogos ianques neste campo, sistema de referência em que são capitais as noções de "aculturação", "homem marginal", o par conceitual "raça-classe" e, ultimamente, a categoria ecológica de "área", a de "estrutura", a de "função". Via de regra, é escassíssima a originalidade metodológica e conceitual dos autores de tais estudos. Há perfeita simetria entre as produções dos autores nacionais e as dos estrangeiros.

No entanto, a compreensão efetiva da situação do negro no Brasil exigirá esforço de criação metodológica e conceitual, de que ninguém foi capaz ainda. Ela tem peculiaridades históricas e sociais insuscetíveis de serem captadas por procedimentos meramente simétricos, tão somente pela parafernália da ciência social importada. Adotando literalmente essa parafernália, o socioantropólogo brasileiro contribuiu para confundir aquela situação, e, atualmente, o sociólogo que tenta vê-la de modo genuíno terá de arrostar fortes interesses investidos e maciços estereótipos justificados em nome da ciência oficial, de resto de duvidosa validade funcional e objetiva.

A tarefa que se impõe como necessária para conjurar essa mistificação do assunto — o negro no Brasil — é a de promover a purgação daqueles clichês conceituais, é a de tentar examiná-lo pondo entre parênteses as conotações de nossa ciência oficial, é a de tentar o entendimento do tema a partir de uma situação vital, estando o investigador, nessa situação, aberto à realidade fática e, também, aberto interiormente para a originalidade.

Qual será a situação vital a partir de que seria melhor propiciada para o estudioso a compreensão objetiva do tema em tela? Ao autor, parece aquela da qual o homem de pele escura seja, ele próprio, um ingrediente, contanto que este sujeito se afirme de modo autêntico como negro. Quero dizer, começa-se a melhor compreender o problema quando se parte da afirmação — *niger sum*.* Essa experiência do *niger sum*, inicialmente, é, pelo seu significado dialético, na conjuntura brasileira em que todos querem ser brancos, um procedimento de alta rentabilidade científica, pois introduz o investigador em perspectiva que o habilita a ver nuanças que, de outro modo, passariam despercebidas.

Sou negro, identifico como *meu* o corpo em que o meu eu está inserido, atribuo à sua cor a suscetibilidade de ser valorizada esteticamente e considero a minha condição étnica como um dos suportes do meu orgulho pessoal — eis aí toda uma propedêutica sociológica, todo um ponto de partida para a elaboração de uma hermenêutica da situação do negro no Brasil.

Pois bem, a partir daí se tornam perceptíveis, de repente, as falácias estéticas da socioantropologia do negro no Brasil. Então, em primeiro lugar, percebo a suficiência postiça do socioantropólogo brasileiro, quando trata do problema do negro no Brasil. Então, enxergo o que há de ultrajante na atitude de quem trata o negro como um ser que vale enquanto "aculturado". Então, identifico o equívoco etnocentrismo do "branco"

---

* "Negro sou". (N. E.)

brasileiro ao sublinhar a presença do negro mesmo quando perfeitamente identificado com ele pela cultura. Então, descortino a precariedade histórica da brancura como valor. Então, converto o "branco" brasileiro, sôfrego de identificação com o padrão estético europeu, num caso de patologia social. Então, passo a considerar o preto brasileiro, ávido de embranquecer se embaraçado com a sua própria pele, também como ser psicologicamente dividido. Então, descobre-se-me a legitimidade de elaborar uma estética social de que seja um ingrediente positivo a cor negra. Então, afigura-se-me possível uma sociologia científica das relações étnicas. Então, compreendo que a solução do que, na sociologia brasileira, se chama o "problema do negro" seria uma sociedade em que todos fossem brancos. Então, capacito-me para negar validade a essa solução.

A partir dessa situação vital, o problema efetivo do negro no Brasil é essencialmente psicológico e secundariamente econômico. Explico-me: desde que se define o negro como um ingrediente *normal* da população do país, como povo brasileiro, carece de significação falar de problema do negro puramente econômico, destacado do problema geral das classes desfavorecidas ou do pauperismo. O negro é povo, no Brasil. Não é um componente estranho de nossa demografia. Ao contrário, é a sua mais importante matriz demográfica. E esse fato tem de ser erigido à categoria de valor, como o exigem a nossa dignidade e o nosso orgulho de povo independente. O negro no Brasil não é anedota, é um parâmetro da realidade nacional. A condição do negro no Brasil só é sociologicamente problemática em decorrência da alienação estética do próprio negro e da hipercorreção estética do branco brasileiro, ávido de identificação com o europeu.

Descortino, portanto, no Brasil, de um lado, um "problema do negro" tal como é colocado pelos profissionais de sociologia e, de outro lado, um "problema do negro" tal como é efetivamente vivido.

À luz da sociologia científica, a sociologia do negro no Brasil é, ela mesma, um problema, um engano a desfazer — o que só poderá ser conseguido por intermédio da crítica e da autocrítica. Sem crítica e autocrítica, aliás, não pode haver ciência. O espírito científico não se coaduna com a intolerância, não se coloca jamais em posição de sistemática irredutibilidade, mas, ao contrário, está sempre aberto, sempre disposto a rever as suas posturas, no sentido de corrigi-las ou superá-las, naquilo em que se revelarem inadequadas à percepção exata dos fatos. A nossa sociologia do negro é, em larga margem, uma pseudomorfose, isto é, uma visão carecente de suportes existenciais genuínos, que oprime e dificulta mesmo a emergência ou indução da teoria objetiva dos fatos da vida nacional. Impõe-se, assim, que, entre os que se dedicam ao assunto em pauta, se abra um debate leal e franco. Precisam os sociólogos empreender essa descida aos infernos que consiste em arguir, em pôr em dúvida aquilo que parecia consagrado. Quem não estiver disposto a esse compromisso arrisca-se a petrificar-se em vida, ou a falar sozinho, ou a permanecer na condição de matéria bruta do acontecer, em vez de tornar-se, como deveria, consciência militante desse acontecer, pela apropriação do seu significado profundo.

A sociologia do negro tal como tem sido feita até agora, à luz da perspectiva em que me coloco, é uma forma sutil de agressão aos brasileiros de cor e, como tal, constitui-se num obstáculo para a formação de uma consciência da realidade étnica do país.

Há, inserida na comunidade racional, uma lógica, cujo transporte para o plano conceitual constitui uma das tarefas primordiais do sociólogo brasileiro. O Brasil, por força do desenvolvimento de sua riqueza material e de sua crescente emancipação econômica, começa a ter o que se chama de caráter nacional, um orgulho nacional, e, na medida em que esse processo avança, torna-se verdadeiro imperativo categórico de nossos quadros intelectuais procurar aplicar-se na estilização, na valorização de nossos tipos étnicos.

A sociologia no Brasil tem sido, em larga margem, uma espécie de patoá ou dialeto da sociologia europeia ou norte-americana. Terá, hoje, de procurar tornar-se uma autoconsciência do nosso processo de amadurecimento.

No que diz respeito às relações de raça, a sociologia no Brasil, para ganhar em autenticidade, terá de libertar-se da postura alienada ou consular que a tem marcado, e partir, na análise dos fatos, da assunção do Brasil.[29]

Tanto quanto o sociólogo venha a converter-se a esse imperativo, empreenderá tarefa criadora e participará, assim, da elaboração de uma verdadeira pedagogia nacional, isto é, de uma pedagogia vivificada por ideias — forças desprendidas da própria configuração do país. Tanto quanto assim o fizer a nossa sociologia, obter-se-á a conjuração do constrangimento discernível em nossas atuais relações de raça — perigo e constrangimento a que levou o fato de se ter hipostasiado o negro na sociedade brasileira.

No esforço de indução da *paideia* da sociedade brasileira, no que diz respeito às relações de raça, parece momento tático e estrategicamente necessário aquele em que se tematiza o nosso branco, tal como dei exemplo aqui. Apresso-me em declarar, entretanto, que essa tematização, aliás iniciada por mim em outra oportunidade,[30] não pretende constituir senão expediente a ser utilizado no processo de desmascaramento de nossos equívocos estéticos, processo, portanto, a ser abandonado tão logo se alcance aquele objetivo. Na verdade, utilizando observação de Sartre, pode-se dizer que, no Brasil, o branco tem desfrutado do privilégio de ver o negro sem por este último ser visto. Nossa sociologia do negro até agora tem sido uma ilustração desse privilégio. Em nossos dias, entretanto, a estrutura econômica e social do país possibilita a nova fase dos estudos sobre relações de raça no Brasil, fase que se caracteriza pelo enfoque de tais relações desde um ato de liberdade do negro.

É minha convicção que dessa mudança de orientação resulte não um conflito insolúvel entre brancos e escuros, mas uma liquidação de equívocos de parte a parte e, consequentemente, uma contribuição para que a sociedade brasileira se encaminhe para o rumo de sua verdadeira destinação histórica — a de tornar-se, do ponto de vista étnico, uma *conjunctio oppositorum*.

Passado e presente da nova fase

A nova corrente de ideias sobre a condição do negro no Brasil, que se corporifica no Teatro Experimental do Negro, representa o amadurecimento ou a eclosão de ideias que estavam mais implícitas do que explícitas na conduta de associações, grupos ou pessoas desde o princípio da formação da sociedade brasileira. A história do desenvolvimento dessa corrente não pode ser contada aqui porque nos obrigaria a um pormenor que não cabe neste estudo. Entretanto, pode-se dizer sumariamente que os marcos dessa evolução foram os trabalhos do africano Chico Rei, que, em Minas Gerais, no princípio do século XVIII, organizou um movimento para alforriar negros escravos; as confrarias, os fundos de emancipação, as caixas de empréstimos, irmandades e juntas, instituições que recolhiam contribuições de homens de cor destinadas à compra de *cartas de alforria*; as insurreições de negros muçulmanos no estado da Bahia; os chamados quilombos, aldeamentos de negros fugidos, como a famosa República dos Palmares, em Alagoas, verdadeiro Estado de negros; o movimento abolicionista em que sobressaíram Luiz Gama e José do Patrocínio, intelectuais negros, e outras iniciativas e associações como o Clube do Cupim, no Recife, as Frentes Negras de São Paulo e da Bahia...

Evidentemente a nova corrente de ideias em que se inspira o autor destas linhas e que informa as atividades do TEN registra manifestações como as acima referidas apenas como antecedentes, mas não sanciona necessariamente os seus intuitos, pois, via de regra, careciam de elaboração teórica e foram, muitas vezes, reações agressivas que não podem ser, hoje, apresentadas como paradigmas. Salva-se, porém, em todas elas, o esforço da camada pigmentada, sozinha ou aliada com patrícios claros, como foi o caso do abolicionismo, na busca de uma condição humana para o negro, em que ele pudesse ser sujeito de um ato de liberdade.

Os antecedentes teóricos mais próximos da nova posição podem ser identificados em duas figuras de intelectuais brasileiros, ambos, aliás, brancos. Trata-se de Joaquim Nabuco e Álvaro Bomílcar, este último um nome praticamente esquecido.

Joaquim Nabuco, um dos líderes do abolicionismo, concebeu, desde 1883, a fase dinâmica do tratamento de nossa questão negra, em termos que podem ser tidos como atuais ainda. Com efeito, esse notável estadista escreveu em seu livro *O abolicionismo*:

> Depois que os últimos escravos houverem sido arrancados ao poder sinistro que representa para a raça negra a maldição da cor, será ainda preciso desbastar, por meio de uma educação viril e séria, a lenta estratificação de trezentos anos de cativeiro, isto é, de despotismo, superstição e ignorância. O processo natural pelo qual a escravidão fossilizou nos seus moldes a exuberante vitalidade do nosso povo durou todo o período do crescimento, e enquanto a nação não tiver consciência de que lhe é indispensável *adaptar à liberdade* [o grifo é meu] cada um dos aparelhos do seu organismo de que a escravidão se apropriou, a obra desta irá por diante, mesmo quando não haja mais escravos.[31]

No livro de Joaquim Nabuco, *O abolicionismo*, escrito em 1883, se encontram, aliás, algumas colocações que podem perfeitamente ser retomadas, hoje, com alterações apenas formais. Uma delas é o que ele chama de "mandato da raça negra". Parafraseando Nabuco, pode-se dizer que, em nossos dias, incumbe aos interessados no problema em pauta assumir em face dele uma "delegação inconsciente da parte dos que a fazem, interpretada pelos que a aceitam como um mandato que não se pode renunciar".

Álvaro Bomílcar pode ser considerado como um pioneiro da nova concepção das relações étnicas no Brasil. Em 1911 escreveu uma série de artigos, na imprensa da capital da República, depois reunidos no livro *O preconceito de raça no Brasil* (1916), em que põe à mostra o culto da brancura vigente nas classes dominantes do Brasil. Álvaro Bomílcar organizou mesmo um movimento social e político, em cujo programa se delimitava com clareza a tarefa de liquidar os constrangimentos entre os brasileiros claros e escuros. Se, do ponto de vista da técnica sociológica de hoje, aquela obra de Álvaro Bomílcar é precária, nem por isso deixa de ser o documento mais importante do diagnóstico científico de nossa questão racial, na fase republicana.

O livro *O preconceito de raça no Brasil* é um ensaio lucidíssimo sobre o sentimento coletivo de inferioridade, que Álvaro Bomílcar discernia na sociedade brasileira e que o fazia observar que, a despeito das diversas vezes em que as ciências se têm enriquecido com o concurso intelectual desse grande mestiço — que é o brasileiro —, o nosso critério academicista é que o sábio só existe na Europa. Esse critério é o que tem dificultado a elaboração da autoconsciência da realidade nacional, inclusive da realidade étnica do país. Nesse sentido, escrevia Bomílcar:

> No Brasil, pondo de parte Sílvio Romero e alguns pioneiros da nossa literatura, de rara combatividade, quedamo-nos inertes à espera de que um qualquer sábio da Europa venha dizer de nós aquilo que porventura lhe ocorra, no sentido dogmático; ou ainda o que o critério de uma permanência de algumas semanas, na capital da República, lhe possa sugerir de agradável e interessante.

E perguntava em 1911: "Quem terá a coragem para escrever a verdadeira sociologia, a única que nos convém: a sociologia brasileira?".[32]

O Teatro Experimental do Negro, fundado em 1944 por um grupo liderado por Abdias Nascimento, é, no Brasil, a manifestação mais consciente e espetacular da nova fase, caracterizada pelo fato de que, no presente, o negro se recusa a servir de mero tema de dissertações "antropológicas" e passa a agir no sentido de desmascarar os preconceitos de cor. O TEN patrocinou as Convenções Nacionais do Negro, a primeira em São Paulo (1945) e a segunda no Rio de Janeiro (1946); a Conferência Nacional do Negro (Rio de Janeiro, 1949) e o I Congresso do Negro Brasileiro (Rio de Janeiro, 1950). Todos esses certames foram animados de propósitos práticos, e não reuniões de debates acadêmicos. Isso não impediu, entretanto, que um estudioso como Arthur Ramos tivesse comparecido, como convidado, à Conferência Nacional do Negro, em cuja sessão final tomou parte, em vésperas de sua viagem para a Europa, onde faleceu.

Fundamentado em bases científicas, de caráter sociológico e antropológico, o TEN nunca foi compreendido pelos prógonos da ciência oficial, que, embora não o hostilizassem francamente, sempre se conduziram em face do empreendimento com desconfiança. No fundo, percebiam que o TEN representava mudança de 180 graus na orientação dos estudos sobre o negro.

Todavia, nunca os dirigentes do TEN hostilizaram os "antropólogos" e "sociólogos" oficiais. Foram, na verdade, pacientes com eles. Atraíram-nos mesmo para as suas reuniões, certos de que, na medida em que fossem sinceros, poderiam ser recuperados.

Vale a pena insistir neste ponto. O TEN foi, no Brasil, o primeiro a denunciar a alienação da antropologia e da sociologia nacional, focalizando a gente de cor à luz do pitoresco ou do histórico puramente, como se se tratasse de elemento estático ou mumificado. Essa denúncia é um leitmotiv de todas as realizações do TEN, entre as quais o seu jornal *Quilombo*, a Conferência Nacional do Negro e o I Congresso do Negro Brasileiro.

Os dirigentes do TEN sabiam e sabem que, de modo geral, a camada letrada e os "antropólogos" e "sociólogos" oficiais não estavam, como ainda não estão, preparados mentalmente para alcançar o significado da iniciativa.

O movimento em apreço representa uma reação de intelectuais negros e mulatos que, em resumo, têm três objetivos fundamentais: 1) formular categorias, métodos e processos científicos destinados ao tratamento do problema racial no Brasil; 2) reeducar os "brancos" brasileiros, libertando-os de critérios exógenos de comportamento; 3) "descomplexificar" os negros e mulatos, adestrando-os em estilos superiores de comportamento, de modo que possam tirar vantagem das franquias democráticas em funcionamento no país.

Na realização do primeiro objetivo, o TEN desmascarou, de maneira aliás muito polida, a antropologia oficial. O I Congresso do Negro Brasileiro marca definitivamente a nova fase dos estudos sobre o negro. Com a plena consciência disso, escreveu Abdias Nascimento, diretor-geral do TEN:

> O I Congresso do Negro pretende dar uma ênfase toda especial aos problemas práticos e atuais da vida da nossa gente de cor. Sempre que se estudou o negro, foi com o propósito evidente ou a intenção mal disfarçada de considerá-lo um ser distante, quase morto, ou já mesmo empalhado como peça de museu. Por isso mesmo o congresso dará uma importância secundária, por exem-

plo, às questões etnológicas e menos palpitantes, interessando menos saber qual seja o índice cefálico do negro, ou se Zumbi suicidou-se realmente ou não, do que indagar quais os meios de que poderemos lançar mão para organizar associações e instituições que possam oferecer oportunidades para a gente de cor se elevar na sociedade. Deseja o congresso encontrar medidas eficientes para aumentar o poder aquisitivo do negro, tornando-o assim um membro efetivo e ativo da comunidade nacional. Guerreiro Ramos vai mais longe, afirmando que esta tomada de posição de elementos da nossa massa de cor nada mais é do que uma resposta do Brasil a um apelo do mundo que reclama a participação das minorias no grande jogo democrático da cultura. E o futuro congresso, portanto, vem afirmar que já existe em nosso país uma elite de cor capaz de infundir confiança às classes dominantes, porquanto o nosso movimento não é um diversionismo, não visa objetivos pitorescos e nem se caracteriza por aquela irresponsabilidade que infelizmente tem prejudicado a maioria das iniciativas de negros no Brasil.[33]

Em 1949, um documento[34] em que se definia o sentido prático do movimento rezava:

> A condição jurídica de cidadão livre dada ao negro (pela Abolição) foi um avanço, sem dúvida. Mas um avanço puramente simbólico, abstrato. Socioculturalmente, aquela condição não se configurou; de um lado porque a estrutura de dominação da sociedade brasileira não se alterou; de outro lado, porque a massa juridicamente liberta estava psicologicamente despreparada para assumir as funções de cidadania. Assim, para que o processo de libertação desta massa se positive, é necessário reeducá-la e criar condi-

ções sociais e econômicas para que esta reeducação se efetive. A simples reeducação desta massa, desacompanhada de correlata transformação da realidade sociocultural, representa a criação de situações marginais dentro da sociedade. É necessário instalar na sociedade brasileira mecanismos integrativos de capilaridade social capazes de dar função e posição aos elementos da massa de cor que se adestrarem nos estilos das classes dominantes.[35]

Em 1950, escrevi, em um artigo publicado em *A Manhã* (10 de dezembro de 1950), "Os estudos sobre o negro brasileiro":

> Os estudos sobre o negro no Brasil estão manifestamente atrasados. Não superamos ainda, neste particular, a fase do academicismo e do epicurismo sociológico interessado nos aspectos pitorescos da questão. O problema do negro no Brasil tem sido focalizado com aquele intuito de descrever, de estudar por estudar. A gente toma um susto quando faz essa verificação, pois, à primeira vista, tinha-se a impressão de que havia no país uma consciência do problema, criada pelos numerosos livros escritos sobre o tema. Mas é preciso ter vindo "de fora", como é o caso deste rabiscador, "ser novo no assunto", para constatar como é assustadora a situação dos estudos sobre o negro no Brasil, pois até certo ponto eles criaram uma "falsa consciência" da questão. Tranquilizaram a consciência das elites, quando o caso não é para isso ainda. Deram-nos a impressão de que tudo corria bem, quando efetivamente tudo corre mal.
>
> O negro tem sido estudado, entre nós, como palha ou múmia. A quase totalidade dos estudos sobre o tema implica a ideia de que a abolição tenha sido uma resolução definitiva do problema das massas de cor. Depois daquele cometimento espetacular, nada haverá que fazer senão estudar um negro do ponto de vista es-

tático. E, assim, os especialistas entraram na pista dos trabalhos de reconstituição histórica, do folclore e de certa antropologia descritiva, por excelência.

A declaração final do I Congresso do Negro Brasileiro, publicada na imprensa brasileira em 4 de setembro de 1950, continua sendo até agora a súmula mais inteligente de um programa de tratamento objetivo das relações étnicas no país. O documento formula, entre outras, as seguintes recomendações:

- a defesa vigilante da sadia tradição nacional de igualdade entre os grupos que constituem a nossa população;
- a utilização de meios indiretos de reeducação e desrecalcamento em massa e de transformação de atitudes, tais como o teatro, o cinema, a literatura e outras artes, os concursos de beleza e as técnicas de sociatria;
- a realização periódica de congressos culturais e científicos de âmbito internacional, nacional e regional;
- a inclusão de homens de cor nas listas de candidatos de agremiações partidárias, a fim de desenvolver a sua capacidade política e formar líderes esclarecidos, que possam traduzir em formas ajustadas às tradições nacionais as reivindicações das massas de cor;
- a cooperação do governo, por meio de medidas eficazes, contra os restos de discriminação de cor ainda existentes em algumas repartições oficiais.

Naturalmente, as posições teóricas e práticas assumidas no meio brasileiro pelos representantes da nova fase não podem ser consideradas definitivas. Nelas há muito o que discutir, e já se discernem algumas incorreções, contradições e até erros de tática e estratégia a serem evitados daqui por diante. Mas a autocrítica desse movimento, já iniciada, é outro assunto. O que até aqui se escreveu pretende ser apenas um relatório verídico e honesto da situação dos estudos sobre o negro no Brasil.

O negro desde dentro

Povos brancos, graças a uma conjunção de fatores históricos e naturais que não vem ao caso examinar aqui, vieram a imperar no planeta e, em consequência, impuseram àqueles que dominaram uma concepção do mundo feita à sua imagem e semelhança. Num país como o Brasil, colonizado por europeus, os valores mais prestigiados e, portanto, aceitos são os do colonizador. Entre esses valores está o da brancura como símbolo do excelso, do sublime, do belo. Deus é concebido em branco, e em branco são pensadas todas as perfeições. Na cor negra, ao contrário, está investida uma carga milenária de significados pejorativos. Em termos negros pensam-se todas as imperfeições. Se se reduzisse a axiologia do mundo ocidental a uma escala cromática, a cor negra representaria o polo negativo. São infinitas as sugestões, nas mais sutis modalidades, que trabalham a consciência e a inconsciência do homem, desde a infância, no sentido de considerar, negativamente, a cor negra. O demônio, os espíritos maus, os entes humanos ou super-humanos, quando perversos, as criaturas e os bichos inferiores e malignos são, ordinariamente, representados em preto. Não têm conta as expressões correntes no comércio verbal em que se inculca no espírito humano a reserva contra a cor negra. "Destino negro", "lista negra", "câmbio negro", "missa negra", "alma negra", "sonho negro", "miséria negra", "caldo negro", "asa negra" e tantos outros ditos implicam sempre algo execrável. Ainda nas pessoas mais vigilantes contra o preconceito se surpreendem manifestações irrompidas do inconsciente em que ele aparece. Há dias um líder católico, culto cidadão, antirracista por princípio, num dos seus artigos, em que focalizava a momentosa tragédia culminada no suicídio do presidente Vargas, escrevia:

> [...] pelas revelações *tremendas* do arquivo *secreto* do seu mais *íntimo* "guarda-costas", se verificou que o governo do Brasil possuía uma *éminente grise*, que no caso era uma eminência *negra*! E que essa *asa negra* do presidente [...] escondia em suas fichas *secretas* o mais *terrível* libelo contra um regime de *traficâncias e favoritismos* [grifos meus].

E mais adiante reporta-se aos "que acudiam a rojar-se aos pés da eminência *negra*, para dela conseguir as mais *escusas* intervenções" (os grifos são meus).

Sirvo-me deles para marcar o sortilégio que a cor negra evoca no espírito desse escritor. Pois que se fosse branca a pessoa de que se trata — Gregório Fortunato —, a elaboração do pensamento teria, evidentemente, tomado outras direções. Se o guarda-costas fosse claro, as aproximações seriam muito diversas. (Experimente o leitor traduzir para o branco o texto acima.) O comentário do caso nos jornais e nas ruas se assinala de ângulos muito elucidativos da degradação da cor escura. De uma revista carioca transcrevo, por exemplo, este excerto:

> Gregório quis saber se terá uma *chance*, um dia, de ser acareado. Disse-lhe eu que, na pior das hipóteses, defrontar-se-á com o ge-

neral no sumário de culpa, na justiça comum. O *preto* pareceu ficar satisfeito. Esfregou as mãos [...] Deixei o quarto do *negro* e com ele caminhei para a sala [...] Perguntei quais eram seus amigos [...] o *preto* respondeu [...]

A cor humana aí perde o seu caráter de contingência ou de acidente para tornar-se verdadeiramente substância ou essência. Não adjetiva o crime. Substantiva-o.

Tais escritos são de autoria de pessoas brancas. Mas, na verdade, mesmo as pessoas escuras sofrem obnubilação em face da cor negra. Um dos mais dramáticos flagrantes disso é esta declaração de uma autoridade policial de cor negra: "O preto, é verdade, é feio. Uma raça feia, de pele escura. Não agrada aos olhos, o negro é antiestético, e a manifestação deste sentimento é tida como preconceito".

Este, como a quase totalidade dos nossos patrícios de cor, é um cidadão aculturado ou assimilado, como diriam os que cultivam aquela típica ciência de exportação e de intuitos domesticadores — a antropologia. Mas pratiquemos um ato de suspensão da brancura e com esse procedimento fenomenológico nos habilitaremos a alcançar a sua precariedade e, daí, a perceber a profunda alienação estética do homem de cor em sociedades europeizadas como a nossa. De repente se nos torna óbvio o nosso empedernimento pela brancura, se nos torna perceptível a venda dos nossos olhos. É como se saíssemos do nevoeiro da brancura — o que nos permite olhá-la em sua precariedade social e histórica. E ainda que, por um momento, para obter certa correção do nosso aparelho ótico, poderíamos dizer que das trevas da brancura só nos libertaremos à luz da negrura.

Revelar a negrura em sua validade intrínseca, dissipar com o seu foco de luz a escuridão de que resultou a nossa total possessão pela brancura é uma das tarefas heroicas da nossa época. Pior do que uma alma perversa, dizia Péguy, é uma alma habituada. Nossa perversão estética não nos alarma ainda porque a repartimos com muitos, com quase todos: é uma lesão comunitária que passou à categoria de normalidade desde que, praticamente, a ninguém deixa de atingir. A ninguém? Não. Alguns se iniciaram já na visão prístina da negrura e se postam como noviços diante dela, isto é, emancipados do precário fastígio da brancura. Purgado o nosso empedernimento pela brancura, estamos aptos a enxergar a beleza negra, beleza que vale por sua imanência e que exige ser aferida por critérios específicos. A beleza negra vale intrinsecamente e não enquanto alienada. Há, de fato, exemplares de corpos negros, masculinos e femininos, que valem por si mesmos, do ponto de vista estético, e não enquanto se alteram ou se aculturam para aproximar-se dos padrões da brancura. Há homens e mulheres trigueiros, de cabelos duros e de outras peculiaridades somáticas e antropométricas, nos quais é imperioso reconhecer a transparência de uma autêntica norma estética. A beleza negra não é, porventura, criação cerebrina dos que as circunstâncias vestiram de pele escura, espécie de racionalização ou autojustificação, mas um valor eterno, que vale ainda que não seja descoberto. Não é uma reivindicação racial o que confere positividade à negrura: é uma verificação objetiva. É assim, objetivamente, que pedimos para a beleza negra o seu lugar no plano egrégio. Na atitude de quem associa a beleza negra ao meramente popular, folclórico, ingênuo ou exótico, há um preconceito larvar, uma inconsciente recusa de aceitá-la liberalmente. Eis por que é digna de repulsa toda atitude que, sob a forma de folclore, antropologia ou etnologia, reduz os valores negros ao plano do ingênuo ou do magístico. Num país de mestiços como o nosso, aceitar tal visão constitui um sintoma de autodesprezo ou de inconsciente subserviência aos padrões estéticos europeus.

A aculturação é tão insidiosa que ainda os espíritos mais generosos são por ela atingidos e, assim, domesticados pela brancura, quando imaginam o contrário. É o que parece flagrante na poesia de motivos negros. De ordinário, a negrura aí aparece subalterna, principalmente quando se focaliza a mulher, que é celebrada, em regra, em termos puramente dionisíacos, como se neles se esgotasse a sua especificidade:

> E eu que era um menino puro
> Não fui perder minha infância
> No mangue daquela carne!
> Dizia que era morena
> Sabendo que era mulata
> Dizia que era donzela
> Nem isso não era ela
> Era uma moça que dava.

Assim falou o nosso grande Vinicius de Moraes. Falaram no mesmo tom, com a melhor das intenções, Mário de Andrade, Jorge de Lima, Nicolás Guillén e a legião de seus imitadores. Todavia, pondo a salvo o propósito generoso de tais poetas, nos refolhos de suas produções, surpreende-se, com frequência, o estereótipo: "Branca pra casar, negra pra cozinhar, mulata pra fornicar!". Labora pela ocultação da negrura toda essa pátina de associações pejorativas e de equívocos sinceros que vestem nosso espírito e que precisam ser purgados mediante a reiteração, em termos egrégios, dos valores negros. No Brasil, quem talvez mais perto chegou, em alguns momentos, da visão não domesticada da beleza negra foi Luiz Gama, no século passado, que escreveu versos como estes:

> Como era linda, meu Deus!
> Não tinha da neve a cor,
> Mas no moreno semblante
> Brilhavam raios de amor.
>
> Ledo o rosto, o mais formoso
> De trigueira coralina,
> De Anjo a boca, os lábios breves
> Cor de pálida cravina.
>
> Em carmim rubro engastados
> Tinha os dentes cristalinos;
> Doce a voz, qual nunca ouviram
> Dúlios bardos matutinos.
>
> [...]
>
> Límpida alma — flor singela
> Pelas brisas embalada,
> Ao dormir d'alvas estrelas,
> Ao nascer da madrugada.
>
> Quis beijar-lhe as mãos divinas,
> Afastou-m'as — não consente;

> A seus pés de rojo pus-me,
> — Tanto pode o amor ardente!

Não são raros, aliás, os momentos em que Luiz Gama alcança a visão essencial, não contingente, da beleza negra. Referem-se-lhe, entre outras, expressões como "as madeixas crespas, negras", "flor louçã", "formosa crioula", "Tétis negra", "cabeça envolvida em núbia trunfa", "amores [...] lindos, cor da noite", "ebúrneo colo". Neste particular, Luiz Gama antecipou os movimentos revolucionários atuais, como o Teatro Experimental do Negro e o da *negritude* dos intelectuais de formação francesa, em que se destacam Birago e David Diop e Léopold Sédar Senghor (Senegall), Gilbert Gratiant, Étienne Léro, Aimé Césaire (Martinica), Guy Tirolien e Paul Niger (Guadalupe), Léon Laleau, Jacques Roumain, Jean-François Brière (Haiti), Jean-Joseph Rabearivelo, Jean Rabémananjara e Flavien Ranaivo (Madagascar). Todos esses poetas perceberam a beleza negra não desfigurada pela contingência imperialista como "forma [...] fixa na eternidade", no dizer de um deles, Léopold Sédar Senghor, autor do poema "Femme noire", no que assim se expressa:

> *Femme nue, femme noire!*
> *Vêtue de ta couleur qui est vie, de ta forme qui est beauté!*
> *J'ai grandi à ton ombre, la douceur de tes mains bandait mes yeux.*
> *Et voilà qu'au coeur de l'été et de midi, je te découvre terre promise du*
> [*haut d'un haut col calciné.*
> *Et ta beauté me foudroie en plein coeur comme l'éclair d'un aigle.*
>
> *Femme nue, femme obscure!*
> *Fruit mûr à la chair ferme, sombres extases du vin noir, bouche qui fais*
> [*lyrique ma bouche*

Savane aux horizons purs, savane que frémis aux caresses ferventes
[du Vent d'est
Tam-tam sculpté, tam-tam tendu qui gronde sous les doigts du Vainqueur
Ta voix grave de contre-alto est le chant spirituel de l'Aimée.

Femme nue, femme obscure!
Huile que ne ride nul souffle, huile calme aux flancs de l'athlète, aux
[flancs des princes du Mali
Gazelle aux attaches célestes, les perles sont étoiles sur la nuit de ta peau
Délices des jeux de l'esprit, les reflets de l'or rouge sur ta peau qui se moire.

À l'ombre de ta chevelure, s'éclaire mon angoisse aux soleils prochains
[de tes yeux.
Femme nue, femme noire!
Je chante ta beauté qui passe, forme que je fixe dans l'éternel
Avant que le destin jaloux ne te réduise en cendres pour nourrir les
*[racines de la vie.**

---

* Em tradução livre: "Mulher nua, mulher negra!/ Vestida de tua cor que é vida, de tua forma que é beleza!/ Cresci à tua sombra, a doçura de tuas mãos protegia meus olhos./ E no coração do verão e do meio-dia, descubro-te como terra prometida do alto de um desfiladeiro calcinado./ E tua beleza me fulmina em pleno coração como a investida de uma águia.// Mulher nua, mulher escura!/ Fruto maduro de carne firme, êxtases sombrios do vinho tinto, boca que traz lirismo à minha boca/ Savana de horizontes puros, savana que freme às carícias ardentes do Vento Leste/ Tantã esculpido, tantã teso que ressoa sob os dedos do Vencedor/ Tua voz grave de contralto é o canto espiritual da Amada.// Mulher nua, mulher escura!/ Óleo que sopro algum ondula, óleo suave nos flancos do atleta, nos flancos dos príncipes do Mali/ Gazela dos adornos celestes, as pérolas são estrelas na noite de tua pele/ Delícias dos jogos do espírito, os reflexos do ouro rubro sobre tua pele que se faz furta-cor.// À sombra de teus cabelos, ilumina-se minha angústia aos sóis próximos de teus olhos./ Mulher nua, mulher negra!/ Canto tua beleza que passa, forma que fixo no eterno/ Antes que o destino ciumento te reduza a cinzas para nutrir as raízes da vida". (N. E.)

Essa verdadeira revolução poética de nossos tempos conjuga-se com todo um movimento universal de autoafirmação dos povos de cor e tem grande importância sociológica e política. Não deixam mais dúvida quanto a isso versos como os que seguem, de Aimé Césaire:

> *Et nous sommes debout maintenant,*
> *mon pays et moi, les cheveux dans le*
> *vent, ma main petite maintenant dans*
> *son poing énorme et la force n'est pas*
> *en nous mais au-dessus de nous, dans*
> *une voix vrille la nuit et l'audience*
> *comme la pénétrance d'une guêpe*
> *apocalyptique.*
> *Et la voix prononce que l'Europe nous*
> *a pendant des siècles gravés de mensonges*
> *et gonflés de pestilences,*
> *car il n'est point vrai que l'oeuvre de*
> *l'homme est finie*
> *que nous n'avons rien à faire au monde*
> *que nous parasitons le monde*
> *Qu'il suffit que nous nous mettions au*
> *pas du monde*
> *mais l'oeuvre de l'homme vient seulement*
> *de commencer*
> *et il reste à l'homme à conquérir toute*
> *interdiction immobilisée aux coins de*
> *sa ferveur*
> *et aucune race ne possède le monopole*
> *de la beauté, de l'intelligence, de la force et il est*

> *place pour tous au rendez-vous*
> *de la conquête et nous savons maintenant*
> *que le soleil tourne autour de*
> *notre terre éclairant la parcelle qu'a*
> *fixée notre volonté seule et que toute*
> *étoile chute le ciel en terre à notre*
> *commandement sans limite.**

A rebelião estética de que se trata nestas páginas será um passo preliminar da rebelião total dos povos de cor para se tornarem sujeitos de seu próprio destino. Não se trata de novo racismo às avessas, às avessas daquele de que foram arautos Gobineau, Lapouge, Rosenberg *et caterva*. Trata-se de que, até hoje, o negro tem sido mero objeto de versões de cuja elaboração não participa. Em todas essas versões se reflete a perspectiva de que se exclui o negro como sujeito autêntico. Autenticidade é a palavra que, por fim, deve ser escrita. Autenticidade para o negro significa idoneidade consigo próprio, adesão e lealdade ao repertório de suas contingências existen-

---

* Em tradução livre: "E agora estamos de pé, meu país e eu, os cabelos ao/ vento, minha mão pequena agora em/ seu punho enorme, e a força não está/ em nós, mas acima de nós, numa/ voz que perfura a noite e a audiência/ penetrante como uma vespa/ apocalíptica./ E a voz anuncia que a Europa durante/ séculos nos impingiu mentiras/ e nos entupiu de pestilências,/ pois não é verdade que a obra/ do homem está acabada,/ que nada temos a fazer no mundo,/ que parasitamos o mundo,/ que basta acompanharmos/ o passo do mundo,/ mas a obra do homem está apenas/ começando,/ e cabe ao homem vencer todas/ as interdições imobilizadas nas margens de/ seu fervor,/ e nenhuma raça detém o monopólio/ da beleza, da inteligência, da força, e há/ lugar para todos na festa/ da conquista, e sabemos agora/ que o sol gira em torno de/ nossa terra iluminando a parcela/ estabelecida apenas por nossa vontade, e que toda/ estrela cai do céu na terra por nosso/ irrestrito comando". (N. E.)

ciais, imediatas e específicas. E na medida em que ele se exprime de modo autêntico, as versões oficiais a seu respeito se desmascaram e se revelam nos seus intuitos mistificadores, deliberados ou equivocados. O negro, na versão de seus "amigos profissionais" e dos que, mesmo de boa-fé, o veem de fora, é uma coisa. Outra é o negro desde dentro.

A descida aos infernos

O senhor aceita ser classificado como sociólogo?
Aceito por comodidade o qualificativo. Todavia, cada vez mais me convenço de que, enquanto permanece adstrito aos quadros academicamente definidos como sociológicos, o especialista não se habilita a alcançar a compreensão global da sociedade. A sociologia nos moldes em que a concebeu Auguste Comte na década de 1830-40, e nos moldes sistemáticos em que se configurou posteriormente, é uma escamoteação, enquanto não propicia a percepção das tendências fundamentais do desenvolvimento das sociedades, mas apenas conhecimentos fragmentários e parciais da vida coletiva.

A sociologia é portanto ideologia?
Para ser preciso, vamos dizer a "sociologia", usando aspas. Sim. A "sociologia", enquanto se pretenda uma ciência sistemático-formal (penso aqui em sistemas como os de Durkheim, Simmel, von Wiese e os da maioria dos sociólogos norte-americanos), é, frequentemente, uma forma larvar de ideologia conservadora, uma criptoideologia.

Diz-se por aí que o senhor é um iconoclasta, e a tese que está agora sustentando não irá confirmar isso?
Quem quer que contrarie a rotina está exposto à incompreensão. Na verdade, pretendo ser construtivo e esforço-me por ser

impessoal, evitando ferir suscetibilidades alheias. Nem haveria razão para isso. Em última análise, muitos dos profissionais que praticam a "sociologia", cuja validade eu nego, fazem-no não porque careçam de valor e de inteligência, mas porque foram adestrados de maneira equivocada. São pessoas, via de regra, sinceramente equivocadas.

Negando a "sociologia" não está fazendo raciocínio suicida?
Ao contrário, encontro fortes estímulos para realizar uma tarefa criadora. Essa tarefa consiste na fundamentação e no exercício da ciência histórica. A ciência social só poderá ser legítima enquanto histórica, enquanto teoria da problemática atual da sociedade. Daí se infere que, sem prática, sem militância, não há ciência social.

Qual o antecedente europeu dessa ciência histórica?
Principalmente Hegel e seus continuadores revolucionários, e, ainda, o historicismo, com Dilthey à frente. Temos de retomar esses marcos do pensamento e repensar a atual divisão das ciências sociais, a qual está muito comprometida com as tendências conservadoras da sociedade europeia, a partir mais ou menos da década de 1840. Em suma, o atual esquema das ciências sociais não é nada definitivo, é reflexo de uma fase histórica, superado ou em vias de superação, na medida em que estamos plantados em outra fase histórica.

Que contribuição pode dar, nesse sentido, o cientista brasileiro?
No domínio da ciência social, o intelectual brasileiro pode tirar grande vantagem da perspectiva que lhe dá a sua sociedade em rápida transição do semicolonialismo para a emancipação.

Nossa perspectiva em face da produção cultural dos países líderes é semelhante à que habilitou os intelectuais do século XVIII a liquidar as sobrevivências feudais de sua época. O processo positivo de nossa sociedade é favorável à tarefa criadora no domínio da cultura.

As nossas instituições culturais estão preparadas para isso?
De modo geral, não. Em sua maioria, elas estão burocratizadas, sem sensibilidade para a cultura e sem inquietação. Em larga margem, nossa organização cultural "oficial" carece de representatividade, é inimiga da criação autêntica, assim que o trabalho de criação de cultura terá que ser procedido a despeito dela... Deixemos os *profiteurs* daquela organização com os seus títulos, seus galardões acadêmicos, sua pacholice, e tratemos de viver intensamente o nosso tempo.

Que pensa a respeito de nossa produção sociológica?
A sociologia no Brasil, sobretudo a "oficial" e a mais festejada nos círculos dos "entendidos", está desatualizada. Em parte, essa desatualização é reflexo da desatualização da atual sociologia europeia e norte-americana em face do progresso das ideias filosóficas nos últimos quarenta anos e da nova imagem do mundo. Na medida em que os nossos sociólogos levam demasiadamente a sério ou ao pé da letra a produção sociológica alienígena, acentua-se a dita desatualização. Além disso, nossa sociologia está desatualizada em relação ao nosso presente, à problemática particular da sociedade brasileira, perdida na investigação de pseudoproblemas, de questiúnculas, tais como "aculturação", "estrutura de comunidade", "lusotropicologia", "sobrados e mucambos", ou em certas mandarinagens sobre

temas tratados em tese, com muita erudição e sem nenhuma urgência, necessidade ou funcionalidade.

Sua posição na sociologia brasileira é muito insólita. Como chegou a ela?
A vida tem sempre razão. Sempre tomei o partido da vida. Os modestos conhecimentos que acumulei (e não cesso de adquiri-los) são vividos. As circunstâncias colocaram-me em tal posição que os meus estudos foram sempre comandados pela necessidade de compreender ou resolver problemas: mortalidade infantil, administração de negócios governamentais, organização social de negros, ação política, agressões pessoais etc. Tive assim de, continuamente, testar na prática as minhas ideias e os meus conhecimentos; quando não, de extrair da prática uma teoria. Estou certo de que deriva daí o meu realismo, se me permite. Meu lema é e será sempre o de Napoleão: *"On s'engage, et puis on voit"*.* Seguindo esse lema, pude restituir à cultura, para mim, o seu sentido original de saber. Para me entender, é preciso pôr ênfase em saber, na condição de estar de posse, de estar senhor daqueles ângulos, daquelas nuances, daqueles refolhos, daqueles tropos da vida que os inocentes, os equivocados, os conformados negligenciam ou não percebem. Esse saber-culto só se adquire descendo aos infernos ou… mordendo a maçã, como Adão. Quem não obedece àquela regra não pode conjurar o hermetismo constitucional da cultura, que só entrega o seu segredo aos generosos.

---

* "Primeiro se age, depois se vê". (N. E.)

Que situações em sua vida têm mais contribuído para a sua formação?
A pobreza e as relações de comensalidade com os amigos. Uma das mais fortes impressões que recebi na adolescência resultou da leitura de Rilke e de Péguy, dois heróis da pobreza. Ainda que, atualmente, ponha entre parênteses certos aspectos das obras desses homens, devo-lhes a iniciação no espírito da pobreza como ideal de vida. Ao lado disso, dentre as minhas melhores ocasiões de crescer incluo em primeiro lugar as em que, a pretexto de um cafezinho, de um almoço ou de um jantar, dialogo com os amigos. Em matéria de cultura, meu débito para com os amigos é muito grande. Reconheço-me mesmo, nesse terreno, um espoliador de amigos.

Que estudos está realizando presentemente?
Estou ultimando uma obra que se chamará *A teoria da sociedade brasileira*, em que pretendo mostrar a evolução da teoria sociológica entre nós, desde Sílvio Romero até os nossos dias, e apresentar uma interpretação histórico-sociológica da realidade brasileira. Preparo também uma obra sobre negros e "brancos" no Brasil, em que pretendo mostrar que o nosso "problema" do negro é reflexo da patologia social do "branco" brasileiro e, portanto, um equívoco de nossa sociologia e antropologia do negro.

Que coisas gostaria de fazer na vilegiatura?
Quero crer que está muito longe ainda esse período. Mas a pergunta me dá oportunidade para confessar dois dos meus mais amoráveis projetos para quando dispuser de mais tempo. Esses projetos são: escrever "a história secreta de Abdias Nascimento" e a biografia de Hélio Jaguaribe.

Com o primeiro desses projetos, pretendo, através da descrição do curso de uma vida, fazer a história interior de um precursor, de um homem a quem venho assistindo viver dialeticamente a negritude. A antecipação que marca a vida de Abdias tem sido o obstáculo para o seu êxito social, no presente. Mas o êxito vital... é o tema que quero ferir — o pleno êxito vital de um homem sob a aparência social mais despistadora, e apesar das incompreensões impostas pela penúria e a mediocridade ambiente.

Com o segundo projeto, pretendo fixar a fisionomia dinâmica de um pedagogo, fixar um momento importante da evolução cultural do Brasil, quando uma vida humana se faz matéria em que um determinado "tempo" histórico impregna o seu sentido...

Semana do Negro de 1955

O TEATRO EXPERIMENTAL DO NEGRO completou dez anos de existência no ano transato. Durante esse período vem-se constituindo na *alma mater* de um amplo movimento de renovação artística e social, além da contribuição decisiva a que se deve a reorientação dos chamados estudos sobre o negro, em nosso país. Criado, organizado e dirigido por Abdias Nascimento, o TEN, depois de vencer ingentes dificuldades e inclusive desmascarar a impostura dos "amigos profissionais" do negro, alcança nestes dias a consciência da plenitude de sua missão e de suas possibilidades e, assim, programou para este ano um conjunto de atividades destinado a ter a maior repercussão em nosso meio.

Uma dessas atividades é a Semana do Negro de 1955, que transcorrerá de 9 a 13 de maio próximo e cuja organização me foi confiada. Que pretende a Semana do Negro?

Inicialmente não deixa de ser paradoxal que num país em que a maioria de seus cidadãos é de origem negra se pense em realizar uma tal Semana. Todavia, não fomos nós, os negros, que criamos esta situação de superestrutura. Ao contrário, de longa data, temos sido hipostasiados da comunidade nacional por uma reiterada e impertinente literatura "antropológica" e "sociológica" e por mais de um certame da responsabilidade de intelectuais claros. Certamente, como venho demonstrando em meus estudos, essa literatura e esses certames foram fruto de um equívoco, de uma alienação e de uma subserviência mental. Mas o fato é que tudo isso contribuiu fortemente para desenvolver, no nível da superestrutura de nossa sociedade, um efetivo "problema do negro". Digo superestrutura porque sustento que, na base infraestrutural da sociedade brasileira, não existe, hoje, um problema específico do negro. Aí o homem de cor tem praticamente todas as franquias, não sofre discriminações sistemáticas e está confundido com os outros contingentes étnicos constitutivos da população. Um ou outro caso isolado que se possa mencionar em desfavor desta tese não a destrói.

É verdade que, nada estando solto no contexto global da sociedade, e havendo, no nível da superestrutura social e institucional do Brasil, dificuldades específicas para o homem de cor, tais dificuldades, em última análise, têm consequências infraestruturais ou econômicas. Certo. Mas, ainda assim, deve-se reconhecer aí um dos casos de ação da superestrutura sobre a infraestrutura, e a essência do que dissemos acima se confirma. A Semana do Negro se justifica, portanto, e nosso sincero ideal é realmente que ela não fosse necessária. De qualquer modo, a iniciativa, colocada nesses termos, revela-se por definição infensa a propósitos de exploração política do assunto.

Ora bem, dentro desse ponto de vista, a Semana do Negro de 1955 pretende atingir dois principais objetivos: a autocrítica do movimento deflagrado pelo próprio TEN e a sistematização das ideias diretivas do estudo da questão em tela, ideias essas que devem estar em consonância com a atual fase de desenvolvimento econômico-social do país.

Caberá a Abdias Nascimento o estudo histórico-sociológico das tentativas práticas de transformação das condições de vida da gente de cor, desde a fase colonial até os nossos dias, bem como um balanço das atividades do TEN em seus dez anos de vida. Além disso, Abdias formulará, em sua contribuição, as diretrizes e perspectivas para a reorientação do TEN.

Guerreiro Ramos fará a crítica da literatura antropológica e sociológica sobre relações de raça até agora registrada em nosso meio e redefinirá o "problema do negro". Nessa redefinição, radicalizará a linha do que tem chamado de patologia social do "branco" brasileiro e, especialmente, baiano. Além disso, Guerreiro Ramos pretende demonstrar que a metodologia dos estudos socioantropológicos sobre o negro no Brasil não só é inautêntica do ponto de vista científico, como conduz a uma focalização alienada do tema.

Foram ainda convidados para participar da Semana Álvaro Bomílcar, Nelson Werneck Sodré e Guiomar Ferreira de Matos. O primeiro, Álvaro Bomílcar, é, no que diz respeito aos estudos sobre o negro brasileiro, um verdadeiro precursor da orientação atualmente representada pelo TEN. Cidadão exemplar, pelo caráter e pela inteligência, apesar de já retirado das lides, com mais de oitenta anos de idade, atendeu ao meu convite para expor uma síntese e, em perspectiva histórica, os seus pontos de vista sobre o preconceito de cor e de raça no Brasil, assunto sobre o qual escreveu, em 1911, a obra mais importante neste domínio em sua época.

Nelson Werneck Sodré estudará o negro como tema na literatura brasileira. O ilustre historiador e crítico está em condições de fazer um estudo marcante sobre a questão. Em essência, o que importa assinalar é que se formou entre nós uma literatura, principalmente de caráter poético, que explora os motivos negros em termos reacionários, embora seus autores sejam animados das melhores intenções. Na verdade, é impossível tolerar, hoje, que se associe o negro exclusivamente ao ingênuo e ao popular. Teremos, sim, de mostrar que existe uma estética da negritude que vale no plano egrégio e do maior refinamento artístico.

À luz da perspectiva atual, estão superadas as experiências poético-literárias a que se associam os nomes de Mário de Andrade, Manuel Bandeira, Vinicius de Moraes, Jorge de Lima e outros, sem prejuízo, é claro, do reconhecimento dos méritos desses honrados e legitimamente festejados e acatados escritores.

Finalmente, Guiomar Ferreira de Matos apresentará um trabalho sobre "educação e preconceito", em que mostrará a vigência, em nossas escolas, de processos sutis de inculcação de preconceito na alma da criança brasileira. Com esse objetivo, Guiomar Ferreira de Matos está reunindo abundante material: imagens de santos, livros de leitura, cantigas, contos infantis etc.

Com a sua vasta experiência de conferências, reuniões e congressos, o TEN organizará a Semana de 1955 de modo a que o êxito absoluto da iniciativa seja assegurado. Terá, pois, a máxima prudência no recrutamento dos conferencistas.

Nosso Senhor Jesus Cristo Trigueiro

Por iniciativa do Teatro Experimental do Negro, a revista *Forma* está promovendo, entre pintores, um concurso para escolher os três melhores quadros sobre o motivo "Nosso Senhor Jesus Cristo Trigueiro". Esse concurso, cuja regulamentação será divulgada pela imprensa dentro de poucos dias, deverá encerrar-se no mês de junho, a fim de que, durante o Congresso Eucarístico, isto é, no mês de julho, possam ser exibidas ao público as telas dos concorrentes.

Para que a iniciativa seja interpretada em seus justos termos, parecem necessários alguns esclarecimentos.

A iniciativa é consequência de um incidente familiar. De fato, por ocasião das festas natalinas do ano passado, minha filha de cinco anos, que se educa em colégio católico, entre outras cantigas aprendeu uma em que havia estes versos:

Cabelos loiros
Olhos azuis
És meu tesouro
Nosso Jesus.

Ouvindo-a cantar reiteradamente estes versos fui levado a refletir que debaixo daquela manifestação natalina havia uma insinuação preconceituosa. E minha convicção foi reforçada ao testemunhar o espanto da criança quando lhe disse que Nosso Senhor Jesus Cristo, em sua vida terrena, não fora louro, nem tivera olhos azuis. Ao contrário, fora provavelmente um homem trigueiro, de tonalidade muito próxima da do mulato brasileiro.

Em nosso país, em que, do ponto de vista antropológico, o branco é minoria, essa idealização corrente de Nosso Senhor Jesus Cristo é duplamente digna de retificação.

Em primeiro lugar porque, como se disse acima, não corresponde à verdade histórica. Sabe-se que, na época em que Jesus Cristo viveu na terra, as populações da Ásia Menor, onde ele nasceu, na camada dos humildes e oprimidos, se constituíam predominantemente de mestiços e de indivíduos morenos. As descrições dos traços naturais do Nosso Senhor Jesus Cristo são raríssimas. Os evangelistas se preocuparam sobretudo com os aspectos messiânicos de Jesus Cristo. Mas há notícia de um relato, elaborado, segundo as atas romanas, pelo historiador Josefo, sobre as lutas revolucionárias dos judeus, em que se descreve Nosso Senhor como homem de

> tez escura, de pequena estatura, de três côvados de alto, um tanto curvo, com rosto comprido, com sobrancelhas que se juntavam, "as quais podiam assustar aos que o viam", com pouco cabelo desalinhado e partido por uma raia sobre a fronte ao modo dos nazarenos, com escassa barba, mas atuando com uma força invisível, influindo decisivamente com uma palavra, com uma ordem.[1]

Um historiador de reconhecido escrúpulo profissional como Alfred Weber não hesitou em reportar-se a esta descrição de Josefo em sua *História da cultura*.

Ora, a ser autêntica a descrição de Josefo, estava Nosso Senhor Jesus Cristo, do ponto de vista antropológico, muito mais próximo do mulato brasileiro do que do dolicocéfalo louro do Báltico. Dir-se-á que essa descrição dos traços físicos de Nosso Senhor Jesus Cristo estaria viciada por força da situação existencial de Josefo, por assim dizer um judeu "aculturado", da classe dominante e que se considerava cidadão romano. A essa descrição, pode-se opor a tese defendida por Tissot, segundo a qual Nosso Senhor Jesus Cristo teria sido da raça aramiana, uma raça do tronco semítico, cujos indivíduos eram de tez branca e de tipo longilíneo.

De todos os modos, é difícil admitir que Jesus Cristo tivesse sido um homem louro e de olhos azuis.

Nestas considerações não existe, por certo, nenhum subjetivismo. Não desejo dar suporte nem ao garveísmo, nem ao docetismo. Explico-me. Não há na iniciativa nenhum propósito velado de insinuar a incompatibilidade entre a religião católica e as populações de cor. Essa foi uma das teses do líder negro norte-americano Marcus Garvey, que chegou a sugerir a necessidade de uma religião específica para os homens de cor.

Muito mais grave ainda seria incorrer no docetismo, heresia que remonta à época apostólica e que reponta nos séculos II e III entre os valentinianos e no século VI entre os adeptos das seitas monofisistas. Os docetas como Marcião, por exemplo, consideravam "umbra", "fantasma", o Corpo de Cristo, negavam sua entidade física, e segundo eles Jesus teria nascido e morrido apenas aparentemente. Por conseguinte, defendiam uma visão subjetiva de Jesus Cristo, inaceitável do ponto de vista objetivo, como já demonstrara no século II santo Inácio de Antioquia.

A nossa corrente idealização de Nosso Senhor, como homem louro e de olhos azuis, reflete uma alienação estética, um autodesprezo, uma atitude de subserviência, na qual renunciamos a um critério comunitário e imediato do belo e do excelso em favor de um critério estranho à vida nacional. Jesus Cristo, em sua representação natural no Brasil, não poderia nunca ser louro nem de olhos azuis, se desejamos ser autênticos. Os chineses e os japoneses, povos de grande caráter, o representam à sua semelhança.

É tempo de desembaraçarmos a imagem do Filho de Deus da inconveniente subalternidade dos que, no Brasil, o pintam louro e de olhos azuis. É tempo de desimiscuí-la dessa sutil agressão que, nos colégios e em outros lugares, se comete todos os dias ao brasileiro, um tipo antropológico escuro por excelência. Uma agressão que se serve das crianças e que, muitas vezes, as submete a dolorosas ambivalências quando confrontam a idealização do Deus-Homem e dos santos com a realidade natural dos seus pais.

Esse movimento plástico, sem dúvida, constitui um teste decisivo para a avaliação da autenticidade nacional da pintura no Brasil. Nesse sentido já avançamos muito na arquitetura, no mobiliário, na decoração, domínios em que os nossos artistas têm afirmado a sua libertação de critérios alienígenas, em que, por assim dizer, eles fizeram a opção do motivo brasileiro. E nem desconheço esforços, bem-sucedidos, como os de Di Cavalcanti (em pintura) e Bruno Giorgi (em escultura), na captação da beleza negra.

Mas a retratação, como homem de cor, de Nosso Senhor Jesus Cristo é talvez o maior desafio lançado aos pintores brasileiros. Porque é necessário que o Cristo, negro ou mulato, convença. É necessário que a sua fisionomia nada tenha de pitoresco ou bizarro. É necessário dar-lhe a nota fisionômica suscetível de impor circunspecção a quem o contemple.

Para tanto, não basta o simples domínio técnico das tintas e do desenho. Para tanto, é preciso que o pintor brasileiro seja artista, isto é, seja capaz de uma visão original. E mais ainda do que artista, é preciso que ele vença dentro de si mesmo toda a carga de preconceito de que necessariamente é portador.

Vale a pena, entretanto, tentar esse cometimento. Eis aí uma oportunidade de restituir-se à arte, em sua plenitude, o seu papel ao mesmo tempo catártico e pedagógico. Catártico enquanto liberadora de tensões e temores, e, neste caso, contribuindo para eliminar no brasileiro a sua mal disfarçada vergonha de ser o que é. Pedagógico enquanto formadora de um novo paradigma de estática social, e, neste caso, contribuindo para o enobrecimento de um dado ordinário de nossa vida comunitária.

Não acredito que a iniciativa, posta nestes termos, venha a inspirar reservas.

Ao contrário, os indícios que tenho observado são animadores. Já são numerosos os artistas de valor que estão preparando os seus quadros. E, nesta cidade, pelo menos numa família, é um Cristo negro que, pendente sobre um berço, assiste, todos os dias, ao despertar e ao adormecer de uma criança...

Política de relações de raça no Brasil

Prosseguindo na realização de certames periódicos sobre relações de raça no Brasil, o Teatro Experimental do Negro promoveu na Associação Brasileira de Imprensa, de 9 a 13 de maio de 1955, uma Semana de Estudos, na qual vários conferencistas procederam a um balanço dos estudos sociológicos e antropológicos sobre o negro em nosso país.

Ao encerrar-se a Semana de Estudos, o Teatro Experimental do Negro fez a declaração de princípios que, a seguir, é transcrita.

Declaração de princípios[1]

Ao encerrar a Semana de Estudos sobre Relações de Raça, o Teatro Experimental do Negro

- considerando as tendências gerais que se exprimiram nas conferências realizadas durante as sessões da referida Semana;
- considerando as mudanças recentes do quadro das relações internacionais impostas pelo desenvolvimento econômico, social e cultural dos povos de cor, o qual se constitui no suporte da autodeterminação e da autoafirmação desses povos;

- considerando os perigos sociais que poderiam advir do equívoco de definir em termos raciais as tensões decorrentes das relações metrópole-colônia e capital-trabalho;
- considerando que é anti-histórico retornarem as minorias e os povos de cor às formas arcaicas de sociabilidade e cultura, ou preservarem-se marginais nas condições ecumênicas contemporâneas;
- considerando as novas perspectivas abertas pela atual teoria social científica acerca das questões coloniais;
- considerando que, sob o disfarce de "etnologia", "antropologia", "antropologia aplicada", e a despeito de contribuições científicas de profissionais dedicados a essas disciplinas, têm se corroborado, direta ou indiretamente, situações e medidas retardativas da autodeterminação e do desenvolvimento material e moral de minorias e povos de cor;
- considerando que o Brasil, pelas suas particularidades históricas, é uma nação ocidental em que prepondera o contingente populacional de origem negra;
- considerando que o Brasil é uma comunidade nacional onde têm vigência os mais avançados padrões de democracia racial, apesar da sobrevivência, entre nós, de alguns restos de discriminação,

declara que:

1. é desejável que os organismos internacionais, cujo objetivo nominal é estimular a integração dos povos, sejam cada vez mais encorajados a discutir medidas concretas tendentes à liquidação do colonialismo, em todas as suas formas e mati-

zes, uma vez que a mera proclamação de direitos e de princípios, sob forma acadêmica e em abstrato, pode prestar-se (e frequentes vezes se tem efetivamente prestado) para a coonestação da injustiça e da espoliação;

2. é legítimo reconhecer que o recente incremento da importância dos povos de cor, politicamente independentes, como fatores ponderáveis na configuração das relações internacionais, tem contribuído, de modo benéfico, para restaurar a segurança psicológica das minorias e desses povos; todavia, esse fato auspicioso não deve transmutar-se em estímulo a considerar como luta e ódio entre raças o que é, fundamentalmente, tensão e conflito entre sistemas econômicos;

3. sem prejuízo do direito de as nações escolherem o seu próprio destino, é condenável toda medida ou toda política, ainda que justificada no direito de autodeterminação, que tenha por objetivo, direto ou indireto, fazer retornar as minorias e os povos de cor às formas arcaicas de sociabilidade e de cultura, ou conservá-las marginais nas condições ecumênicas contemporâneas;

4. é necessário desenvolver a capacidade crítica dos quadros científicos, intelectuais e dirigentes dos povos e grupos de cor, a fim de que eles se tornem aptos a discernir nas chamadas ciências sociais o que é mera camuflagem e sublimação de propósitos espoliativos e domesticadores e o que é objetivamente positivo na perspectiva das sociedades ditas subdesenvolvidas;

5. é desejável que o governo brasileiro apoie os grupos e as instituições nacionais que, pelos seus requisitos de idoneidade científica, intelectual e moral, possam contribuir para

a preservação das sadias tradições de democracia racial no Brasil, bem como para levar o nosso país a poder participar da liderança das forças internacionais interessadas na liquidação do colonialismo.

Rio de Janeiro, 13 de maio de 1955

Patologia social do "branco" brasileiro

HÁ O TEMA DO NEGRO e há a vida do negro. Como tema, o negro tem sido, entre nós, objeto de escalpelação perpetrada por literatos e pelos chamados "antropólogos" e "sociólogos". Como vida ou realidade efetiva, o negro vem assumindo o seu destino, vem se fazendo a si próprio, segundo lhe têm permitido as condições particulares da sociedade brasileira. Mas uma coisa é o negro-tema; outra, o negro-vida.

O negro-tema é uma coisa examinada, olhada, vista, ora como ser mumificado, ora como ser curioso, ou de qualquer modo como um risco, um traço da realidade nacional que chama a atenção.

O negro-vida é, entretanto, algo que não se deixa imobilizar; é despistador, proteico, multiforme, do qual, na verdade, não se pode dar versão definitiva, pois é hoje o que não era ontem e será amanhã o que não é hoje.

Mal formuladas as retratações verbais do negro no Brasil, elas já estão caducas ou já se revelam falsas, porque o negro-vida é como o rio de que fala Heráclito, em que não se entra duas vezes.

Eis por que toda atitude de formalização diante do negro conduz a apreciações ilusórias, inadequadas, enganosas. E é uma atitude de formalização que está na raiz da quase totalidade dos estudos sobre o negro no Brasil.

O tema das relações de raça no Brasil chega, nestes dias, a um momento polêmico. Até aqui se tem falado numa antropologia e numa sociologia do negro. Hoje, condições objetivas da sociedade brasileira colocam o problema do "branco", e aqueles estudos "antropológicos" e "sociológicos" rapidamente perdem atualidade.

Há hoje uma contradição entre as ideias e os fatos de nossas relações de raça. No plano ideológico, é dominante ainda a brancura como critério de estética social. No plano dos fatos, é dominante na sociedade brasileira uma camada de origem negra, nela distribuída de alto a baixo.

O Teatro Experimental do Negro e a literatura científica por ele suscitada vêm tentando criar uma consciência dessa contradição e, ao mesmo tempo, desenvolver, sob várias formas, uma ação social para resolvê-la.

Na realização desse trabalho, entretanto, estamos desajudados, temos de criar os nossos próprios instrumentos práticos e teóricos.

Nessas condições, na elaboração do presente estudo não se pôde utilizar a copiosa literatura sociológica e antropológica sobre relações de raça produzida por brasileiros. De modo geral, os nossos especialistas nesse domínio têm contribuído mais para confundir do que para esclarecer os suportes de nossas relações de raça, como pretendo demonstrar mais adiante.

Por outro lado, receio que alguns leitores, impressionados com os aspectos verbais aparentes deste estudo, nele descubram intenções agressivas. A esses leitores asseguro, com sinceridade, que o meu propósito é, ao contrário, generoso e pacifista.

Isto posto, passemos ao assunto.

O tema do presente estudo — "patologia social do 'branco' brasileiro" — implica um dos mais complicados problemas de terminologia científica. Muitos especialistas se têm perdido na busca de um conceito de "patologia social". Pode a sociedade ficar doente? Existem enfermidades coletivas? Se se dá uma resposta positiva a tais perguntas, é forçosa a delimitação objetiva do que se entende por "patologia social".

Entre os sociólogos, o tema foi inicialmente tratado pelos adeptos do biologismo ou do organicismo, corrente segundo a qual a sociedade é um organismo. Haveria assim paralelismo entre o mundo social e o mundo biológico. Esse paralelismo é exagerado por uns, moderadamente proclamado por outros, mas todos os organicistas aceitam que o social é uma extensão do biológico.

Admitem, assim, que no organismo social, tal como nos organismos vegetal e animal, há, entre outros, dois estados que se podem discernir como normal ou patológico.

Que é normal? Que é patológico? A questão é extremamente difícil e as soluções que tem suscitado são muito controvertidas. No domínio da sociedade, de modo geral, os sociólogos organicistas definiram o normal ou em termos generosos, mas utópicos, como Novikov, ou conforme perspectiva conservadora; isto é, para estes, patológicas seriam todas as tendências que perturbam o equilíbrio natural da sociedade, a sua saúde. A saúde da sociedade equivaleria, para diversos organicistas, a um estado de que só se beneficiam os que integram a classe dominante. Não faltou mesmo, entre os organicistas, quem, como Francis Galton e Alexis Carrel, afirmasse que a pobreza é doença, uma espécie de tara e, portanto, um problema de eugenia.

Tão evidentes falácias do biossociologismo o levaram a desacreditar-se.

Os trabalhos de Durkheim são um passo adiante nesse domínio das ciências sociais. Em primeiro lugar, porque ele propõe, com toda clareza, e pela primeira vez, o problema da definição do *normal* e do *patológico*. Durkheim sustenta em sua obra *As regras do método sociológico* teses plenamente aceitáveis pela moderna sociologia historicista. Esse historicismo transparece, por exemplo, quando o autor adverte que "as condições de saúde e de doença não podem ser definidas *in abstracto*"[1] e que "é preciso renunciar ao hábito, ainda muito generalizado, de julgar uma instituição, uma prática, uma máxima moral, como se fossem boas ou más em si mesmas e por si mesmas, para todos os tipos sociais indistintamente".[2] E, além disso, para convencer-nos da boa qualidade de seu historicismo, proclama a necessidade de renunciar às definições que pretendam atingir a "essência dos fenômenos".[3]

Durkheim considera, portanto, o critério do normal como algo a ser induzido das condições particulares de cada sociedade e segundo os seus limites faseológicos. Diz ele: "Para saber se um fato social é normal não basta observar sob que forma ele se apresenta na generalidade das sociedades que pertencem a determinada espécie, é preciso ainda ter o cuidado de considerá-las na fase correspondente de sua evolução".[4]

Um fato social — acrescenta — não pode ser dito normal para determinada espécie social senão em relação a uma fase, igualmente determinada, de seu desenvolvimento.[5]

Por conseguinte, para Durkheim, o critério do normal e do patológico varia historicamente numa mesma sociedade. Ele é uma coisa dentro de determinadas condições dessa sociedade.

Muda, se essas condições se transformam. O nosso sociólogo foi, mais uma vez, muito preciso quando, a esse propósito, esclareceu que certo fato social, embora generalizado em determinado momento, pode ser anormal do ponto de vista sociológico.

> É o que acontece nos períodos de transição, em que o todo está em transformação sem se ter fixado definitivamente em forma nova. Neste caso, o único tipo normal que esteja no presente, realizado e dado nos fatos, pertence ao passado e, portanto, não está mais em ajuste com as novas condições de existência. Um fato pode assim persistir [...] sem responder às exigências da situação. Ele não tem, senão, neste caso, as aparências da normalidade, pois a generalidade que apresenta é apenas etiqueta falaciosa, uma vez que, não se mantendo senão pela força cega do hábito, não é mais o índice de que o fenômeno observado esteja estreitamente ligado às condições gerais da existência coletiva.[6]

Para superar as dificuldades que as épocas de transição apresentam ao esforço dos que pretendem distinguir nelas o *normal* do *patológico*, Durkheim formula esta regra:

> Depois de estabelecer, pela observação, que o fato é geral, demonstrar-se-ão as condições que determinaram esta generalidade no passado e procurar-se-á saber, em seguida, se estas condições persistem ainda no presente ou se, ao contrário, mudaram. No primeiro caso, ter-se-á direito de tratar o fenômeno como normal e, no segundo, de lhe recusar este caráter.[7]

Embora não pretenda adotar estritamente essa regra no presente estudo, reconheço que ela propicia explicação satisfatória do caráter patológico do quadro atual das relações de raça no Brasil. Faço um parêntese para explicar-me.

Nas condições iniciais da formação do nosso país, a desvalorização estética da cor negra, ou melhor, a associação dessa cor ao feio e ao degradante afigurava-se normal, na medida em que não havia, praticamente, pessoas pigmentadas senão em posições inferiores. Para que a minoria colonizadora mantivesse e consolidasse sua dominação sobre as populações de cor, teria de promover no meio brasileiro, por meio de uma inculcação dogmática, uma comunidade linguística, religiosa, de valores estéticos e de costumes. Só assim, diria Gumplowicz, poderia apoiar sua autoridade em sólidos pilares, o que sempre constitui, para todo poder, um valioso elemento de conservação, uma efetiva garantia de duração.[8]

Essas observações de Gumplowicz se coadunam perfeitamente com a de um escritor marxista, G. V. Plékhanov, que escreveu:

> Na representação do homem, a influência das particularidades raciais não pode deixar de se exercer sobre o "ideal de beleza" próprio do artista primitivo. Sabe-se que cada raça, sobretudo nos primeiros estádios do desenvolvimento social, se considera como a mais bela e se orgulha antes de tudo daquilo que a distingue das outras raças.[9]

Plékhanov observa ainda que as particularidades da estética de cada raça subsistem apenas durante certo tempo, isto é, em determinadas condições.[10] E acrescenta: "Quando uma população é obrigada a reconhecer a superioridade de outra mais desenvolvida, seu amor-próprio de raça desaparece e passa a imitar os gostos estrangeiros considerados até então ridículos, mesmo vergonhosos e infames".[11]

Para garantir a espoliação, a minoria dominante de origem europeia recorria não somente à força, à violência, mas a um sistema de pseudojustificações, de estereótipos, ou a processos de domesticação psicológica. A afirmação dogmática da excelência da brancura ou a degradação estética da cor negra era um dos suportes psicológicos da espoliação. Esse mesmo fato, porém, passou a ser patológico em situações diversas, como as de hoje, em que o processo de miscigenação e de capilaridade social[12] absorveu, na massa das pessoas pigmentadas, larga margem dos que podiam proclamar-se brancos outrora, e em que não há mais, entre nós, coincidência de raça e de classe.[13]

Mas fechemos o parêntese e prossigamos.

Outra tentativa de tratar o tema da patologia social é devida a Eduard Spranger.[14] Esse autor, porém, coloca a questão em termos abstratos.

Spranger considera a cultura como um superorganismo que vive sobre os indivíduos e por cima da cadeia das gerações, e admite a existência, em toda cultura, de uma *norma* que preside à sua estrutura e ao seu funcionamento. Essa *norma* ele a entende, porém, em termos vagos. A enfermidade é algo contra a norma, contra a "enteléquia diretriz", contra a "ideia normativa" que lhe é imanente. Alguns antropólogos norte-americanos e alemães aproximam-se dessa concepção de Spranger, quando se reportam ao que chamam de *patterns* (Ruth Benedict) ou *ethos* (Kroeber, Margaret Mead), ou paideuma (Frobenius), como uma espécie de princípio metafísico ordenador da cultura.

A pseudociência de autores como esses tem sido levada demasiadamente ao pé da letra por mais de um literato brasileiro aficionado da "antropologia" e da "sociologia". Entre eles se inclui Arthur Ramos, que conseguiu fazer carreira de "cientista", e até de sábio, em nosso país, à custa de glosas e da divulgação de teorias "antropológicas" de discutível validade científica. A qualidade essencialmente literária e secundariamente científica dos trabalhos de Arthur Ramos é patente em seu ensaio "Cultura e ethos", publicado no número 1 da revista *Cultura*, editada pelo Ministério da Educação e Cultura.

Essas orientações são, porém, as que infundem hoje mais reservas do ponto de vista científico. Tais orientações perdem terreno a cada dia e se revelam inaceitáveis, pois não oferecem explicação suficientemente objetiva para o processo genético dos ideais da cultura ou da sociedade. O *ethos*, a norma, os *patterns* da cultura ou da sociedade não são originários, não são incondicionados; ao contrário, refletem relações concretas e se transformam quando tais relações se alteram.

É muito perigoso, na análise sociológica, partir da noção de *ethos*, ou norma, como se tais coisas fossem independentes ou desvinculadas dos elementos materiais da cultura. Nas sociedades coloniais, o *ethos*, a norma são inculcados de fora para dentro, isto é, não chegam a formar-se como produto dos fatores endógenos de tais sociedades. As sociedades coloniais, em sua estrutura total, são regidas por critérios heteronômicos, principalmente a sua economia, como a sua psicologia coletiva. A norma e o *ethos* que lhes são impostos não traduzem ordinariamente a sua imanência. Como adverte Georges Balandier,[15] essas sociedades estão afetadas por um estado crônico de crise e, em grau maior ou menor, devem ser consideradas como sociedades doentes (*sociétés malades*), a pesquisa de suas normas coincidindo com a pesquisa de sua autorregulação.

Na sociedade brasileira, em larga escala, o *ethos*, a norma, ainda dominantes, são remanescentes de fases ultrapassadas de nossa evolução econômico-social, e se destinam a ser superados em consequência do aparecimento de novos fatores objetivos que estão já condicionando a vida do país.

As dificuldades que envolvem o tema da patologia social parecem superáveis quando se procede em termos casuísticos e concretos. Quero dizer, quando se renuncia a uma definição genérica da patologia social e se passa a mostrar a patologia das situações singularmente consideradas.

É esse o caminho que seguirei. A minha tese é a de que, *nas presentes condições da sociedade brasileira, existe uma patologia social do "branco" brasileiro e, particularmente, do "branco" do "Norte" e do "Nordeste"*. (Aqui, e em alguns outros lugares deste estudo, as palavras "Norte" e "Nordeste" são empregadas em seu sentido popular e não técnico-geográfico.)[16]

Essa patologia consiste em que, no Brasil, principalmente naquelas regiões, as pessoas de pigmentação mais clara tendem a manifestar, em sua autoavaliação estética, um protesto contra si próprias, contra a sua condição étnica objetiva. E é esse desequilíbrio na autoestimação, verdadeiramente coletivo no Brasil, que considero patológico. Na verdade, afeta a brasileiros escuros e claros, mas, para obter alguns resultados terapêuticos, considerei, aqui, especialmente, os brasileiros claros.

Para dar um flagrante de como o brasileiro considera vexatória a sua condição racial, parece-me bastante ilustrativo um documento de nossa estatística oficial. Trata-se de uma publicação do Instituto Brasileiro de Geografia e Estatística.[17]

Apresentam-se, no primeiro capítulo desse estudo, os resultados do recenseamento de 1940, no que diz respeito à composição da população segundo a cor. A publicação começa esclarecendo que, nas instruções para o preenchimento dos questionários, só se previram as respostas "branca", "preta", "amarela" ou um traço (–), quando o recenseado não se enquadrasse em nenhuma dessas classificações. Isso, fundamenta a publicação, porque a "Comissão Censitária quis evitar a obrigação, para o recenseado, de aplicar a si mesmo qualificações de cor que às vezes são usadas com sentido de desprezo", procedimento que, embora "passível de crítica do ponto de vista da técnica censitária", "representa", do ponto de vista da "dignidade humana" (sic), "ótima solução de um problema difícil" (sic).[18]

Mas, continua o folheto, os intuitos da comissão foram frustrados. Por quê? Eis aqui a raiz patológica da frustração: "Pela inclusão de uma notável fração de pardos entre os brancos e de uma menor mas não desprezível fração dos mesmos entre os pretos, e, talvez, pela atribuição de uma fração dos pretos aos grupos de pardos".[19]

O referido documento, elaborado por especialistas, por dever de ofício a par das circunstâncias concretas que influenciam a declaração da cor pelo cidadão brasileiro, reza ainda:

> Deve-se lembrar que num país como o Brasil, onde não existe uma "linha de cor" intransponível como a que ainda se encontra nos Estados Unidos, toda delimitação verbal das diversas cores torna-se extremamente difícil. Pessoas com 1/16 ou 1/8 de sangue preto, que na República norte-americana seriam classificadas como *"colored"*, aqui se consideram, e são universalmente consideradas, "brancas". E, por motivos evidentes, mesmo pes-

soas de tez nitidamente morena, quando atingem certo grau de bem-estar ou de instrução, tendem a se inserir no grupo que inclui a maior parte da aristocracia econômica e intelectual, o dos brancos. Análoga tendência verifica-se nos casamentos em que um dos cônjuges é moreno e outro, branco; adota-se para toda a família esta cor. Seria fácil multiplicar os exemplos dessas tendências para os matizes mais claros, nas declarações da cor, que se manifestam tanto pela qualificação de brancos, aplicada em casos para os quais seria mais apropriada a de pardos, como pela qualificação de pardos, aplicada em casos que se deveriam classificar entre os pretos, conforme um critério mais racional. Mas mesmo esse critério racional seria de determinação extremamente difícil, como demonstram todas as tentativas realizadas para estabelecê-lo.

Nos boletins censitários preenchidos pelo chefe da família, ou pelo recenseado isolado, predominou o arbítrio pessoal; todavia é certo que, via de regra, apenas numa moderada fração dos casos esse arbítrio se afastou do uso local, desviando-se, como foi acima especificado.

Maior *perturbação* [grifo meu] foi causada pelo preenchimento dos boletins por parte do agente recenseador, ocorrência muito frequente no interior, em virtude da escassa instrução das populações. Os critérios pessoais do agente, em parte *influenciados pela sua própria cor* [grifo meu], foram aplicados, então, em centenas de casos. E quando delegados municipais acharam conveniente intervir para limitar esse arbítrio, em muitos casos conseguiram, apenas, unificá-lo em certo rumo, variável conforme os pontos de vista individuais dos próprios delegados. Em alguns municípios, quase todos os que não foram qualificados brancos foram qualificados pretos; em outros, pardos (pelas respostas mediante traço, ou pelas declarações explícitas de morenos, pardos, mulatos, caboclos etc.). Até entre municípios confinantes e de composição étnica da população pouco diferente, verificou-se esse contraste na qualificação dos não brancos, como foi documentado em vários estudos da série de "Análises de resultados do censo demográfico", compilados pelo Gabinete Técnico do Serviço Nacional de Recenseamento, de 1940.

Deve-se, logo, interpretar, com grande prudência, a apuração censitária da cor, evitando-se toda conclusão apressada que não resistiria a uma séria análise crítica.

No que diz respeito aos brancos, pode-se afirmar com segurança que o número apurado excede sensivelmente o que constaria duma classificação realizada conforme critério objetivo [grifo meu].

O número apurado dos *pretos*, pelo contrário, deveria ficar sensivelmente inferior à realidade, se as declarações procedessem dos interessados; mas cumpre lembrar que a ação dos agentes recenseadores não foi sempre dirigida nesse mesmo sentido, e que em certos casos foram incluídos numerosos pardos entre os declarados pretos.

O número apurado dos pardos provavelmente está abaixo do que seria dado por uma classificação objetiva, *sendo, decerto, maior o número dos pardos classificados entre os brancos* [grifo meu] do que o possível excedente em favor dos pardos nas trocas de classificação com os pretos.[20]

Melhor flagrante não se poderia obter da perturbação psicológica do brasileiro em sua autoavaliação estética. Todos aqueles informes mostram o sentimento de inferioridade que lhe suscita a sua verdadeira condição étnica. Esse sentimento é tão forte, no cidadão brasileiro, que vicia os dados do recenseamento, levando este a resultados paradoxais. É o caso, por exemplo, que se configura, em 1940, nestas palavras:

> A mais elevada *proporção entre pretos e pardos* (148 pretos para 100 pardos) se encontra na região Sul, que tem a menor cota de população não branca, e a mais baixa (18 pretos para 100 pardos) na região Norte, que tem a maior cota de população não branca.[21]

Paradoxo que se repete no recenseamento de 1950. Nesse ano, a referida proporção no Sul teria subido a 157 pretos para 100 pardos; ao passo que teria diminuído no Norte a 8 pretos para 100 pardos. São dados, evidentemente, inverossímeis!

Nesta marcha não será de todo impossível que as nossas estatísticas venham a revelar, dentro em breve, que não há mais pretos no "Norte" e no "Nordeste", enquanto a população do Sul se torna cada vez mais escura...

Estes resultados estão a indicar que, no Brasil, *o negro é mais negro nas regiões onde os brancos são maioria e é o mais claro nas regiões onde os brancos são minoria.*

Semelhantes aspectos, que os resultados numéricos do recenseamento vêm ressaltar com tanta clareza, servem para sublinhar a patologia social do *branco* brasileiro. Grifo a palavra "branco", pois que o nosso *branco* é, do ponto de vista antropológico, um mestiço, sendo, entre nós, pequena minoria o *branco* não portador de sangue preto. É no Norte e no Nordeste do Brasil, portanto, onde são mais nítidos os traços da patologia social do "branco" brasileiro, e em nenhum lugar do nosso país mais do que no estado da Bahia, que apresenta em sua composição demográfica o mais forte contingente de indivíduos de cor (70,19% da população total, em 1950).

A minoria "branca" de estados do "Norte" e do "Nordeste", como o da Bahia, merece a atenção daqueles que se dedicam à ciência das relações humanas, porque em seu comportamento apresenta interessante problema de psicologia coletiva. Trata-se de minoria que sofre de "instabilidade autoestimativa", visto que tende a disfarçar a sua condição étnica efetiva utilizando-se de mecanismos psicológicos compensatórios do que julga ser uma inferioridade.

Esse fato caracteriza, efetivamente, como patológico o quadro das relações de raça no Brasil, e especialmente nos estados do "Norte" e do "Nordeste".

Segundo os resultados do recenseamento de 1950, compõem a população dos estados do Norte 68,37% de pessoas de cor. Nos estados do Nordeste essa percentagem é da ordem de 53,77%. Note-se que estes números estão certamente minorados. A parcela de brancos naquelas regiões é menor do que o fazem supor os resultados do censo, e seria, de resto, insignificante, apenas se considerasse branca a pessoa não portadora de sangue preto. O branco puro em tais regiões é excepcional, enquanto o branco aparente é ali minoria.

Com efeito, foi nesse contexto demográfico que se desenvolveu um padrão de estética social, em cuja escala de valores a cor escura ocupa, por assim dizer, o polo negativo, quando, se prevalecessem aí critérios sociais não heteronômicos, o contrário é que deveria ter acontecido.

As minorias "brancas" desses estados, de longa data, têm mostrado tendência para não se identificar com a sua circunstância étnica imediata. Sentem-na como algo inferiorizante e, por isso, lançam mão, tanto quanto podem, de recursos que camuflem as suas origens raciais. Esses recursos são inumeráveis, desde os mais sutis até os mais ostensivos.

Um desses processos de disfarce étnico, que aquela minoria tem utilizado, é a tematização do negro. Ao tomar o negro como tema, elementos da camada "branca" minoritária se tornam mais brancos, aproximando-se de seu arquétipo estético — que é europeu. Eis por que a literatura sociológica e antropológica sobre o negro tem encontrado seus cultores principalmente entre intelectuais dos estados do "Norte" e do "Nordeste".

Os socioantropólogos, autores de estudos sobre "o negro Brasil", Sílvio Romero, Nina Rodrigues, Arthur Ramos, Gilberto Freyre, Thales de Azevedo e René Ribeiro, são naturais daqueles estados, cujos "brancos" exibem os caracteres psicológicos que ilustram o que podemos chamar o *protesto* racial de uma minoria interiormente inferiorizada.

Que o sentimento de inferioridade está sempre na raiz do que os psicólogos da escola de Adler vêm chamando *protesto*, parece indubitável. É esse sentimento que explica, por exemplo, reações de pessoas do sexo feminino contra as restrições que lhes impõem as convenções da sociedade, reações que as levam muitas vezes a assumir modos masculinos na linguagem, na vida profissional, na vestimenta, no andar.

Os discípulos de Adler, ao tratarem desse fenômeno — *o protesto* —, referem-se também ao *protesto* linguístico dirigido contra a língua materna, que explicaria muitos casos de bilinguismo, como o de certos catalães na Espanha, sobretudo letrados, que recusam falar outra língua que não seja o castelhano; o do escritor Joseph Conrad, polonês de nascimento, que aprendeu inglês depois de maduro e o utilizava com mestria; e, finalmente, o caso dos indivíduos ávidos de ascensão social, *bourgeois, gentilshommes, parvenus*.

Como ilustrações famosas do *protesto* racial, um adepto de Adler, Oliver Brachfeld, lembra o inglês Houston Stewart Chamberlain, discípulo de Gobineau, que desdenhou de sua nacionalidade inglesa e se considerava alemão; os judeus da Ação Francesa, Pierre David e Robert Herz, mortos pela França numa inconsciente busca de compensação do que sentiam como inferioridade.

É interessante observar que as oscilações de autoestimação nos indivíduos que *protestam* com frequência exprimem a "coexistência de dois polos opostos — *inferioridade* sentida com excessiva intensidade e *superioridade* desejada mas fictícia".[22] Tal coexistência é o substrato do que tenho chamado de complexo gíldico,[23] cuja presença tenho verificado em intelectuais da minoria "branca" do estado da Bahia.

Os elementos da minoria "branca" no "Norte" e no "Nordeste" são, por exemplo, muito sensíveis a quem quer que ponha em questão a sua "brancura". Por isso exibem a sua brancura de maneira tal que não suscite dúvida. São eles, em geral, muito ciosos de suas origens enobrecedoras, e aproveitam todo pretexto para proclamá-las: anéis, decoração da casa, constituição do nome, estilo linguístico.[24] Na Bahia, estado da União onde é mais forte o contingente de pessoas de cor, funciona um Instituto de Genealogia. Não é preciso dizer que esse instituto se especializa na descoberta das origens brancas de elementos da minoria "clara". Esse traço paranoico[25] não caracteriza somente o comportamento do "branco" baiano, mas, em grau maior ou menor, do "branco brasileiro", em geral, embora especialmente do "branco" dos estados do "Norte" e do "Nordeste".

Conheço o caso, muito significativo, de um poeta alagoano. Era esse homem de letras um cidadão mestiço, mas perfeitamente suscetível de ser incluído na cota dos "brancos" apurados pelo recenseamento. Consta que, certa vez, um editor argentino de suas poesias sobre motivos negros fez uma propaganda em que o apresentava ao público como um "grande poeta negro do Brasil". A alcunha, porém, teria levado o poeta alagoano a, em longa carta, pedir ao editor argentino que cessasse na propaganda as alusões que o apresentavam como homem de cor. Esse mesmo cidadão escreveu, diretamente em língua alemã (o que é significativo na perspectiva adleriana do *protesto*), um livro em que sustentava uma tese arianizante. Mas outro poeta nortista, residente em São Paulo, de pele tostada, foi mais taxativo. Tendo sido considerado numa entrevista como poeta negro, requereu se lhe fizesse um exame de sangue no Instituto de Biotipologia da Penitenciária de São Paulo para provar a pureza do seu sangue. Recentemente, um romancista da raça negra, mas "embranquecido" por processos decorativos, químicos e mecânicos, numa autodescrição que fizera a pedido de um repórter da revista *O Cruzeiro*, se declara "moreno carregado".[26]

Por sua vez, um intelectual "branco" do estado de Pernambuco, perguntado, num inquérito sociológico, como receberia o casamento de um parente seu com pessoa de cor preta, responde:

Devo estabelecer uma graduação, ao justificar meu ponto de vista pessoal sobre coloração pigmentária, o qual me parece fundado, ao mesmo tempo, em motivos estéticos e fisiológicos. O branco, nessa gradação, vem em primeiro lugar, seguindo-se-lhe o índio, o mulato e, por fim, o negro. A cor preta nunca me agradou. Ela não é uma síntese, como o branco. É a própria ausência da cor, na série prismática. Luto, trevas, fumo se associaram na formação de um complexo que remonta, talvez, à minha meninice e a que também não é estranha a influência de "histórias de Trancoso", com personagens que eram "negros velhos", perversos e de hórrido aspecto. De sorte que, para ser rigorosamente verdadeiro, devo afirmar que não receberia bem o casamento de filho ou filha, irmão ou irmã, com pessoa de cor preta. Entretanto, não creio que essa repugnância, por si só, deva prevalecer sobre altas razões sentimentais, morais e mentais, para evitar uniões entre brancos e pessoas de cor. A minha esposa tem boa dose de sangue de índios. Mas um negro, a não ser que possuísse dotes excepcionais, que sobrepujassem essa minha única reserva, não me agradaria para marido de qualquer das minhas filhas.[27]

Nortista é também um inteligente redator de *O Globo*, jornal em que escreve diariamente uma crônica sobre a vida noturna do Rio. Na edição de 18 de janeiro de 1955 daquele jornal, o referido redator publica a fotografia de uma artista de *night club*, seguida desta legenda: "A moça de hoje — Esta é a bonita bailarina negra Nilza, do elenco do Béguin. Bela de corpo e de cara. Dela se poderia dizer: 'Isso em branco...'".[28]

E para terminar esta enumeração de ocorrências em que se tornam flagrantes os traços adlerianos da psicologia coletiva do nortista, desejo reportar-me a um recente artigo publicado no jornal *O Globo*, intitulado "O Brasil e a mãe preta". O autor desse artigo é um conhecido escritor brasileiro (Gilberto Freyre). Sublinhemos, inicialmente, que, no momento em que o país comemorava o Dia das Mães, é um "nortista" que levanta a sua voz para distinguir a "mãe preta" da "mãe branca". E na sua ótica ele vê uma e outra como dois polos. Leia-se o artigo e lá estão, em cores vivas, os aspectos clínicos em que venho insistindo. A palavra "senhora" só ocorre ao articulista aplicar à "mãe branca", à "iaiá branca". Nos refolhos do inconsciente do escritor pernambucano é impossível conceber a "mãe preta" como "senhora", como "dama", ou seja, não associada a sugestões subalternas. Textualmente ele descreve as "mães pretas" (o artigo é ilustrado por um desenho, representando uma "babá" tendo ao colo um menino branco) como

> Joanas, Marias, Beneditas, Amaras, Luzias, Jacintas, carregando num braço um filho branco e no outro um filho preto; dando de mamar aos dois dos mesmos peitos maternalmente gordos; dando aos dois de comer do mesmo pirão amolengado por suas doces e sábias mãos negras; ensinando aos dois as mesmas palavras fáceis, os mesmos brinquedos simples, as mesmas palminhas de guiné, os mesmos beliliscos-de-pintainho, as mesmas bênçãos a pai, a mãe, a avô, a avó, a padrinho, a madrinha, a papai do Céu, a mamãe do Céu, aos santos protetores de casa, a dindinha Lua; ninando os dois com as mesmas cantigas de ninar menino pequeno; contando aos dois as mesmas histórias de bichos compadres de bichos, de papões inimigos de nenéns malcriados, de mouras encantadas, de mouras tortas, de velhos de surrão, de

reis, de rainhas, de princesas, de fadas; tratando os dois com os mesmos unguentos e os mesmos óleos.²⁹

Nada mais compreensível, por conseguinte, que esse brasileiro tenha sido o criador da "lusotropicologia", isto é, uma apologética do colonizador português.

O desajustamento do "branco" brasileiro ao seu contexto étnico o leva, por outro lado, muitas vezes, a aderir a ficções. Não gosta, por exemplo, que se diga que o Brasil é um país de mestiços. Conhecido cronista social recebeu, certa vez, como protesto a uma alusão sua menos cortês sobre Ali Khan, uma carta de censura cujo autor dizia que o príncipe deveria ser mais bem tratado pois era amigo do Brasil e não se confundia com certa espécie de estrangeiros que afirmam no exterior que somos um país de "maltrapilhos, de cobras e de negros".³⁰

Isso não impede, entretanto, que o estrangeiro veja o "branco" brasileiro como um espécime um tanto bizarro e pitoresco. Há uma página de Tibor Mende que me parece ilustrativa da maneira como o europeu vê o nosso "branco". Narrando o seu primeiro encontro no Brasil com um funcionário do Itamaraty, escreve Tibor Mende:

Le señor Bastos, du Ministère des Affaires étrangères, chef de section au Palais Itamaraty, était venu me prendre pour me conduire dans sa maison de Copacabana. Bien qu'il eût une grandmère française — qu'il mentionnait trop souvent pour qu'on n'oubliât son existence et ses origines aristocratiques, — il était le Brésilien type, si toutefois cela existe dans um pays présentant une aussi grande variété. Nos relacions, nouées en Europe à l'occasion d'une brève rencontr, s'étaient transformées en amitié aussi vite que mûrissent les fruits sous le soleil tropical du Brésil, sans avoir le temps de développer les vitamines nécessaires. Bastos était infiniment bon, cordial et sans façon, bien qu'assez soucieux du prestige social, et il éprouvait parfois un brusque bésoin de vous faire des confidences.*³¹

Foi certamente evocando a imagem ridícula de um desses brasileiros ávidos de europeização que Henri Michaux escreveu aquela página depreciativa a nosso respeito, em seu livro *Passages*. Michaux diz que, apesar do tempo que passou aqui (*malgré le temps passé là-bas*), não pôde estabelecer contato com os brasileiros, pois que encontrou a "sua inteligência cafeinada" sempre "em reflexos, jamais em reflexões" (*leur intelligence caféinée, tout en réflexes, jamais en réflexions*).³²

O caráter patológico do *protesto* racial do "branco" brasileiro é evidente, levando-se em conta aspectos estruturais de nossa sociedade, em nossos dias.

Na atual fase de desenvolvimento econômico-social do Brasil, não existem mais suportes concretos que permitam a nossa minoria de "brancos" sustentar suas atitudes arianizantes. De um lado, verifica-se que desapareceram, desde há muito, do

---

* "O sr. Bastos, do Ministério das Relações Exteriores, chefe de seção no Palácio do Itamaraty, tinha vindo me pegar para me levar à sua casa em Copacabana. Embora tivesse uma avó francesa — que mencionava constantemente para que ninguém esquecesse sua existência e suas origens aristocráticas —, ele era o brasileiro típico, se é que isso existe num país que apresenta uma diversidade tão grande. Nossas relações, que travamos na Europa durante um breve encontro, tinham se transformado em amizade com a mesma rapidez com que os frutos amadurecem ao sol tropical do Brasil, sem que tivessem tempo de desenvolver as vitaminas necessárias. Bastos era extremamente bondoso, cordial e sem afetação, ainda que bastante cioso do prestígio social, e às vezes tinha uma súbita necessidade de fazer confidências."

país as situações estruturais que confinavam a massa pigmentada nos estratos inferiores da escala econômica; e, de outro, observa-se que a massa pigmentada, preponderante desde o início de nossa formação, absorveu, pela miscigenação e pela capilaridade social, grande parte do contingente branco, que, inicialmente, podia considerar-se isento de sangue negro. O que, nos dias de hoje, resta de brancos puros em nosso meio é uma cota relativamente pequena. O Brasil é, pois, do ponto de vista étnico, um país de mestiços.

Os fatos da realidade étnica no Brasil, eles mesmos, estão iluminando a consciência do mestiço brasileiro e o levam a perceber a artificialidade, em nosso meio, da ideologia da brancura. O ideal da brancura, tal como o ilustramos anteriormente, nas condições atuais é uma sobrevivência que embaraça o processo de maturidade psicológica do brasileiro, e, além disso, contribui para enfraquecer a integração social dos elementos constitutivos da sociedade nacional.

Antes dos sociólogos, os filósofos já tinham percebido a natureza sociológica da simpatia e, ao mesmo tempo, o seu papel social. Segundo eles, a simpatia seria originariamente um estado psicológico que aparece mesmo entre os animais, desde que percebam que são semelhantes. Hume, desenvolvendo pensamentos de Spinoza, considera a simpatia como a causa primária da sociedade, pois ela suscita a imitação e reduz uma nação a um tipo genérico, variando de intensidade na proporção direta da relação e da identidade dos indivíduos.[33]

Posteriormente a Hume, o filósofo e quase sociólogo Adam Smith desenvolve uma *Teoria dos sentimentos morais* (1759), na base do significado social da simpatia. Adam Smith procura mostrar que a sociedade humana subsiste enquanto certa bilateralidade simpática entre seus membros neutraliza as tendências individualistas e desagregadoras. A sociabilidade, para Smith, repousa na simpatia, no fato de cada indivíduo "simpatizar com a situação da pessoa que é objeto de sua observação", e desta última "assumir a situação do espectador", ou, como diriam atualmente os sociólogos norte-americanos, no fato de os indivíduos serem capazes de se ajustar às expectativas uns dos outros.[34]

A sociologia norte-americana não deixou perderem-se essas observações fecundas. Giddings[35] inspirou-se diretamente em Adam Smith quando sustentou ser a consciência da espécie (*consciousness of kind*) o elemento subjetivo primário, fundamental de toda sociedade. Tanto as sociedades animais como as sociedades humanas são tanto mais integradas quanto mais, entre os seus membros, se reforça a consciência da similitude, quanto mais os caracteres que os fazem semelhantes são valorizados. Para Giddings, a consciência da similitude converte em normas os hábitos coletivos e os costumes, os quais a sociedade utiliza para reforçar a sua coesão integral e assim perpetuar-se. Nesse ponto, a atual sociologia norte-americana confirma Giddings, pois os seus epígonos ainda aceitam classificações de contato social como a de C. H. Cooley, que os divide em primários e secundários, e a de N. S. Shaler, que os diferencia em simpatéticos e categóricos, classificações que implicam o reconhecimento do papel social integrativo da simpatia.

Radhakamal Mukerjee, em seu estudo sociológico sobre a gênese dos valores, considerou-se precisamente em sua função integrativa. Para Mukerjee, os valores são mecanismos de orientação social do homem, instrumentos de ajuste de grupos e indivíduos ao meio físico e social, e se selecionam e testam na experiência social efetiva. Nessas condições, a prevalência dos valores autênticos numa comunidade "leva à completa estabilidade e integração do ser humano", assegurando-lhe "liberdade" e facultando-lhe o "controle do ambiente", a criação e manutenção de grupos, instituições, leis e pautas de direitos e deveres, orientando com êxito a sociedade na luta e na sobrevivência intragrupal e possibilitando o estabelecimento de laços e relações sociais íntimas e duráveis de solidariedade.[36]

Nenhum grupo social alcança níveis altos de vida histórica se os seus membros internamente não se inter-relacionam pelo sentimento singenético de que fala L. Gumplowicz, cujo substrato físico é o fato percebido da semelhança física e da semelhança intelectual. É o "singenismo" que faz de cada grupo um grupo à parte, observa acertadamente Gumplowicz, que o leva a *glorificar o que lhe é próprio e o que tem de mais imediato*, rebaixando e menosprezando *o que não lhe é próprio e o que está afastado dele*. Segue-se daí — acrescenta o sociólogo[37] — que a história escrita europeia designa a Europa como o coroamento da criação e o centro do desenvolvimento histórico, que a história chinesa imita a mesma afirmação a propósito da China, a história americana a propósito da América e que, em suma, cada povo, cada tribo, siga seu exemplo. A formação colonial da sociedade brasileira tem dificultado o desenvolvimento entre os brasileiros desse sentimento, e, segundo Azevedo Amaral, ter-nos-íamos habituado "a ter vergonha de nós mesmos", e "acreditamos, através de nossa cultura livresca, que só é grandioso o que corresponde aos padrões éticos e étnicos das civilizações que se elaboram em torno do Mediterrâneo e do Báltico".[38] Afetaria a personalidade do brasileiro um sentimento de inferioridade, ao contrário do que tem acontecido com outros povos, que se acreditam particularmente *nobres*, particularmente distinguidos, como povos eleitos entre todos os povos, reforçando, mediante esta solidariedade, a superioridade de seus membros sobre os membros dos outros povos, corroborando seus sentimentos singenéticos entre os membros de sua comunidade.[39]

Tornam-se assim perceptíveis a crueldade, a má-fé e a intenção "cismogenética" (Bateson) subjacentes nos nossos estudos sobre o negro no Brasil. A função deles tem sido a de contribuir para minar nas pessoas de cor, em nosso meio, o sentimento de segurança. Os nazistas utilizaram também processos semelhantes com os judeus. Para inferiorizá-los, entre outros processos, transformaram-nos em assunto. Consulte-se, por exemplo, o livro *Die Juden in Deutschland*,[40] publicado por uma editora nazista. Nessa obra se encontram tópicos sobre "a emancipação dos judeus"; "o desenvolvimento demográfico dos judeus desde o século XIX"; "os judeus na vida econômica"; "os judeus na imprensa"; "os judeus na política"; "os judeus como vultos da cultura alemã"; "os judeus na literatura"; "os judeus no teatro"; "os judeus na música"; "os judeus e a imoralidade"; "os judeus e a criminalidade". Títulos esses perfeitamente equivalentes aos de capítulos de obras "antropológicas" e "sociológicas" sobre o negro no Brasil, de autores nacionais. Eis aqui alguns títulos extraídos de *Estudos afro-brasileiros*,[41] volume contendo trabalhos apresentados ao I Congresso Afro-Brasileiro reunido no Recife em 1934: "o negro no folclore e na literatura do Brasil"; "ensaio etnopsiquiátrico sobre os negros e mestiços"; "contribuição ao estudo do índice de Lapicque"; "os negros na história das Alagoas"; "as doenças mentais entre os negros de Pernambuco"; "longevidade"; "grupos sanguíneos da raça negra". Por outro lado, no II Congresso Afro-Brasileiro, realizado em 1937, em Salvador, apareceram estudos sobre: "costumes e práticas do negro"; "o negro e a cultura no Brasil"; "influências da mulher negra na educação do brasileiro"; "culturas negras, problemas de aculturação no Brasil"; "a liberdade religiosa no Brasil: a macumba e o batuque em face da lei"; "o moleque do carnaval".[42] Isso aconteceu em Salvador, no ano de 1937. Note-se como todos os estudos mencionados implicam sempre um ponto de vista branco.

É óbvio que o desaparecimento dos aspectos aqui descritos da patologia social do "branco" brasileiro não ocorrerá como consequência de mero trabalho de reeducação e esclarecimento. Esse trabalho, decerto, é necessário e, além disso, de efeitos positivos, nisso que suscetível de libertar muitas pessoas do que se chamou *protesto* racial. Mas são os fatos mesmos que, em última análise, propiciarão o desaparecimento daquela anormalidade de nossa psicologia coletiva.

Esse problema envolve uma questão de articulação de gerações. É natural que os caracteres daquela patologia se mostrem mais vivos nas gerações mais velhas, que receberam, de gerações outras que alcançaram a plena vigência do regime escravo, uma definição pejorativa social do negro e do mulato. As gerações mais moças, entretanto, se mostram mais acessíveis a admitir os novos critérios de avaliação que os fatos estão impondo.

A partir de certa idade — observa um estudioso de questões geracionais, François Mentré[43] — o homem não muda, o indivíduo se torna estável e vive sobre o capital intelectual e moral que comanda sua atividade. Daí o caráter polêmico que o tema das relações de raça assume nos dias de hoje, entre nós. Ele reflete uma tensão entre gerações que elaboraram os ingredientes de sua memória coletiva dentro de "quadros" sociais diversos.

Como Maurice Halbwachs, cada um pode dizer: *"Je porte avec moi un bagage de souvenirs historiques"*.*⁴⁴ Esses *souvenirs historiques*, em parte, conformam a visão social, as atitudes de cada um. Muitos brasileiros ainda vivos descendem de avós que possuíram escravos, enquanto outros não. Tais circunstâncias importam necessariamente na formação psicológica de cada um.

A tradição da brancura que ainda sobrevive, entre nós, terá de ser ultrapassada por outra tradição, tradição a que estamos assistindo nascer e que representa novas condições objetivas da vida brasileira.

Nos dias de hoje, a idealização da brancura, na sociedade brasileira, é sintoma de escassa integração social de seus elementos, é sintoma de que a consciência da espécie entre os que a compõem mal chegou a instituir-se. Esse, porém, é um processo social normal que não poderá ser definitivamente obstaculizado. Apenas uma situação colonial temporária tem embaraçado esse processo.

À luz de uma sociologia indutiva, isto é, de uma sociologia cujos critérios sejam induzidos da realidade brasileira, e não imitados da prática de sociólogos de outros países, à luz de uma sociologia científica, o que se tem chamado no Brasil de "problema do negro" é reflexo da patologia social do "branco" brasileiro, de sua dependência psicológica.⁴⁵

Foi uma minoria de "brancos" letrados que criou esse "problema", adotando critérios de trabalho intelectual não induzidos de suas circunstâncias naturais diretas.

---

* "Carrego comigo uma bagagem de lembranças históricas". (N. E.)

Nessas condições, reconhece-se hoje a necessidade de reexaminar o tema das relações de raça no Brasil dentro de uma posição de autenticidade étnica.

Só a simples tomada dessa posição vale como meio caminho andado no discernimento das incompreensões reinantes em nossas relações de raça, atualmente.

É preciso dizer, finalmente, que essa posição de autenticidade étnica não se inclina para a legitimação de nenhum romantismo culturológico, de nenhum retorno às formas primitivas de convivência e de cultura. A autenticidade étnica do brasileiro não implica um processo de desestruturação,[46] no caso, de desocidentalização da sociedade nacional. Ela é possível perfeitamente dentro das pautas nas quais tem transcorrido a evolução do país.

O pluralismo dialético

O MARXISMO, no estado em que se encontra ainda hoje, considera como processo fundamental (e talvez exclusivo) de análise da realidade o das contradições. Marx afirmou categoricamente que a "contradição" hegeliana, desembaraçada de sua forma mística, é fonte de toda dialética. Para o autor de *O capital*, bem como para os seus adeptos, a natureza e a sociedade se desenvolvem através de antinomias. Em seus *Cadernos filosóficos*, Lênin escreveu: "O desdobramento do que é uno e o conhecimento de suas partes contraditórias, eis uma das coisas essenciais, uma das particularidades principais, senão a verdadeiramente principal, da dialética". A palavra "principal", aqui, justifica que se infira que Lênin vislumbrara, além das contradições, outros processos de dialetização, que seriam secundários. Mas o fato é que, na prática, nem ele nem outros marxistas demonstraram ter tido consciência da pluralidade de processos operatórios de dialetização. Assim que, na prática, o marxismo tem sido até agora um monismo determinista que considera a antinomia como causação geral, ou seja, que tenta explicar o movimento e o desenvolvimento de qualquer fenômeno como resultado do conflito de contradições.

Ora, o que empiricamente a teoria social conclui em nossos dias é que a contradição nem é o único processo operatório de dialetização, tampouco é invariavelmente o principal. Coube a

Georges Gurvitch, no domínio das ciências sociais, formular, pela primeira vez, o pluralismo dialético.

O pluralismo dialético, se bem o compreendo, admite a possibilidade de n + 1 processos de análise dialética do real e, além disso, não atribui a nenhum deles um caráter principal a priori. Não é uma dialética fechada; é uma dialética aberta. Para usar uma observação de Brunschvicg sobre as matemáticas, diríamos nesta oportunidade que o pluralismo dialético (o hiperempirismo, segundo Gurvitch) repudia toda tentativa lógica que pretenda dominar a priori o desenvolvimento do real.

O hiperempirismo dialético é resultado de um grande refinamento da análise científica. Esse refinamento revelou, por exemplo, que muitos termos que pareciam antinômicos eram na verdade complementares — o que levou à formação do processo da *complementaridade*, ao lado da contradição. Aspectos que, à primeira vista, se excluiriam reciprocamente, a uma indagação mais rigorosa, se mostraram "irmãos gêmeos, duplos, afirmando-se uns em função dos outros ou, pelo menos, no âmbito dos mesmos conjuntos", como é o que ocorre com as relações entre o Eu, o Outro e o Nós; formas de sociabilidade; grupos e sociedades globais; consciente e inconsciente; normas e realidades; individual e social; "explicação" e "compreensão"; determinismo e liberdade. Tais termos não são efetivamente contraditórios, mas complementares. Como pensar, por exemplo, a liberdade sem o determinismo?

Gurvitch admite um número ilimitado de processos de dialetização. No estado atual dos conhecimentos, propõe distinguir, entretanto, apenas cinco: os dois anteriores (o da contradição ou polarização e o da complementaridade) e mais o da implicação dialética mútua, o da reciprocidade de perspectivas e o da ambivalência dialética.

A implicação dialética mútua consiste, segundo Gurvitch, em reencontrar, nos elementos ou termos à primeira vista heterogêneos, irredutíveis ou contrários, setores que seriam por assim dizer secantes, que se recortam, que se contêm, se interpenetram num certo grau, ou são em parte imanentes uns aos outros. É esse processo que esclarece as relações entre o corporal e o mental; o mental e o social; entre os aspectos ecológicos, econômicos, políticos e sociais de uma sociedade.

O processo de reciprocidade de perspectivas é uma forma intensificada do precedente e, como diz Gurvitch, consiste em ressaltar nos elementos que não podem ser nem identificados nem separados sua imanência mútua, tão intensa que conduz a uma simetria ou a um paralelismo mais ou menos vigoroso entre suas manifestações. Gurvitch o tem aplicado largamente no estudo das relações entre determinismo sociológico e liberdade humana.

A ambiguidade dialética é um processo específico do campo social ou das relações humanas. A ambiguidade aí aparece frequentemente quando as contradições não se polarizam, em "conjunturas concretas nas quais os amigos podem tornar-se mais perigosos que os inimigos", "a atração transmudar-se em repugnância e vice-versa, o interesse transformar-se em negligência, a simpatia conduzir ao arbitrário, a indiferença à polidez e mesmo à justiça" e assim por diante. São em geral ambíguas as situações sociais que, na terminologia dos sociólogos norte-americanos, se identificam como "acomodação".

A confusão da polaridade com a ambiguidade dialética tem viciado muitos estudos dos problemas sociais e, às vezes, tem levado organizações partidárias de orientação *soi-disant* marxista a gravíssimos erros em seu trabalho político. É verdade que em parte isso acontece em virtude da escassa assimilação do método marxista dos autores de tais estudos ou dos líderes políticos, mas em parte o fato decorre também de uma insuficiência mesma de doutrina. É ilustração disso o livro *Prestes e a revolução social*, de autoria do sr. Abguar Bastos, a quem não faltam nem capacidade intelectual nem conhecimentos seguros do materialismo dialético. Ele é mesmo o tradutor de um dos mais importantes textos de crítica marxista — "Materialismo e empiriocriticismo", de Lênin.

Aquele livro do sr. Abguar Bastos, apesar de seus aspectos panfletários, é um esforço sério de interpretação da evolução política do Brasil no período republicano. Todavia, o rigor da análise é frequentemente sacrificado não só pelos seus intuitos apologéticos como porque o sr. Abguar Bastos, ofuscado pelo princípio da polaridade, diagnostica acontecimentos políticos em termos de diferenciações de classe absolutamente cerebrinas ou irreais. Por outro lado, não tem apoio nos fatos o pressuposto de certa linha político-partidária segundo a qual haveria atualmente, no Brasil, polaridade dialética entre campesinato e burguesia latifundiária e entre esta e a burguesia nacional. As relações entre essas classes só se explicam, no presente, à luz da ambiguidade dialética.

É a idolatria da contradição que tem conduzido alguns estudiosos influenciados pelo marxismo a explicar as relações de raça no Brasil em termos de puras relações de classe. Não percebem nelas a incidência de uma ambiguidade, como tenho procurado mostrar em mais de um estudo, ou seja, não percebem que a chamada questão do negro brasileiro, originalmente condicionada, de fato, pelas relações de classe, é, entretanto, em nossos dias, secundariamente econômica e essencialmente psicológica, só se esclarecendo à luz da ambiguidade dialética.[1]

É provável que um propósito partidário-proselitista ou mobilizador e organizatório de contingentes sociais leve os marxistas militantes aos diagnósticos simplificados. Talvez até seja legítimo proceder assim quando se trata de reivindicações concretas. Mas não estou discutindo problemas táticos. Discuto problemas teóricos. De resto, na própria obra de Marx se observava o impacto da militância sobre as posturas teóricas. O jovem Marx, o dos *Manuscritos de 1844* e o da *Ideologia alemã* (1845), é mais plástico em suas análises do que o Marx profissional da revolução. É o primeiro Marx que Gurvitch considera com justiça um "príncipe dos sociólogos", pois soube assimilar a variedade de nuanças dinâmicas da realidade social, tendo alcançado implicitamente a noção de reciprocidade de perspectivas. O Marx militante, porém, enfatizou a polaridade dialética.

Será o pluralismo dialético um antimarxismo? Creio que não será exato responder afirmativamente. Estou acompanhando as objeções que os marxistas militantes da França vêm de fazer ao último livro de Merleau-Ponty, *As aventuras da dialética*, e aos adeptos da linha filosófica de Lukács exposta em seu livro de 1923, *História e consciência de classe*. Embora ainda não tenha chegado a uma conclusão definitiva sobre essas polêmicas em torno do "caso Lukács", de que tratarei oportunamente, não hesito em afirmar que o pluralismo dialético tal como proposto por Gurvitch não encobre nenhuma premeditação mistificadora. Ao contrário, é uma especulação científica séria e autêntica.

O pluralismo dialético é, em muitos aspectos, uma radicalização do marxismo, o que não é a mesma coisa que um esquerdismo teórico. Essa radicalização é ditada pela necessidade de maior rigor e precisão na análise sociológica. Para terminar, podem-se resumir os aspectos principais do hiperempirismo dialético em alguns enunciados: 1) admite, em princípio, um número ilimitado de processos de dialetização do real; 2) a nenhum destes atribui a priori o caráter de principal; 3) só a experiência decide concretamente a escolha do processo de dialetização.

Nacionalismo e xenofobia

MUITA GENTE AINDA não se deu conta de que nada tem a ver com xenofobia a posição nacionalista que vêm assumindo crescentemente os intelectuais mais representativos das tendências atuais do Brasil. Não é uma nova moda — como o foi, em grande parte, por exemplo, o movimento modernista de 1922 —, tampouco um conjunto de manifestações temperamentais, algo que estivesse acontecendo, como se, por acaso, todos os Albertos Torres do país tivessem se reunido.

O nacionalismo, na fase atual da vida brasileira, se me permitem, é algo ontológico, é um verdadeiro processo, é um princípio que permeia a vida do povo, é, em suma, expressão da emergência do ser nacional.

Até recentemente, como já observara Alberto Torres, a nação brasileira era uma ficção jurídico-institucional. Alberto Torres havia percebido corretamente que, em nosso país, a nação era algo artificial, imposto de cima para baixo, que não correspondia a suportes consuetudinários. Mas não compreendeu por que isso acontecia. Não viu que a nação não se dá independentemente da existência de um mercado interno, de um sistema de transportes e comunicações suscetível de interligar todos os recantos do território. Não viu, em resumo, que a nação brasileira só poderia verificar-se, em toda a sua plenitude, com o surgimento de um capitalismo brasileiro.

Alberto Torres não percebeu o condicionamento econômico do fenômeno nacional. Era dos que advogavam que o Brasil não deveria jamais desviar-se de sua "vocação agrícola". Por isso, propôs que se formasse a nação brasileira de cima para baixo, da inteligência para as emoções, com a tutela do povo pelas elites nacionalistas.

Mas o nacionalismo não tem apenas fundamento psicológico. Tem também fundamento econômico. Na medida em que, em nossos dias, surgem no Brasil as componentes objetivas da nação, que faltavam até há bem pouco, o nacionalismo se torna verdadeiramente um fato sociológico.

É esse fato novo que está suscitando as transformações de superestrutura em nosso país. A nova teoria sociológica que está sendo formulada por alguns profissionais de vanguarda é a tradução, no plano teórico, daquele fato; não é uma invenção arbitrária, é a manifestação necessária de transformações estruturais, e, por isso, essa teoria se propaga rapidamente, de maneira irresistível.

Pela primeira vez, na história das ideias em nosso país aparece uma teoria sociológica autêntica, em cujas categorias se reconhecem aqueles que estão vivendo o que é novo no Brasil.

Pela primeira vez, em nosso país, a formação do sociólogo passa a resultar menos do manuseio de livros estrangeiros do que da indução dos fatos nacionais, naturalmente ajudada pela posse do conhecimento básico da ciência social.

É assim que adquire pleno sentido a expressão de Graciliano Ramos: "Quem não tem vergonha na cara não pode ser sociólogo". Graciliano Ramos dizia isto referindo-se a certo "sociólogo" indígena. Pode-se, entretanto, endereçar esta frase a outros "sociólogos" nacionais. Alguns anos depois que ela foi pronunciada, reencontro-a no fundo de minha memória e percebo nela toda uma receita a administrar àqueles que desejam alcançar a nova teoria sociológica brasileira.

Graciliano Ramos, em outras palavras, formulou um postulado fundamental da filosofia contemporânea, segundo o qual, quando nós assumimos voluntariamente o que nos condiciona, transformamos a estreiteza em profundidade. Tratando dessa matéria, escreveram Mikel Dufrenne e Paul Ricoeur:

> Os pais que eu não escolhi não se tornam meus pais num sentido absoluto [...] senão quando deles para mim e de mim para eles se estabelece uma corrente de pertinência, e essa pertinência mútua, decorrente da menos elegida determinação, é uma ocasião para a mais íntima comunicação. Quando adoto minha origem como se a tivesse querido, tenho acesso à verdadeira piedade filial, que pode permanecer invulnerável, mesmo no ódio: não posso mais romper com os meus pais sem romper com uma parte de mim mesmo e abalar-me em meus fundamentos.[1]

A assunção do Brasil seria, portanto, nessa ordem de ideias, a condição prévia, necessária, para descobri-lo teoricamente.

Não hesito em dizer que, na raiz da nova teoria sociológica, está uma assunção do novo fato sociológico a que me referia acima. A nuança nacionalista dessa teoria não é arbitrária, tem seu fundamento na realidade empírica concreta.

E porque esse fundamento existe, pode-se afirmar, sem exagero, que começamos hoje, no Brasil, a poder exportar ideias sociológicas. Por exemplo, em alguns aspectos, a sociologia anglo-americana está atrasada em relação à brasileira. Nos Estados Unidos e na Inglaterra ainda se levam a sério a antropologia cultural e a etnologia de caráter empírico, enquanto no Brasil ela constitui fenômeno de arcadismo. Também, em nosso país, os estudos sociológicos sobre relações de raça sobrepujam, em qualidade, os norte-americanos. Basta dizer que só agora se está problematizando a brancura nos Estados Unidos,[2] enquanto no Brasil isso já se faz desde 1950, graças ao movimento do Teatro Experimental do Negro, que instalou uma nova visão das relações de raça em nosso meio. Finalmente, os Estados Unidos não têm uma teoria sociológica de análise macroscópica ou global, enquanto no Brasil já a temos e já a aplicamos em larga escala.

Tudo isso são fatos. Não são sentimentos. Em tais condições, o nosso nacionalismo não pode ser confundido com xenofobia.

Na medida em que vivemos este momento verdadeiramente nacional, não passamos a discernir apenas as falácias dos sistemas sociológicos estrangeiros: também se revela de maneira nítida a situação deplorável em que ficam os intelectuais brasileiros, que, até agora, se mantêm alheios ao que está ocorrendo no Brasil.

No domínio das ciências sociais, esse alheamento é particularmente lastimável. Digo mais, é algo dramático. Pirandelliano.[3]

Gilberto Freyre ou a obsolência

QUANDO EM 1933 o sr. Gilberto Freyre publicou *Casa-grande & senzala*, foi saudado pelos intelectuais brasileiros mais responsáveis como um escritor de recursos excepcionais. Não foram infrequentes os pronunciamentos nos quais aquele autor era considerado um gênio. Monteiro Lobato, escritor de grande prestígio público, autor de ensaios literários, contos e histórias para crianças, disse do estreante de 1933: "É um gênio de palheta mais rica e iluminante que estas terras antárticas já produziram". O tom encomiástico foi quase unânime naqueles que trataram, em artigos, de *Casa-grande & senzala*. Nessas condições, o sr. Gilberto Freyre se tornou, logo após a publicação daquela obra, o nosso mais festejado sociólogo oficial. As edições subsequentes de *Casa-grande & senzala* e de novos livros do autor — *Guia prático, histórico e sentimental da cidade do Recife* (1934), *Sobrados e mucambos* (1936), *Nordeste* (1937), *Açúcar* (1939), *Olinda* (1939) — fizeram-se sempre acompanhar da divulgação de opiniões de autores estrangeiros reputados, todas elas em termos francamente favoráveis como, entre dezenas, esta de F. Braudel: "De todos os ensaístas brasileiros, o mais lúcido, o mais rico, e de qualquer modo o mais bem documentado [...] além de ensaísta, historiador". Os mais importantes jornais do Brasil, por sua vez, passaram a registrar, com frequência, sucessos da vida do sr. Gilberto Freyre. Na semana em que escrevo esta carta, o *Correio da Manhã*, órgão tradicional da nossa imprensa, cujo símile na França seria *Le Monde*, divulga notícia, sob o título "Gilberto Freyre visto por Georges Gurvitch", na qual se diz que o autor de *Déterminismes sociaux et liberté humaine*, apresentando o escritor brasileiro a um público francês, teria afirmado ser ele "um dos maiores sociólogos da atualidade, se não o maior".

Incontestavelmente, o sr. Gilberto Freyre é um escritor de êxito no Brasil. E nem tudo na sua glória é uma soma de equívocos.

Nascido em 1900, bacharelou-se em 1920 na Universidade de Baylor, nos Estados Unidos, para onde viajou em 1918. Em 1920 segue vários cursos na Universidade Columbia e aí permanece até 1922, ano em que defende tese para o grau de Magister Artium sobre *Social Life in the Middle of the 19th Century*. Em 1923 regressa ao Brasil, depois de ter viajado por vários países da Europa.

Tais circunstâncias permitiram ao sr. Gilberto Freyre um conhecimento direto das correntes de pensamento, no domínio da literatura e das ciências sociais, que, nos anos da sua juventude e maturidade, poucos dos seus patrícios poderiam obter.

Sua atuação no Brasil, depois de sua vinda do exterior, suscitou logo um grande número de admiradores e imitadores. Era natural que isso acontecesse, não só pelas qualidades intelectuais, como também pela bagagem de conhecimentos de que era portador, conhecimentos que ultrapassavam as possibilidades de que dispunham, de modo geral, os seus companheiros de geração.

O aparecimento de *Casa-grande & senzala* foi um sucesso. Tratava-se de um volumoso livro em que, pela primeira vez, se estudava uma época da história do Brasil (a época colonial) à luz de categorias sociológicas e antropológicas pouco versadas ou inteiramente ignoradas em nosso meio. Acrescente-se ainda que aquela obra, além de abundante erudição que exibia, era escrita num estilo vivo e agradável, que a tornava ao alcance do leitor comum.

Na época em que apareceram os livros que asseguraram a fama do sr. Gilberto Freyre, *Casa-grande & senzala* e *Sobrados e mucambos*, não havia no país o que começa a existir hoje: crítica científica. Foram críticos literários, beletristas, jornalistas, ensaístas os que se pronunciaram sobre o sr. Gilberto Freyre, intelectuais de diferentes níveis de competência, quase todos, porém, amadores ou leigos no domínio das ciências sociais.

Cabe nesta circunstância fazer uma distinção entre êxito social e êxito científico.

Pode-se afirmar, sem injustiça, que o êxito do sr. Gilberto Freyre no Brasil tem sido social, sobretudo. A qualidade científica de sua obra só pôde ser apreciada recentemente, depois que entre nós se desenvolveram os estudos de ciências sociais e apareceram profissionais competentes nesse domínio. Ora, precisamente nos meios especializados a obra do sr. Gilberto Freyre é considerada com tais reticências e restrições que se pode incluí-lo entre os marginais. Por assim dizer, só os literatos o consideram sociólogo; os sociólogos o consideram literato.

Seria porém injustiça, como costumam fazer alguns, negar à obra do sr. Gilberto Freyre qualquer importância científica. Todavia, foi o sr. Gilberto Freyre que, vulgarizando os antropólogos norte-americanos e ingleses, principalmente Franz Boas, de quem se considera discípulo, desfez um equívoco muito comum entre os estudiosos da formação no Brasil — o equívoco que consistia na identificação da raça com a cultura. Nesse ponto sua obra teve um caráter liberador, nisto que contribui para eliminar o complexo de inferioridade das chamadas elites de nosso país que, de modo geral, consideravam oprobriosa a preponderância do elemento negro na formação do nosso povo. O sr. Gilberto Freyre, consequente com o seu culturalismo antropológico, tornou-se o líder de uma corrente de estudos sobre o negro no Brasil, tendo organizado em 1934 o I Congresso Afro-Brasileiro, iniciativa corajosa, inspirada por uma grande simpatia pelos negros e mestiços do nosso país.

Como se julga hoje o sr. Gilberto Freyre nos meios científicos de vanguarda no Brasil?

Em uma palavra, o sr. Gilberto Freyre é um escritor que se sobrevive. O sol da sua fama se apaga. Para ser breve, pode-se apontar na obra do autor dois característicos fundamentais — o impressionismo e o esteticismo — que a invalidam do ponto de vista científico e das novas tendências da sociedade brasileira.

A obra do sr. Gilberto Freyre é impressionista. A despeito de sua variada informação científica, o autor não tem sistema nem conseguiu situar-se no campo da ciência. Nessas condições, seus livros são ricos de *fumisteries* em que se verificam as aproximações mais inesperadas, arbitrárias, próprias daqueles que não estão acostumados a submeter os seus enunciados a critérios de rigor.

Eis um dos numerosos trechos de *Casa-grande & senzala* onde o impressionismo é flagrante: "Dos indígenas parece ter ficado no brasileiro rural ou semirrural o hábito de defecar longe de casa; em geral no meio de touça de bananeiras perto do rio. E de manhã, antes do banho".[1] O caráter cerebrino desta observação é evidente. É muito provável que em todas as regiões rurais e semirrurais aquela prática seja corrente. Onde não há wc, ter-se-á de defecar mais ou menos como os indígenas brasileiros. De associação a associação, o sr. Gilberto Freyre encontra sempre, em seus livros, oportunidades para expor pequenos incidentes bizarros, desses que espicaçam a curiosidade do leitor comum. Em *Casa-grande & senzala*, numa página em que fala da frequência dos banhos entre os caboclos, escreve:

> Quanto ao asseio do corpo, os indígenas do Brasil eram decerto superiores aos cristãos europeus aqui chegados em 1500. Não nos esqueçamos de que entre estes exaltavam-se por essa época santos como santo Antão, o fundador do monaquismo, por nem os pés dar-se à vaidade de lavar; ou como São Simeão, o Estilita, de quem de longe se sentia a inhaca do sujo. E não seriam os portugueses os menos limpos entre os europeus do século XVI, como a malícia antilusitana talvez esteja a imaginar; mas, ao contrário, dos mais asseados, devido à influência dos mouros.[2]

O sr. Gilberto Freyre, apesar da sua extraordinária informação, jamais conseguiu ver o que é essencial na formação da sociedade brasileira. Sem dúvida, o que é básico para explicá-la é verificar que sobretudo na época colonial ela é condicionada por fatores exógenos. Portanto, na medida em que o desenvolvimento reflexo do Brasil é negligenciado, fica-se exposto a confundir as causas com os efeitos. É o que acontece com o sr. Gilberto Freyre, que jamais se iniciou na noção de "fato social total". Tratando a sociedade colonial do Brasil, tenta explicá-la cindindo-a do mundo de que fazia parte. Por consequência, não percebeu os fatores que a condicionavam globalmente, perdendo-se em tautologias como as que se verificam no seguinte trecho:

> No caso da sociedade brasileira o que se deu foi acentuar-se, pela pressão de uma influência econômico-social — a monocultura —, a deficiência das fontes naturais de nutrição que a policultura teria talvez atenuado ou mesmo corrigido e suprido, através do esforço agrícola regular e sistemático. Muitas daquelas fontes foram por assim dizer pervertidas, outras estancadas pela monocultura, pelo regime escravocrata e latifundiário, que em vez de desenvolvê-las, abafou-as, secando-lhes a espontaneidade e a frescura. Nada perturba mais o equilíbrio da natureza que a monocultura, principalmente quando é de fora a planta que vem dominar a região — nota o professor Konrad Guenther. Exatamente o caso brasileiro.
>
> Na formação da nossa sociedade, o mau regime alimentar decorrente da monocultura, por um lado, e por outro da inadaptação ao clima, agiu sobre o desenvolvimento físico e sobre a eficiência econômica do brasileiro no mesmo mau sentido do clima deprimente e do solo quimicamente pobre. A mesma economia latifundiária e escravocrata que tornou possível o desenvolvimento econômico do Brasil, sua relativa estabilidade em contraste com as turbulências nos países vizinhos, envenenou-o e perverteu-o nas suas fontes de nutrição e de vida.[3]

Caracteriza este trecho a imprecisão. O autor sintetiza a "influência econômico-social" que "pressionou" a sociedade brasileira na monocultura, quando esta é que era uma derivada, uma circunstância apenas mediata, o decisivo sendo as necessidades de expansão do capitalismo comercial português que força a economia brasileira a organizar-se no sentido da monocultura. Além disso, o sr. Gilberto Freyre parece considerar a monocultura e o regime escravocrata e latifundiário como condições determinantes *de per se*, quando uma e outro estão no contexto da expansão do capitalismo comercial português, e dela resultam.

É a incompreensão dos determinismos globais que ainda hoje leva o sr. Gilberto Freyre a condenar a industrialização do Brasil, como um processo mórbido.[4] Não compreende que essa industrialização é o modo histórico necessário pelo qual o nosso país se ajusta às condições atuais do mundo.

Daí para o esteticismo, um pequeno passo. Carecendo de uma compreensão globalista e dinâmica do processo histórico-social, o sr. Gilberto Freyre vê a sociedade brasileira em termos estáticos e nela procura "constantes [...] de cultura, de caráter e ação". É como um esteta que ele ressalta a presença do negro no Brasil. Para ele, o negro é um tema curioso com material etnográfico. Não é sujeito: é objeto. Não é seu patrício: é algo exótico (um biógrafo do sr. Gilberto Freyre disse que este "se sente espanhol" e sublinha que faz questão do y de seu sobrenome Freyre). Essa atitude estética diante do negro brasileiro levou o autor destas linhas à elaboração de um estudo, "Patologia social do 'branco' brasileiro", em que mostra o caráter clínico e alienado da obra de Gilberto Freyre e de seus imitadores.

Esteticista é também o regionalismo do autor. Assim é que num dos seus trabalhos faz o elogio dos mucambos, tipos miseráveis de morada da população pobre do Recife (Pernambuco) construídos sobre terrenos pantanosos. Diz ele:

... É que o mucambo se harmoniza com o clima, com as águas, com as cores, com a natureza, com os coqueiros e as mangueiras, com os verdes e os azuis da região como nenhuma outra construção. [...] Com toda a sua primitividade, o mucambo é um valor regional e, por extensão, um valor brasileiro, e, mais do que isso, um valor dos trópicos: estes caluniados trópicos que só agora o europeu e o norte-americano vêm redescobrindo e encontrando neles valores e não apenas curiosidades etnográficas ou *motivos patológicos para alarmes* [o grifo é meu]. O mucambo é um desses valores. Valor pelo que representa de harmonização estética: a da construção humana com a natureza.[5]

Ultimamente o nome do sr. Gilberto Freyre sugere lusotropicologia, segundo ele uma nova ciência, que tenta fundamentar nos seus dois mais recentes livros, *Um brasileiro em terras portuguesas* e *Aventura e rotina*. Nas suas próprias palavras, a lusotropicologia "seria o estudo sistemático de todo um conjunto ou de todo um complexo de adaptações de portugueses aos trópicos e dos trópicos não ao jugo imperial, mas à especialíssima vocação transeuropeia da gente portuguesa".[6]

A lusotropicologia é uma espécie de apologética do colonizador português. Para o sr. Gilberto Freyre, o processo de colonização reflete menos condições históricas, econômico-sociais, do que as qualidades do temperamento ou do caráter deste ou daquele povo colonizador. O último Gilberto Freyre já estava em germe no primeiro. Assim é que, em *Casa-grande & senzala*, prenunciando a lusotropicologia, escreveu:

os portugueses triunfaram onde outros europeus falharam: de formação portuguesa é a primeira sociedade moderna constituída nos trópicos com característicos nacionais e qualidades de permanência. Qualidades que no Brasil madrugaram, em vez de se retardarem como nas possessões tropicais de ingleses, franceses e holandeses.[7]

Esse sucesso do português seria devido às suas "constantes de caráter e ação".
Para o sr. Gilberto Freyre, a cultura portuguesa é aquela, entre todas as culturas nacionais europeias, mais dotada de aptidão para colonizar os povos dos trópicos. Portugal, segundo o autor, terá sua sobrevivência assegurada na África, "na medida em que se acentuam suas qualidades de povo menos europeu do que luso-tropical". E acrescenta:

> O Portugal capaz de eternizar-se na África é o Portugal lembrado de que é árabe ou mouro, e não apenas nórdico, nas suas origens e nas suas constantes de cultura, de carácter e de ação [...] A própria Grã-Bretanha nova procura imitar Portugal na sua política social com relação às gentes de cor. Também a França e a Bélgica. Mas para o conseguirem precisam de realizar o milagre cristão: o de nascerem de novo.[8]

"O melhor esforço da política econômica e social do professor Oliveira Salazar" seria um exemplo da excelência do lusotropicalismo, pois o seu propósito é estabilizar a África, evitar a sua industrialização, ou seja, "o metropolitanismo ao qual já sucumbiram na América vários países: o Brasil, a Argentina, e não sei se o México, além dos Estados Unidos".[9]
À luz da lusotropicologia, a independência política do Brasil em 1822 teria sido um erro, cometido graças à "inépcia da parte

dos políticos portugueses" da época, pois o Brasil é "membro dinâmico e vivo da cultura lusotropical".[10] Nessas condições, Brasil e Portugal deveriam constituir uma só comunidade.

Eis um conselho lusotropicalista dado pelo nosso autor a um africano:

> Ao separatista angolano que me perguntou em Luanda se não me parecia chegado o momento de a sua Angola, à semelhança do que fizera o Brasil em 1822, separar-se de Portugal, respondi: "Não, parece-me chegado o momento de o Brasil reaproximar-se de Portugal". É que o mundo de hoje é um mundo de culturas que se articulam ou rearticulam em blocos transnacionais, mais do que de subnações que se erguem em pequenos Estados-nações cuja sorte seria a de vassalos dos grandes.[11]

Que heresia antropológica estão cometendo os povos da Conferência de Bandung!

Creio não ser necessário gastar muita tinta para demonstrar a precariedade científica desses pontos de vista. É evidente que, no sr. Gilberto Freyre, se exprime na sua maior nudez o quietismo característico da antropologia cultural anglo-americana. O sr. Gilberto Freyre gosta de dizer-se mais antropólogo do que sociólogo, e a sua incapacidade de compreender a realidade histórico-social e, em particular, a situação colonial é, em grande parte, decorrente dos esquemas de compreensão, de caráter antropológico, aos quais tem sido fiel durante toda a sua carreira. Ele encarna no Brasil de hoje o tipo do pseudocientista, do intelectual domesticado por ideologias camufladas de ciência, como a antropologia cultural, que nos chegam aqui com o timbre de universidades europeias e norte-americanas.

Brasileiro de nascimento, seu ideal é o lusitanismo: o progresso de seu país lhe parece manifestação mórbida, um desvio de sua vocação lusa. Expatriou-se, portanto, dentro do seu próprio país. No Brasil, vive num estreito círculo de intelectuais ociosos. Chama-se a si mesmo o solitário de Apipucos, nome de um subúrbio da cidade do Recife onde reside, entregue aos seus devaneios impressionistas e sonhando com a salvação do Brasil pela lusitanização.

O problema da cultura nacional

O PROBLEMA DA CULTURA NACIONAL coloca-se hoje, no Brasil, de modo muito particular. Em que consiste essa particularidade? Consiste em que ele não diz respeito a um aspecto parcial da vida brasileira, mas à totalidade desta. Tivemos em épocas passadas alguns momentos em que os nossos círculos intelectuais procuraram o nacional. Foram esses, principalmente, o momento romântico e o momento modernista, cada um deles suscitado por fatores sociológicos específicos que não podemos examinar agora. Basta, por enquanto, assinalar que faltaram àqueles círculos intelectuais suportes históricos concretos que lhes permitissem realizar um gesto configurador da cultura nacional. O que fizeram, entretanto, foi historicamente válido, enquanto contribuíram para que se instalasse no país uma condição parcial e preliminar de autoconsciência da realidade nacional.

A exaltação do índio e da paisagem brasileira pelos românticos, a pesquisa da cor local pelos modernistas em 1922 foram o máximo grau de consciência possível que atingiram os intelectuais antes dos dias correntes. Mas essa consciência foi falsa, como falsa tem de ser necessariamente toda consciência que não abarca o sentido geral de uma fase histórico-social. Os românticos e os modernistas não se tinham assenhoreado globalmente do processo que estavam vivendo. Sua atuação, embora de vanguarda, atesta, como sintoma, o que havia de positivo na transformação vegetativa que se operava no país. Eles tiveram uma consciência ingênua do Brasil, à diferença de nós outros, que temos hoje a consciência crítica do país. A consciência ingênua, sem uma intuição exaustiva dos motivos que a suscitam, é de origem mais afetiva do que racional, enquanto a consciência crítica se respalda precisamente na percepção objetiva dos fatos que a condicionam.

Gonçalves Dias, José de Alencar, Carlos Gomes, Mário de Andrade, Jorge de Lima e outros, que ilustram a consciência ingênua de aspectos parciais da realidade brasileira, ainda são autores alcançados pela lei do reflexo, que tem presidido a evolução das ideias no Brasil durante o longo período em que fomos proletariado externo no âmbito da civilização ocidental, período que começa a encerrar-se atualmente. O nacionalismo romântico e o regionalismo modernista, a despeito da sua relativa significação brasileira, são, em larga margem, contrapartidas miméticas de correntes intelectuais externas. Seus representantes não tinham obviamente consciência da alienação que os afetava.

O problema de nossa cultura nacional só se coloca de modo global desde o momento em que o Brasil deixa de ser um arquipélago de aglomerados humanos separados entre si e se torna um território habitado por um povo resultante da interligação daqueles aglomerados. A recente configuração do povo brasileiro eleva o país da condição de natureza para o plano da história. Em todos os tempos, a cultura surge onde quer que um determinado aglomerado humano, ultrapassando a condição natural, adquire aptidão para a existência significativa. E existir significativamente para um povo significa asserviçar o seu contexto espacial, organizá-lo segundo um projeto coletivo de destino. O emergir de uma cultura, que se verifica hoje no espaço brasileiro, é um fenômeno cujo processo genético não pode ser descrito sistematicamente para todas as épocas. Os fatores genéticos da cultura são particulares a cada época. Os fatores genéticos das culturas nacionais em nossa época têm de ser identificados na base de um esforço de compreensão da conexão universal em que estamos inseridos. Se fizermos esse esforço, é provável que consigamos resolver um dos magnos problemas da historiologia, da ciência do ser histórico-cultural. Como se gera o ser histórico-cultural? Esta é a pergunta a que se têm proposto responder famosos filósofos da cultura. Entre eles está, por exemplo, Alfred Weber, que, procurando responder àquela pergunta, afirma:

> [...] com respeito às épocas de entrada dos grandes povos na história, ocorre o seguinte fenômeno: partindo de uma constelação inicial, constitui-se a substância anímico-espiritual em algo fixado; e assim vem a criar-se uma espécie de entelequia anímica que, analogamente a uma magnitude biológica, trata de desenvolver-se em todas as direções e através das sucessivas épocas.

Alfred Weber, para sublinhar a transmutação ontológica que se opera quando um povo acende a vida cultural, incorre na falácia antropomorfista, admitindo uma espécie de quintessência da cultura, personificada no que chama de entelequia anímica. Trata-se, porém, de metáfora. Na verdade o mesmo Weber, que sabe que "tudo atua sobre tudo, reciprocamente, de maneira viva, tudo é, ao mesmo tempo, totalidade e multiplicidade", explica o emergir das culturas monumentais, *de per se*, sem recorrer a esquemas substancialistas. O que ele chama de entelequia anímica é um projeto de destino coletivo, é um ideal comunitário formativo do homem e do mundo, é uma vontade cultural que, em cada caso, se forma de modo único, como resultado de fatores inter-relacionados. A gênese das culturas, diz Toynbee, decorre da ação recíproca, de uma relação antes que de uma entidade.

Precisamos recordar que as culturas têm história para que nos libertemos do torpor em que temos permanecido como país periférico na chamada civilização ocidental. Porque o Ocidente se torna cada vez mais, para países como o Brasil, o lembrete de uma servidão histórica. Com efeito, o Brasil integrou-se na civilização ocidental como área de exploração, de maneira adjetiva. E, nas condições atuais do mundo, sobrepor ao *desideratum* de fundação de uma cultura nacional o compromisso com uma suposta civilização ocidental corresponde, para o Brasil, a omitir-se da tarefa de elevar-se ao plano da existência histórica significativa. A tarefa de fundação de nossa cultura nacional é menos um anelo formulado por alguns sonhadores ou aspirantes a super-homens do que algo humildemente gestado e incubado por um processo objetivo cuja teleologia sempre estivemos longe de determinar. É uma tarefa concreta, posta diante de nós, para cuja execução estão aí os dados brutos, faltando apenas, para ser empreendida lucidamente, um dado anímico — a nossa vontade.

Quais são os dados dessa tarefa? Enunciá-los é mencionar os fatores genéticos da cultura nacional em nossa época. O primeiro desses dados é de caráter universal e consiste na auspiciosa (para nós) crise do poder mundial. Em nossos dias, não existe mais apenas um centro unificador do mundo. Mesmo a bipartição daquele poder, até recentemente predominante, tende a desfazer-se com a redistribuição das forças internacionais imposta pela atuação reivindicadora de um crescente número de países que, de concreto ou isoladamente, assumiram uma conduta dialética, comandada por uma decidida vontade de autoconformação cultural e econômica. Essas tensões fecundas abrem no mundo contemporâneo um espaço para o desempenho histórico de um país como o Brasil. O outro dado da tarefa é a formação, dentro dos países até agora em cativeiro histórico, de massas politizadas ou suscetíveis de crescente politização, cujos reclamos não podem mais ser atendidos senão pelo desenvolvimento econômico — o que quer dizer: a ruptura dos quadros antigos de dominação espoliativa, de que se beneficiavam grupos oligárquicos privilegiados. Essas massas, em cada país periférico, constituem o protofenômeno nacional.

Esses dados brutos constituem, sem dúvida, um estimulante para a elaboração de novos esquemas de compreensão do mundo. Educados na crença da eternidade das ideias, círculos intelectuais do Brasil se voltaram a uma situação de marginalidade enquanto se excluem de concorrer para o trabalho de dar cobertura teórica ao processo que o novo povo já está vivendo. Justamente esse fato distingue o nacionalismo de hoje do nacionalismo romântico e do regionalismo modernista. Estes últimos foram modas literárias, prélios estéticos superficiais. O nacionalismo de nossos dias tem um suporte popular, traduz a exigência de uma reorientação da sociedade brasileira imposta pela comunidade nacional, suscita uma consciência crítica do país capaz de o premunir contra toda espécie de domesticação ou envolvimento.

A nossa produção cultural não tem acompanhado o progresso da produção de mercadorias no Brasil. É surpreendente o engenho que o brasileiro revela diariamente na resolução dos infinitos problemas que decorrem da crescente substituição de importações que o país é obrigado a proceder a fim de assegurar a demanda do nosso mercado. Essa substituição de importações é certamente o mais poderoso fator genético da cultura nacional. Produzindo e consumindo artigos equivalentes aos que importava, o brasileiro vai adquirindo o orgulho nacional e a confiança em sua capacidade criadora. Ao fazer diariamente aquela substituição, seja como produtor, seja como consumidor, ou simultaneamente como ambas as coisas, o brasileiro vence desafios concretos, e isso já lhe confere a condição culta. No plano egrégio da vida intelectual, os problemas que se colocam são análogos. Há uma produção e um consumo de ideias. Também nesse plano, precisamos substituir importações. Na medida em que o fizermos, estamos fundando uma cultura nacional.

É certo que a fundação de uma cultura nacional é muito mais do que o exercício de uma atividade substitutiva. Conferir personalidade cultural a um país que tem sido material etnográfico é uma promoção verdadeiramente ontológica. Essa promoção não ocorre espontaneamente. As condições preliminares que a postulam podem se formar de modo não deliberado, mas a sua efetivação é sempre um cometimento consciente. O momento promocional que se está vivendo hoje no Brasil redefine o significado do trabalho da inteligência. O trabalho intelectual entre nós se emancipa do clientelismo, do mecenato e se torna cada vez mais imprescindível para a criação da consciência coletiva. Nenhum intelectual que atualmente esteja realizando um esforço autêntico fica sem audiência pública. Isso estarrece a muitos literatos que, do alto de sua melancólica suficiência, decretaram que o público só é capaz de estupidez. Tais literatos, que infestam os nossos suplementos literários, são os últimos abencerrages da menopausa de uma época em seus dias de exterior.

A consciência crítica da realidade nacional

O FATO MAIS AUSPICIOSO que indica a constituição, no Brasil, de uma ciência nacional, é o aparecimento da consciência crítica de nossa realidade.[1] Nos últimos anos, têm-se registrado em escala crescente acontecimentos de diversas ordens que assinalam a emergência, em nosso meio, de novos esquemas de avaliação e compreensão dos fatos. A ampla repercussão que as ideias renovadoras encontram no público é aspecto relevante dessa mudança de mentalidade.

Importa assinalar que tal consciência coletiva de caráter crítico é, hoje, no Brasil, dado objetivo, fato. Não se trata de anelo de uns poucos, preocupados em modelar um caráter nacional mediante processos por assim dizer paretianos, ou seja, pela manipulação de resíduos emocionais populares. O fenômeno tem suportes na massa. Um estado de espírito generalizado não surge arbitrariamente. Reflete sempre condições objetivas que variam de coletividade para coletividade. Mas, em toda parte onde um grupo social atinge aquela modalidade de consciência, aparece o imperativo de ultrapassar o plano da existência bruta e de adotar uma conduta significativa, fundada, de algum modo, na percepção dos limites e possibilidades de seu contexto e sobretudo orientada para fins que não sejam os da mera sobrevivência vegetativa. No Brasil, essas condições objetivas, que estão suscitando um esforço correlato de criação intelectual, consistem principalmente no conjunto de transformações da infraestrutura que levam o país à superação do caráter reflexo de sua economia. Desde que nele se configurou um processo de industrialização em alto nível capitalista, converteu-se o espaço nacional num âmbito em que se verifica um processo mediante o qual o povo brasileiro se esforça em apropriar-se de sua circunstância, combinando racionalmente os fatores de que dispõe. O imperativo do desenvolvimento suscitou a consciência crítica. Não é esta uma explicação suscetível de ser generalizada para todos os grupos sociais onde o fenômeno tem ocorrido. Cada caso tem seu diagnóstico particular. Esse terreno, aliás, ultrapassa o domínio da sociologia, tal como aqui se tem entendido a disciplina, e somente com o concurso da filosofia e, mais particularmente, da filosofia da cultura pode ser explorado. A autoconsciência coletiva e a consciência crítica são produtos históricos. Surgem quando um grupo social põe entre si e as coisas que o circundam um projeto de existência.[2]

A existência bruta é a que se articula diretamente com as coisas ou transcorre no nível destas, e, portanto, sem subjetividade. Eis por que a emergência da autoconsciência coletiva numa comunidade tem sido denominada "elevação", tem sido interpretada como um desprender-se ativo das coisas, como a aquisição da liberdade em face delas. Poderíamos denominar historização a esse passar de um estado a outro. A divisão dos povos em naturais e históricos tem sido pretexto de grandes discussões. Atualmente predomina nos que se dedicam a estudos antropológicos e sociológicos uma tendência a julgá-la inaceitável. Entre os filósofos, a questão volta hoje a ter grande interesse, de um lado, graças à tematização do "histórico", empreendida por pensadores de orientação fenomenológica ou adeptos de correntes da filosofia da existência; de outro, por motivos mais concretos, como a necessidade de compreender ou explicar a modificação por que passa o mundo contemporâneo, promovida pelo despertar de populações que pareciam voltadas a uma definitiva condição larvar.[3]

Urge entender a natureza da transmutação que essas populações sofrem em sua existência. Indagação como essa se inclui num conjunto de perguntas acerca das modalidades do ser, às quais os sociólogos não podem permanecer indiferentes. Fenômenos como o irredentismo de grupos tribais africanos (de que os Mau-Mau são um dos casos mais agudos) e o nacionalismo de povos coloniais ou dependentes não podem ser explicados a fundo sem que se formulem indagações daquela ordem. Como se explica a estagnação dos chamados povos primitivos? Por que espécie de transformação passa uma sociedade (a dependente ou colonial) que se define como instrumento de outra (a metropolitana), quando os que a constituem são movidos pela ideia de autodeterminação? Estas perguntas, num plano genérico, trazem de volta a velha questão dos povos "naturais" *versus* povos "históricos". O fato nacional brasileiro tal como hoje se configura torna para nós muito atual a questão, pois exprime um modo de ser que jamais viveram as gerações passadas do Brasil. É, deve-se insistir, um modo de ser novo no Brasil. É um modo de ser histórico. Que significa? Significa estar o nosso povo alcançando a compreensão dos fatores de sua situação. O "histórico" pode ser entendido como uma dimensão particular do ser, na qual até agora têm ingressado alguns mas não todos os povos. Diz-se que a historização ocorre quando um grupo social se sobrepõe às coisas, à natureza, adquirindo perfil de pessoa coletiva.[4] O que distingue a sociedade "histórica" daquela que carece desse atributo é "a consciência da liberdade", a personalização. Não se afirma uma diferença de essência entre as duas modalidades de convivência social. A possibilidade do histórico está contida na convivência chamada "natural". Basta que fatores objetivos suscitem nas sociedades rudimentares a modificação do modo pelo qual os indivíduos se relacionam entre si e com a natureza, tornando-o mais independente da pressão dos costumes, para que uma nova postura existencial aberta à história apareça em tais sociedades. É exatamente essa espécie de postura que define o viver projetivo, propriamente histórico, e possibilita o existir como pessoa. Entre a modalidade natural de coexistência e a propriamente histórica há uma diferença no grau de personalização. A pessoa se define como ente portador de consciência autônoma, isto é, nem determinada de modo arbitrário, nem pela pura contingência da natureza. A personalidade histórica de um povo se constitui quando, graças a estímulos concretos, ele é levado à percepção dos fatores que o determinam, o que equivale à aquisição da consciência crítica.

A consciência crítica surge quando um ser humano ou um grupo social reflete sobre tais determinantes e se conduz diante deles como sujeito. Distingue-se da consciência ingênua, que é puro objeto de determinações exteriores. A emergência da consciência crítica num ser humano ou num grupo social assinala necessariamente a elevação de um ou de outro à compreensão de seus condicionamentos. Comparada à consciência ingênua, a consciência crítica é um modo radicalmente distinto de apreender os fatos, do qual resulta não apenas uma conduta humana desperta e vigilante, mas também uma atitude de domínio de si mesma e do exterior. Sem consciência crítica, o ser humano ou o grupo social é coisa, é matéria bruta do acontecer. A consciência crítica instaura a aptidão autodeterminativa que distingue a pessoa da coisa. No mundo contemporâneo descortina-se a propagação da consciência crítica em populações da Ásia e da África. A maioria delas, mesmo as dotadas de formal independência política, não ultrapassou a condição colonial, pois ainda é instrumento de burguesias metropolitanas. Apesar disso, passaram a aspirar à história, e desse estado de espírito coletivo são flagrantes reiteradas ocorrências. Uma dessas — das mais espetaculares — é o fato de terem delineado nas Conferências de Bandung (1955), do Cairo (1957) e de Acra e Tânger (1958) pontos de vista próprios e formulado o propósito de pautarem suas ações segundo normas derivadas de projetos autônomos de existência. Em suma, exprimiram legítima pretensão de realizar na sua plenitude a categoria de pessoa coletiva. Pois, para as coletividades, aspirar à história é aspirar à personalização. A pessoa, como ser eminentemente projetivo, subentende a história.[5] Reações de povos explorados da Ásia e da África contra os seus exploradores sempre se verificaram nesses continentes, desde que os europeus os ocuparam. Mas eram reações que poderiam ser comparadas a um processo ecológico, a uma competição animal por espaço, alimentos e riquezas, embora tivessem, como não podiam deixar de ter, tratando-se de populações humanas, um conteúdo também cultural. Mas a reação ao colonialismo que hoje se verifica no mundo afro-asiático é, quanto ao caráter, distinta das anteriores. É a reação contra o colonialismo considerado como sistema,[6] é a reação mediante a qual esses povos fazem uma reivindicação cujo conteúdo não é parcial, mas infinito, universal. É que pretendem ser, eles também, sujeitos de um destino próprio. Nas sociedades coloniais apareceram hoje quadros novos, empenhados num esforço de repensar a cultura universal na perspectiva da autoafirmação dos seus respectivos povos. Não é um comportamento romântico que levaria esses povos ao enclausuramento, a se apegarem aos seus costumes sob a alegação realmente suicida de preservá-los em sua pureza; é antes uma atitude que não exclui o diálogo, pois contém a consciência de que, para ser historicamente válida, a autoafirmação dos povos deve confluir para o estuário de todas as altas culturas da humanidade. Tal é a perspectiva em que se acham situados esses novos quadros.

Em apoio dessas observações, basta lembrar três obras recentes. Numa delas, *Nations nègres et culture*, Cheikh Anta Diop denuncia o que chama de "falsificação da história", devida, em grande parte, ao fato de que tem sido escrita do ponto de vista europeu. Seu livro, tentativa de rever um aspecto da história universal (as origens da civilização egípcia) à luz do ponto de vista da África negra, se inscreve na reação de autodefesa do "povo africano", tendente a "eliminar o mal cotidiano que nos causam as terríveis armas culturais a serviço do ocupante".[7] Em *Discurso sobre o colonialismo*, Aimé Césaire julga o que chama a "hipocrisia" da civilização ocidental na justificação de sua tarefa colonizadora. O autor a vê como aventura e pirataria, dissimulada em evangelização e obra filantrópica, e nisto consiste o seu significado hipócrita. No julgamento de Aimé Césaire, porém, a colonização é condenada não em nome de um exclusivismo nativista, mas porque realmente não estabelece verdadeiro contato entre os povos, proclamando o autor que a Europa deveria ter sido uma "encruzilhada", "lugar geométrico de todas as ideias, receptáculo de todas as filosofias e de todos os sentimentos".[8] São menos gerais os temas de Abdoulaye Ly em *Les masses africaines et l'actuelle condition humaine*, livro em que pesquisa os termos da equação do desenvolvimento nas regiões africanas, procurando mostrar o que há de vicioso nos estudos acadêmicos e marxistas relacionados com a matéria. Também Ly é universalista e acredita numa "inelutável marcha da humanidade para a identidade relativa, para a unidade mundial racional, para a igualdade".[9]

Esses quadros, de que são representantes Diop, Césaire e Ly, vivem um momento que poderia ser considerado "fichtiano". Sentem-se convocados a um empreendimento de fundação histórica, e procuram contribuir, pelo esclarecimento, para que as comunidades a que pertencem venham a constituir personalidades culturais diferenciadas no nível da universalidade. Por isso, falam em "nação", que é a mais eminente forma contemporânea de existência histórica, e em "condição humana" para as massas afro-asiáticas, ainda estigmatizadas por extrema pauperização. Finalmente, o termo "discurso" utilizado por Aimé Césaire — que, além de político, é poeta — evoca a atitude fichtiana, atitude surgida episodicamente na história alemã, embora seja verdadeiro modelo de postura intelectual para todo homem de pensamento que vive uma hora incerta de sua comunidade.

O mundo tribal de Abdias Nascimento

A cor, o traço e outros matizes externos nas pinturas de Abdias Nascimento são tão agradáveis à vista que eu temo que o observador corra o risco de perder a visão de seu recado total. De fato, os quadros de Abdias nos trazem à mente o limiar de um universo em que normalmente deixamos de reparar, embora esteja potencialmente dentro do alcance de nossa percepção. Muito frequentemente, o melhor do nosso ser fica reprimido enquanto somos coagidos a ser criaturas capazes de enfrentar as vicissitudes de nossa vida cotidiana. No atual mundo fragmentado, vivemos sob a lei marcial, compelidos a dividir-nos em papéis separados e constrangedores. Essa condição humana nos faz voltar para latentes realidades tonificantes. Presos à moldura convencional da vida em sociedade, normalmente estamos pervertidos.

Os quadros de Abdias Nascimento implicam nada menos que uma revolução! Falam-nos sobre a integridade, unidade e autorrealização humanas. Desse modo, o esforço de captar o significado da arte de Abdias equivale a uma provação terapêutica que nos leva à renovação psíquica; a um nível existencial em que todos os nossos sentidos estão sintonizados uns com os outros. A melhor maneira de compreender os quadros de Abdias é evitar um escrutínio demasiadamente intelectual das telas. Pelo contrário, devemos dedicar à sua contemplação todos os sentidos humanos: a vista, o paladar, o tato, o olfato e o ouvido. As pinturas de Abdias constituem experiências genuínas e não apenas a descrição gráfica. Suas formas e figuras surgem como cifras do oculto. Seus quadros estão além da classificação acadêmica ou dos paradigmas literários.

A destreza de Abdias em se exprimir nas cores e nas formas é menos uma espécie de descoberta gratuita que o fruto de uma busca demorada e difícil. Os padrões que traduz nas suas telas, ele os desenvolveu numa etapa avançada de sua vida. Embora ele tenha atualmente 57 anos, Abdias só começou a pintar há três anos. Em outras palavras, o estado atual de sua destreza artística resulta de longos anos de introspecção. Ele tem embarcado em várias experiências não ortodoxas, algumas quase fatais, no empenho teimoso de casar o céu com o inferno que é típico de todos os artistas visionários.

Os quadros de Abdias abrem as portas de um mundo no qual o instinto e a razão estão reconciliados. Conduzem-nos para além do pesadelo da vida cotidiana e nos incitam a recapturar os talentos tribais. Nas suas telas, a natureza fala a mulheres, homens e deuses, e eles respondem. As mulheres e os homens de Abdias são familiares aos deuses e tanto podem discutir como fratenizar; a vida para eles é transparente e nenhum ser é infiel a si mesmo.

Esse tribalismo, porém, não representa o retorno a uma congelada etapa primordial episódica. Embora Abdias se apresente como artista negro, ele não alimenta a vã esperança de voltar ao passado, a uma falaciosa África original. Evidentemente, ele está comprometido com sua herança negra, porém recorre a ela para enriquecer sua experiência da história contemporânea. Sua visão é tribal não por ser exclusivista e segregacionista, mas por ser inclusiva e compatível com as propensidades do homem global de Marshall McLuhan — um verdadeiro cidadão deste mundo nosso. A arte de Abdias se impõe como uma característica autêntica da revolução negra de hoje. Como negro, ele se identifica com todos os esforços de libertação desatados por aqueles prejudicados pela escuridão de sua pele.

A alienação ainda pesa muito como carga da condição humana em toda parte. Entretanto, o negro se encontra peculiarmente alienado em comparação a outros indivíduos. Essa peculiaridade é o que a arte de Abdias tenta exprimir, embora não se limite somente a isso. Ele traz os motivos e temas negros para a corrente principal dos ideais humanistas do século XX. Tais ideais são certamente factíveis, mas não inevitáveis, e beneficiariam toda a humanidade independentemente da cor. O mundo atual, no rumo em que está, se dirige a um final terrível e trágico. Não realizaremos suas possibilidades positivas e esperançosas sem as lutas e os empenhos que a vida de Abdias testemunha.

Como diretor do Teatro Experimental do Negro, que fundou em 1944, Abdias lançou muitos artistas negros que, de outra forma, provavelmente não teriam tido a oportunidade de revelar seu talento dramático. Desde 1944, ele vem mobilizando o negro no sentido de exprimir sua presença e participar plenamente na vida brasileira. Tem utilizado vários meios para atingir isso, entre eles o concurso de beleza (*black is beautiful*), peças dramáticas, atos públicos contra as práticas racistas, encontros e congressos nacionais sobre os problemas sociais e políticos do negro brasileiro, e mais recentemente, em 1968, a criação do Museu de Arte Negra, no Rio de Janeiro. Desde setembro de 1971, ele vem ensinando cultura negra e teatro latino-americano na Universidade do Estado de Nova York em Buffalo, no Centro de Pesquisas e Estudos Porto-Riquenhos.

Herói de muitos feitos do passado, atualmente Abdias está experimentando o momento culminante da sua vida nos Estados Unidos. Seu engajamento aqui se dá porque ele continua sendo militante na sua pintura. Nos Estados Unidos ele parece ter encontrado, finalmente, a verdadeira direção de seu destino como homem e como artista. Embora esse seja o país onde o negro provavelmente se encontre mais espoliado, paradoxalmente, o negro aqui também está mais consciente do fato de que seu sonho de libertação total pode ser atingido.

A pintura de Abdias Nascimento não só expõe sua versão de tal sonho, como também nos mostra como ele o está vivendo.

Los Angeles, 1971

A fé artística de Abdias Nascimento

A PRIMEIRA COISA QUE ME OCORRE dizer sobre Abdias Nascimento é que ele é um homem de fé. Isso parece trivial, mas não no sentido em que a expressão se aplica a Abdias. Viver uma fé e ser fiel a ela não é coisa fácil hoje em dia. As instituições transformaram a experiência da fé num ritual vazio, e assim o *mysterium magnum* do transcendente em torno de nós não interessa à maioria das pessoas. Elas são doutrinadas a sentir segurança apenas num mundo aparentemente familiar e receptivo a moldes de comportamento aprendidos muito tempo atrás. Geralmente os homens são moldados demais para conseguirem sentir sua condição fundamental de filhos do nada e, assim, entender que, se fossem viver plenamente sua vocação, agiriam como parceiros de Deus e não como membros de um rebanho domesticado.

A arte de Abdias, coerente com sua fé, é um gesto de rebelião e autocriação. É importante ter em mente que ela não resulta de um aprendizado formal. Ele nunca frequentou uma escola de arte. Isso não significa que despreze a experiência artística disponível. Significa, porém, que sempre tentou ler esse legado não necessariamente de acordo com os cânones estabelecidos, e sim como um repertório de realizações pessoais, cuja interpretação nunca é definitiva. Por isso pode-se dizer que a arte de Abdias é fruto de múltiplos contatos com pessoas e lugares e é uma cifra do invisível.

Abdias Nascimento nasceu no Brasil, na pequena cidade de Franca, no estado de São Paulo, numa família negra e pobre. Durante a infância, soube o que não queria ser. O ambiente humano da cidade natal lhe ensinou a submissão como uma questão de sobrevivência. Mas ele queria liberdade. Não por acaso, um dos temas frequentes nos quadros de Abdias são as borboletas de Franca. Elas marcaram a imaginação do menino e alimentaram seus sonhos de beleza. Em sua imaginação, as borboletas se tornaram símbolos da liberdade.

Ainda muito jovem, Abdias migrou para a capital do estado, onde encontrou novas razões para ser um rebelde. A cor da pele era um estigma: havia ruas em São Paulo onde os negros só podiam transitar em áreas separadas. Assim, em São Paulo ele iniciou sua carreira como militante negro, engajando-se em várias tentativas organizadas de combater o preconceito racial. Mais tarde, no Rio de Janeiro — capital do Brasil até a inauguração de Brasília, em 1960 —, Abdias prosseguiu em suas atividades. Criou o Teatro Experimental do Negro, organizou diversos encontros nacionais sobre os problemas sociais e políticos dos negros e fundou o Museu de Arte Negra. Enquanto desenvolvia essas atividades, ainda encontrou tempo para viajar pelo Brasil e por vários países da América Latina, para se formar em economia na Universidade do Rio de Janeiro, para escrever a peça *Sortilégio* e o drama musical *Rapsódia negra* e para editar três livros sobre questões étnicas brasileiras.

Esses fatos pouco diriam sobre Abdias se não fossem indicadores de que ele sempre foi possuído por uma visão. De fato, somente uma possessão visionária pode explicar que esse homem não tenha sucumbido às condições adversas que sempre enfrentou no Brasil. Abdias chegou aos Estados Unidos em

1968, pronto para dar um salto existencial. Os sofrimentos que aparentemente não levavam a lugar algum no Brasil se revelaram um ordálio necessário, uma série de testes da solidez e coerência de um engajamento missionário.

Nos Estados Unidos, ele obteve um domínio suficiente de seus poderes de expressão. Tentarei agora caracterizar brevemente alguns aspectos de sua arte, ilustrada pelos quadros presentes nesta exposição.

As telas de Abdias são impregnadas pela intenção de transcender a própria pintura. O importante para ele é que a arte é um meio de redenção humana, isto é, um meio de libertar a mente do mundo convencional e objetificado. Ele crê que a beleza salva. Assim, as linhas, as cores e as formas em suas telas são traços, sentimentos e percepções que ajudam a explorar regiões dormentes de nós mesmos. É difícil ficar insensível às formas animadas das telas de Abdias. Ele registra presenças surpreendentes no que parece familiar. Como nos tempos bíblicos de Tobias, quando os anjos apareciam nas casas para falar às pessoas, nas telas de Abdias os episódios e personagens do cotidiano também pertencem à ordem dos assuntos divinos, como sugerem quadros como *Tema para Léa Garcia*, *O vale de Exu*, *O martírio de Malcolm X*, *Young Egun*, *Efraín Bocabalístico*, *Godorixá* e *Invocação noturna ao poeta Gerardo Mello Mourão*. Abdias vê traços do divino por toda parte, e sua arte nos lembra de que os homens não precisam de nenhuma mediação ortodoxa para ter contato com o que é transcendente. Seus quadros documentam uma teogonia pessoal e expressam sua visão do Reino de Deus não como algo vindouro num futuro distante, mas como algo presente no âmbito de nossa existência.

Além disso, seus quadros dizem que a água, o céu e a terra são feitos do mesmo nada, que é a divindade, e que o homem, como herdeiro da vontade eterna, pode unir o que, numa visão farisaica, parece separado. Os intrigantes personagens de suas telas (por exemplo, Oxumaré, Xangô e outros) provêm de um universo ilimitado: todos os elementos os perpassam e ganham vida em seus espíritos. Esses aspectos da arte de Abdias têm um significado profundo: todas as coisas e criaturas virão a se unir. Abdias vive essa fé.

Há em sua arte um senso restaurador que se funda na importância contemporânea da cultura negra no Brasil e em todo o mundo. Com muita frequência a cultura negra recebe atenção, mas isso é enganoso, no sentido de que sua equivalência com a cultura ocidental dominante é negligenciada. Por exemplo, os símbolos religiosos africanos são considerados significativos apenas numa perspectiva evolucionária, como se fossem datados naquele determinado ponto do tempo, assim constituindo apenas objeto de estética ou tema de estudos históricos e sociológicos. A visão artística de Abdias se contrapõe frontalmente a esse postulado, e dela decorre que os símbolos religiosos podem diferir no tempo e no espaço, mas a experiência humana neles expressa é basicamente a mesma. Assim, os símbolos religiosos africanos são tão válidos quanto a verdade dos símbolos religiosos ocidentais. Por exemplo, o quadro *Fiat*, que mostra a versão iorubá do mistério da Criação, é, em todos os sentidos, equivalente à lenda bíblica. Nessa mesma linha, Abdias também sugere que, mesmo nos mitos do touro sagrado (ver *Serendipity, Mediação I, Mediação II*), como se encontram no Egito e em outras partes do mundo, inclusive no sertão brasileiro, a alma humana está diante do mistério da mediação entre Deus e o homem, implícito na fé cristã.

Notas

O negro no Brasil e um exame de consciência [pp. 43-56]

1. Jean-Paul Sartre, "Orphée noir". *Présence Africaine*, n. 6, p. 9, 1949.
2. Max Scheler em *Das Ressentiment im Aufbau der Moralen*, de 1912.

Teoria e prática do psicodrama [pp. 63-72]

1. Para as citações de *Hamlet* neste artigo Guerreiro Ramos usou a tradução de d. Luís I de Portugal (*Hamlet, Drama em cinco actos*, Lisboa: Imprensa Nacional, 1877). (N. E.)

Teoria e prática do sociodrama [pp. 73-81]

1. Jacob Burckhardt em *A cultura do Renascimento na Itália* (1860). (N. E.)
2. Charles Morgan, "The Uncommon Man". In *Reflections in a Mirror*, p. 147.
3. Ver "Apresentação da grupoterapia" e "Teoria e prática do sociodrama", incluídos no presente livro. (N. E.)

Os estudos sobre o negro brasileiro [pp. 101-105]

1. Joaquim Nabuco, *O abolicionismo*. São Paulo: Companhia Editora Nacional, 1938, p. 5.

A Unesco e o negro carioca [pp. 110-116]

1. Alberto Guerreiro Ramos, "O negro no Brasil e um exame de consciência". In: Abdias Nascimento et al., *Relações de raça no Brasil*. Rio de Janeiro: Quilombo, 1950.
2. Ver revista *Cultura*, n. 5.

O negro, a Unesco e o carreirismo [pp. 125-130]

1. Ver revista *Cultura*, n. 5.
2. *Quilombo*, n. 5, jan. 1950.
3. Abdias Nascimento et al., *Relações de raça no Brasil*. Rio de Janeiro: Quilombo, 1950.

O problema do negro na sociologia brasileira [pp. 136-194]

1. Alberto Torres, *O problema nacional brasileiro*. Rio de Janeiro: Imprensa Nacional, 1914.
2. Sílvio Romero, "A poesia popular no Brasil". *Revista Brasileira*, Rio de Janeiro, ano 1, v. 1, p. 99, 1879.
3. Sílvio Romero, *História da literatura brasileira*. 1. ed. Rio de Janeiro: Garnier, 1888.
4. Ibid.
5. Ibid.
6. Euclides da Cunha, *Os sertões*. Rio de Janeiro: Laemmert & Cia., 1902.
7. Ver Alberto Guerreiro Ramos, *O processo da sociologia no Brasil*. Rio de Janeiro: Quilombo, 1953.
8. Ver Arthur Ramos, *Le métissage au Brésil*. Paris: Hermann et Cie., 1952.
9. Alberto Torres, op. cit.
10. Jean Finot, *Le préjugé des races*. 3. ed. Paris: F. Alcan, 1908.
11. Nina Rodrigues, *O problema da raça negra na América portuguesa* (publicado no *Jornal do Commercio*, do Rio de Janeiro, em 1903, em partes) e *Os africanos no Brasil* (São Paulo: Companhia Editora Nacional, 1932).
12. *"Le Brésil [...] constituera sans doute d'ici un siècle un immense état nègre, à moins qu'il ne retourne, et c'est probable, à la barbarie"* ["O Brasil [...], daqui a um século, certamente será um imenso Estado negro, a menos que retorne, e isso é provável, à barbárie"] (Georges Vacher de Lapouge, *Les séléctions sociales*. Paris: Albert Fontemoing, 1896, p. 187).
13. Ver Oliveira Viana, "Os tipos étnicos brasileiros". In: *Dicionário histórico, geográfico e etnográfico do Brasil*. Rio de Janeiro: Imprensa Nacional, 1922.
14. Oliveira Viana, *Raça e assimilação*. São Paulo: Companhia Editora Nacional, 1932.

15. Ver Arthur Ramos, op. cit.
16. Agrupados sob o patrocínio do Teatro Experimental do Negro, fundado em 1944 no Rio de Janeiro por um grupo de intelectuais, liderado por Abdias Nascimento.
17. Trata-se do periódico *Quilombo*.
18. Nina Rodrigues, *As raças humanas e a responsabilidade penal no Brasil*. Bahia: Imprensa Popular, 1894.
19. Ver Nina Rodrigues, *O problema da raça negra na América portuguesa*, op. cit.
20. Ibid.
21. Arthur Ramos, *O negro brasileiro*. 3. ed. São Paulo: Companhia Editora Nacional, 1951.
22. Thales de Azevedo, *Les élites de couleur dans une ville brésiliene*. Paris: Unesco, 1953.
23. Georg Simmel, *Cultura femenina y otros ensayos*. Buenos Aires: Espasa-Calpe, 1944.
24. Ver Alan Burns, *Le prejugé de race et de couleur*. Paris: Payot, 1949.
25. Entende-se aqui "cultura autêntica" no sentido delimitado por Edward Sapir: "A cultura autêntica não é necessariamente alta ou baixa, é apenas inerentemente harmoniosa, equilibrada, a si mesmo satisfatória. É a expressão de uma atitude ricamente variada e entretanto de certo modo unificada e consistente em face da vida, uma atitude que vê o significado de qualquer elemento de civilização em sua relação com todos os outros. É, falando de modo ideal, uma cultura em que nada deixa espiritualmente de ter sentido, em que nenhuma parte importante do funcionamento geral traz, em si, senso de frustração, de esforço mal dirigido ou hostil. Não é um híbrido espiritual de elementos contraditórios de compartimentos estanques de consciência que evitam participar de uma síntese harmoniosa". Ver Donald Pierson (Org.), *Estudos de organização social*. São Paulo: Livraria Martins Editora, 1949, p. 291.
26. Karl Vossler, *The Spirit of Language in Civilization*. Londres: Routledge & Kegan Paul, 1951.
27. Antoine Meillet, *Aperçu d'une histoire de la langue grecque*. Paris: Hachette, 1930.
28. Os estudos sobre o negro no Brasil sob o patrocínio da Unesco foram realizados dentro do melhor padrão técnico, com exceção do que se refere ao negro no Rio de Janeiro, que foi confiado a Luiz

Aguiar da Costa Pinto, cidadão sem qualificações morais e científicas. Esse carreirista, dublê de sociólogo, anteriormente já havia cometido grosseiro plágio. Compare-se de Luiz Aguiar da Costa Pinto, *Lutas de famílias no Brasil* (São Paulo: Companhia Editora Nacional, 1949), com *La vengeance privée et les fondements du droit international public*, de Jacques Lambert (Paris: Librairie du Recueil Sirey, 1936). Ver também meu artigo "O plágio" (*O Jornal*, Rio de Janeiro, 17 jan. 1954).
29. Sobre *assunção*, ver "Nacionalismo e xenofobia".
30. Ver Alberto Guerreiro Ramos, "Sociologia clínica de um baiano 'claro'" (*O Jornal*, Rio de Janeiro, 27 dez. 1953). Nesse pequeno estudo expus o que chamei o "complexo gíldico", hipótese de trabalho que pretendo desenvolver posteriormente nas minhas investigações sobre a patologia social do "branco" baiano e brasileiro.
31. Joaquim Nabuco, *O abolicionismo*. São Paulo: Companhia Editora Nacional, 1938, p. 5.
32. Ver Álvaro Bomílcar, *O preconceito de raça no Brasil*. Rio de Janeiro: Tipografia Aurora, 1916, p. 51.
33. *Quilombo*, n. 5, jan. 1950.
34. Abdias Nascimento et al., *Relações de raça no Brasil*. Rio de Janeiro: Quilombo, 1950.
35. Alberto Guerreiro Ramos, "O negro no Brasil e um exame de consciência". In: Abdias Nascimento et al., *Relações de raça no Brasil*. Rio de Janeiro: Quilombo, 1950.

Nosso Senhor Jesus Cristo Trigueiro [pp. 216-220]

1. Alfred Weber, *Historia de la cultura*. Cidade do México: Fondo de Cultura Económica, 1942, p. 176.

Política de relações de raça no Brasil [pp. 221-224]

1. Elaborada pelo autor.

Patologia social do "branco" brasileiro [pp. 225-252]

1. Émile Durkheim, *Les règles de la méthode sociologique*. Paris: Presses Universitaires de France, 1950, p. 56.

2. Ibid., pp. 56-57.
3. Ibid., p. 55.
4. Ibid., p. 57.
5. Ibid., p. 56.
6. Ibid., pp. 60-1.
7. Ibid., p. 61.
8. Ludwig Gumplowicz, sociólogo austríaco, sustenta uma teoria racista da história que, obviamente, carece de validade científica. Todavia, apesar disso, suas análises dos processos de dominação das minorias são, em muitos aspectos, aceitáveis. Ver o seu livro na tradução espanhola: *La lucha de razas*. Madri: La España Moderna, 1939, p. 247.
9. Ver G. Plékhanov, *Les questions fondamentales du marxisme*. Paris: Éditions Sociales, 1947, p. 214.
10. Ibid.
11. Ibid.
12. A capilaridade social é um processo simultaneamente ascendente e descendente de renovação nos vários estratos da sociedade. Abrange o processo descrito por Vilfredo Pareto como "circulação de elites e de classes". Ver Vilfredo Pareto, *Traité de sociologie générale*. Paris: Payot, 1917-9.
13. Entre vários sociólogos e antropólogos brasileiros é corrente a tese de que os nossos problemas raciais refletem determinadas relações de classe. Essa tese é insuficiente, a meu ver. Explica apenas aspectos parciais da questão.
14. Ver Eduard Spranger, "¿Patologia cultural?". In: _____. *La experiencia de la vida*. Buenos Aires: Realidad, 1949.
15. Ver Georges Balandier, "La situation coloniale: approche théorique" (*Cahiers Internationaux de Sociologie*, v. 11, 1951). Nesse estudo escreve o autor citado: "*La situation coloniale apparait comme possédante, d'une manière essentielle, un caractère d'inauthenticité: elle cherche, constamment, à se justifier par un ensemble de pseudo-raisons*" ["A situação colonial parece possuir, de modo essencial, um caráter de inautenticidade: ela procura constantemente se justificar por um conjunto de pseudorrazões"].
16. Popularmente se empregam sem precisão as palavras "Nordeste" e "Norte" com referência aos estados que ficam além do Espírito Santo, em direção ao norte. Quando escritas sem aspas devem ser interpretadas em seu sentido técnico-geográfico.
17. *Estudos sobre a composição da população do Brasil segundo a cor*. Rio de Janeiro: IBGE, 1950.

18. Ibid., p. 8.
19. Ibid.
20. Ibid., pp. 8-9.
21. Ibid., p. 16.
22. Ver Oliver Brachfeld, *Inferiority Feelings: In the Individual and the Group*. Londres: Routledge & Kegan Paul, 1951, p. 127.
23. Ver Alberto Guerrreiro Ramos, "Sociologia clínica de um baiano 'claro'". *O Jornal*, Rio de Janeiro, 27 dez. 1953.
24. O "branco" baiano e brasileiro é um tema ainda a explorar. Os sociólogos e os psicólogos brasileiros ainda não se deram conta do excelente material de observação que o tema sugere. Uma das pesquisas que pretendo empreender proximamente é a do preciosismo da linguagem falada e escrita de "brancos" da camada letrada da Bahia, onde é patente um aspecto adleriano muito interessante.
25. Emprego o termo na acepção em que o empregava Gustav Ichheiser em seu estudo "Misunderstandings in Human Relations" (*The American Journal of Sociology*, v. 55, n. 2, set. 1949).
26. Ver João Condé, "Arquivos implacáveis", "flash" de Rosário Fusco. *O Cruzeiro*, 23 abr. 1955.
27. Ver Adolfo F. Porto, *Resposta a um inquérito*. Recife: Prefeitura Municipal, Diretoria de Documentação e Cultura, 1948, pp. 74-5.
28. Ver "Mesa de Pista", coluna de Antonio Maria em *O Globo*, 18 jan. 1955.
29. Gilberto Freyre, "O Brasil e a mãe preta". *O Globo*, Rio de Janeiro, 3 maio 1955.
30. Ver "O príncipe não ficará na miséria", coluna de Ibrahim Sued em *O Globo*, 11 dez. 1954.
31. Ver Tibor Mende, *L'Amérique latine entre en scène*. Paris: Seuil, 1952, p. 25.
32. Ver Henri Michaux, *Passages (1937-1950)*. Paris: NRF, 1950. Escreve Michaux: *"Ainsi les mages (du Pays de la magie) furent commencés le lendemain de mon arrivée à Rio de Janeiro, me sèparant si bien de ces Brésiliens, avec qui je ne trouvais pas de contact (leur inteligence caféinée, toute em réflexes, jamais en réflexions) que jê pourrais presque dire, malgré le temps passé là-bas, que je n'en ai pas rencontré"* (p. 162) ["Assim os magos (do País da magia) se iniciaram no dia seguinte à minha chegada ao Rio de Janeiro, separando-me tanto desses brasileiros, com os quais eu não conseguia contato (sua inteligência cafeinada sempre em refle-

xos, jamais em reflexões), que eu quase poderia dizer que, apesar do tempo que lá passei, não os encontrei"].

33. Ver Harry Elmer Barnes e Howard Becker, *Social Thought from Lore to Science*. Washington, D. C.: Harren Press, 1952, v. 1, cap. 14.
34. Ver Luigi Bagolini, *Moral e direito na doutrina da simpatia*. São Paulo: Saraiva, 1952.
35. Ver Franklin H. Giddings, *Principios de sociología*. Buenos Aires: Albatros, 1943.
36. "*Values are mechanisms of man's social orientation and guidance: they are tools of adjustment of human groups and individuals to the physical and social milieu, and are sifted and tested out in actual social experience by the three-fold criteria: (1) how far the dominant values that men hold lead to the full poise and integration of the personality, achieved freedom and control of the enviroment; (2) how far the present system of values with whose aid men create and maintain groups, institutions, laws and rights-and-duties successfully guides society in intra-group struggle and survivals, and (3) how far the present system of values promotes the creation and maintenance of intimate, enduring and ideal social bonds and relations and an ideal solidarity of humanity*" (Radhakamal Mukerjee, *The Social Structure of Values*. Londres: Macmillan, 1949, pp. 8-9) ["Os valores são mecanismos de guia e orientação social do homem: são instrumentos de adaptação de grupos e indivíduos humanos ao meio físico e social, e peneirados e testados na experiência social concreta por esse triplo critério: 1) até que ponto os valores dominantes adotados pelos homens levam ao pleno desenvolvimento e integração da personalidade e permitem alcançar a liberdade e o controle do ambiente; 2) até que ponto o atual sistema de valores, que ajuda os homens a criarem e manterem grupos, instituições, leis e direitos e deveres, tem êxito em guiar a sociedade na luta e sobrevivência intragrupal; 3) até que ponto o atual sistema de valores promove a criação e manutenção de ligações e relações ideais íntimas e duradouras e uma ideal solidariedade entre os seres humanos"].
37. Ver Ludwig Gumplowicz, op. cit., p. 273.
38. Ver Azevedo Amaral, *O Brasil na crise atual*. São Paulo: Companhia Editora Nacional, 1934, p. 181. Nessa mesma página Azevedo Amaral escreve: "A nossa alma comprimida fervilha em reivindicações platônicas a que a nossa consciência empresta as formas fictícias de aspirações pueris e mesquinhas, enquanto o sentido daquelas forças

subterrâneas é a libertação do nosso espírito na afirmação orgulhosa de nossa realidade psíquica e dos traços singulares da nossa personalidade nacional".
39. Ver Ludwig Gumplowicz, op. cit.
40. Institut zum Studium der Judenfrage, *Die Juden in Deutschland*. Munique: Franz Eher Nachfolger, 1935.
41. *Estudos afro-brasileiros*. Rio de Janeiro: Ariel, 1935.
42. Vários autores, *O negro no Brasil*. Rio de Janeiro: Civilização Brasileira, 1940.
43. Ver François Mentré, *Les générations sociales*. Paris: Bossard, 1920, p. 220. *"A partir d'un certain age, l'homme ne change plus, l'individu devient stable et vit sur le capital intellectuel et moral qui commande son activité mais, autour de lui, tout change par l'effet du progres général et de l'entrée incessante des jeunes dans la vie, si bien que le révolutionnaire de la vielle deviendra le réactionnaire du lendemain: en réalité, il n'a pas rétrogradé, mais il retarde de plus et plus sur la marche des idées et des évenements et s'enfonce toujours davantage dans le passé où il trouve sa raison d'être".* ["A partir de uma determinada idade, o homem não muda mais, o indivíduo se torna estável e vive do capital intelectual e moral que rege sua atividade, mas, à sua volta, tudo muda devido ao progresso geral e ao ingresso incessante dos jovens na vida, a tal ponto que o revolucionário de ontem se torna o reacionário de amanhã: na verdade, ele não retrocedeu, mas se atrasa cada vez mais na marcha das ideias e dos acontecimentos e se afunda sempre mais no passado em que encontra sua razão de ser"].
44. Ver Maurice Halbwachs, *La mémoire collective*. Paris: Presses Universitaires de France, 1950, pp. 36-7. Ver também, desse mesmo autor, *Les cadres sociaux de la mémoire* (Paris: Félix Alcan, 1925). Halbwachs, nessas duas obras, abre perspectivas muito importantes para o esclarecimento de problemas como o que constitui o tema deste estudo. Pretendo, em trabalhos posteriores, utilizar mais amplamente as hipóteses fecundas de Halbwachs nesses dois livros.
45. Ver Octave Mannoni, *Psychologie de la colonisation*. Paris: Seuil, 1950. Ver também Georges Balandier, "Contribuition à une sociologie de la dépendance". *Cahiers Internationaux de Sociologie*, v. 12, 1952. Escreve aí Balandier: *"La société colonisée peut... être considéré comme une société globalement aliénée, qui est atteinte dans son organisme socio-culturelle propre (plus ou moins, sélon la capacité de résistance de cette dernière)*

et d'autant plus soumise à la préssion de la société dominante etétrangère qu'elle est plus dégradée" ["A sociedade colonizada pode [...] ser considerada uma *sociedade globalmente alienada*, que é atingida em seu organismo sociocultural próprio (em maior ou menor grau, dependendo da capacidade de resistência desta última) e fica tanto mais submetida à pressão da sociedade dominante quanto mais degradada é"].

46. Sobre esse tema, ver Georges Gurvitch, "Hyper-empirisme dialectique" (*Cahiers Internationaux de Sociologie*, v. 15, 1953) e *Déterminismes sociaux et liberté humaine* (Paris: Presses Universitaires de France, 1955).

O pluralismo dialético [pp. 253-258]

1. Ver estudo de minha autoria, "Patologia social do 'branco' brasileiro", para mais detalhes.

Nacionalismo e xenofobia [pp. 259-262]

1. Ver Mikel Dufrenne e Paul Ricoeur, *Karl Jaspers et la philosophie de l'existence*. Paris: Seuil, 1947.
2. Ver E. Franklin Frazier, *Bourgeoisie noire*. Paris: Plon, 1955.
3. Rio de Janeiro, *O Jornal*, 1º jul. 1956.

Gilberto Freyre ou a obsolência [pp. 263-273]

1. Gilberto Freyre, *Casa-grande & senzala*. 3. ed. Rio de Janeiro: Maia & Schmidt, 1938, p. 81.
2. Ibid., p. 80.
3. Ibid., pp. 33-4.
4. Ver Gilberto Freyre, *Aventura e rotina*. Rio de Janeiro: José Olympio, 1953, pp. 542-3.
5. Gilberto Freyre, *Manifesto Regionalista de 1926*. 2. ed. Rio de Janeiro: Departamento de Imprensa Nacional, 1955, p. 22.
6. Gilberto Freyre, *Um brasileiro em terras portuguesas*. Rio de Janeiro: José Olympio, 1953, p. 13.

7. Gilberto Freyre, *Casa-grande & senzala*, op. cit., p. 11.
8. Gilberto Freyre, *Aventura e rotina*, op. cit., p. 485.
9. Ibid., p. 420.
10. Ibid., pp. 492-3.
11. Ibid., p. 493.

A consciência crítica da realidade nacional [pp. 281-287]

1. O autor tem focalizado a questão da consciência crítica em estudos anteriores. Ver, especialmente, "A problemática da realidade brasileira", em *Introdução aos problemas do Brasil* (Rio de Janeiro: Iseb, 1956); *Introdução crítica à sociologia brasileira* (Rio de Janeiro: Andes, 1957); "Considerações sobre o ser nacional" (*Jornal do Brasil*, 20 jan. 1957) e, finalmente, "Notas sobre o ser histórico" (*Jornal do Brasil*, 27 jan. 1957).
2. "O mero ser vivo se articula com as coisas, permanece imerso nelas. Entre o animal e as coisas há uma relação de articulação. Entre o homem e as coisas há relação de liberdade. Daqui a diferença qualitativa entre o que as coisas são para o homem e para o simples ser vivo. Ao animal, as coisas são 'dadas' ou 'postas' e o modo pelo qual lhes responde é o da simples reação" (Francisco Javier Conde, *Teoría y sistema de las formas políticas*. Madri: Instituto de Estudios Políticos, 1953, p. 39).
3. O interesse atual pelo tema da "historicidade" revaloriza os textos hegelianos, notadamente as *Lições sobre a filosofia da história universal* [*Filosofia da história*] e as *Lições sobre a história da filosofia*. Para uma ampla discussão sobre o fenômeno histórico, ver Martin Heidegger, *El ser y el tiempo* (Cidade do México: Fondo de Cultura Económica, 1951); Jorge Pérez Ballestar, *Fenomenología de lo histórico* (Barcelona: CSIC, 1955); Antonio Millán Puelles, *Ontología de la existencia histórica* (Madri: Rialph, 1955).
4. Diz Hegel: "A história propriamente de um povo começa quando este povo se eleva à consciência" (*Lecciones sobre la filosofía de la historia universal*. Buenos Aires: Revista de Occidente, 1946, p. 151). Para o filósofo, seria a história uma camada ôntica superposta à natureza. Se o Oriente, pensa Hegel, carece de história, é porque aí "a individualidade não é pessoa", está "dissolvida no objeto" (p. 201). Não

importa que, nessa condição, encontrem-se "Estados, artes, ciências incipientes" — tudo isso "se acha no terreno da natureza" (p. 125).
5. "A pessoa é o ser que tem uma história", diz Mohamed Aziz Lahbabi em *De l'être à la personne* (Paris: Presses Universitaires de France, 1954, p. 56).
6. Sobre o colonialismo considerado como sistema, ver Jean-Paul Sartre, "Le colonialisme est un système" (*Les Temps Modernes*, n. 123, 1956).
7. "Diante desta atitude generalizada dos conquistadores, era de prever uma reação natural de autodefesa no seio do povo africano, reação tendente, é claro, a erradicar o mal cotidiano que nos causam estas temíveis armas culturais a serviço do ocupante" (Cheikh Anta Diop, *Nations nègres et culture*. Paris: Présence Africaine, 1954, p. 8). Um livro precursor da atual corrente revisionista, em que se integra C. A. Diop, é *Le crépuscule de la civilisation: l'Occident et les peuples de couleur*, de Arturo Labriola. O livro foi editado em Paris, sem data. Pode-se presumir que sua publicação tenha ocorrido por volta de 1936.
8. "[...] admito que é um bem colocar civilizações diferentes em contato umas com as outras; que é excelente desposar mundos diferentes; que uma civilização, seja qual for seu gênio íntimo, se embota quando se volta para dentro de si mesma; que o intercâmbio representa aqui o oxigênio, e que a grande oportunidade da Europa é a de ter sido uma encruzilhada, e que o fato de ter sido o lugar geométrico de todas as ideias, o receptáculo de todas as filosofias, o ponto de chegada de todos os sentimentos, fez dela o melhor redistribuidor de energia" (Aimé Césaire, *Discours sur le colonialisme*. Paris: Présence Africaine, 1955, p. 10).
9. Ver Abdoulaye Ly, *Les masses africaines et l'actuelle condition humaine*. Paris: Présence Africaine, 1956, p. 16.

Fontes

O negro no Brasil e um exame de consciência

Discurso pronunciado na Associação Brasileira de Imprensa (ABI) por ocasião da instalação do Instituto Nacional do Negro, em 9 de setembro de 1949.
Publicado originalmente em *A Manhã* (Rio de Janeiro, 25 set. 1949, pp. 2 e 5. Seção Vida Política).
Fonte utilizada para esta edição: Alberto Guerreiro Ramos, Abdias Nascimento et al. *Relações de raça no Brasil*. Rio de Janeiro: Quilombo, 1950, p. 33.

Apresentação da grupoterapia

Publicado originalmente em *Quilombo* (Rio de Janeiro, n. 5, 1950, p. 6).
Fonte utilizada para esta edição: Abdias Nascimento (Org.). *Quilombo: Problemas e aspirações do negro brasileiro*. São Paulo: Fusp/Ed. 34, 2003, p. 64.

Teoria e prática do psicodrama

Publicado originalmente em *Quilombo* (Rio de Janeiro, n. 6, 1950, pp. 6-7).
Fonte utilizada para esta edição: Abdias Nascimento (Org.). *Quilombo: Problemas e aspirações do negro brasileiro*. São Paulo: Fusp/Ed. 34, 2003, pp. 76-7.

Teoria e prática do sociodrama

Publicado originalmente em *Quilombo* (Rio de Janeiro, n. 7-8, 1950, p. 9).
Fonte utilizada para esta edição: Abdias Nascimento (Org.). *Quilombo: Problemas e aspirações do negro brasileiro*. São Paulo: Fusp/Ed. 34, 2003, p. 91.

Apresentação da negritude

Publicado originalmente em *Quilombo* (Rio de Janeiro, n. 10, 1950, p. 11).

Fontes

Fonte utilizada para esta edição: Abdias Nascimento (Org.). *Quilombo: Problemas e aspirações do negro brasileiro*. São Paulo: Fusp/Ed. 34, 2003, p. 23.

A Unesco e as relações de raça

Tese apresentada ao I Congresso do Negro Brasileiro, 26 de agosto a 4 de setembro de 1950.
Fonte utilizada para esta edição: Abdias Nascimento (Org.). *O negro revoltado*. 2. ed. Rio de Janeiro: Nova Fronteira, 1982, pp. 155-6.

Notícia sobre o I Congresso do Negro Brasileiro

Publicado originalmente em *A Manhã* (Rio de Janeiro, 1 out. 1950, p. 2. Seção Vida Política).

Narcisismo branco do negro brasileiro

Publicado originalmente em *A Manhã* (Rio de Janeiro, 12 nov. 1950, pp. 1 e 3. Seção Vida Política).

Senhores e escravos no Brasil

Publicado originalmente em *A Manhã* (Rio de Janeiro, 22 out. 1950, pp. 2-3. Seção Vida Política).

Os estudos sobre o negro brasileiro

Publicado originalmente em *A Manhã* (Rio de Janeiro, 10 dez. 1950, pp. 1-2. Seção Vida Política).

Um herói da negritude

Publicado originalmente em *Diário de Notícias* (Rio de Janeiro, 6 abr. 1952. Suplemento Literário, p. 1).

A Unesco e o negro carioca

Publicado originalmente em *Diário de Notícias* (Rio de Janeiro, 20 dez. 1953. Suplemento Literário, p. 1).

Sociologia clínica de um baiano "claro"

Publicado originalmente em *O Jornal* (Rio de Janeiro, 27 dez. 1953. Revista, p. 2).

O negro, a Unesco e o carreirismo

Publicado originalmente em *Diário de Notícias* (Rio de Janeiro, 8 nov. 1953. Suplemento Literário, p. 2).

Uma redefinição do problema do negro

Publicado originalmente em *Diário de Notícias* (Rio de Janeiro, 6 dez. 1953. Suplemento Literário, p. 2).

O problema do negro na sociologia brasileira

Publicado originalmente em *Cadernos do Nosso Tempo* (Rio de Janeiro, v. 2, 1954, pp. 189-220).

Fonte utilizada para esta edição: Alberto Guerreiro Ramos. *Introdução crítica à sociologia brasileira*. 2. ed. Rio de Janeiro: Ed. UFRJ, 1995, p. 163-211.

O negro desde dentro

Publicado originalmente em *Forma* (Rio de Janeiro, n. 3, 1954).

Fonte utilizada para esta edição: Alberto Guerreiro Ramos. *Introdução crítica à sociologia brasileira*. 2. ed. Rio de Janeiro: Ed. UFRJ, 1995, pp. 242-8.

A descida aos infernos

Publicado originalmente em *Marco* (Rio de Janeiro, n. 4, 1954).

Fonte utilizada para esta edição: Alberto Guerreiro Ramos. *Introdução crítica à sociologia brasileira*. 2. ed. Rio de Janeiro: Ed. UFRJ, 1995, pp. 263-7.

Semana do Negro de 1955

Publicado originalmente em *Diário de Notícias* (Rio de Janeiro, 30 jan. 1955. Suplemento Literário, p. 2).

Nosso Senhor Jesus Cristo Trigueiro

Publicado originalmente em *Diário de Notícias* (Rio de Janeiro, 10 abr. 1955. Suplemento Literário, pp. 2 e 4).

Política de relações de raça no Brasil

Fonte utilizada para esta edição: Alberto Guerreiro Ramos. *Introdução crítica à sociologia brasileira*. 2. ed. Rio de Janeiro: Ed. UFRJ, 1995, pp. 249-51.

Patologia social do "branco" brasileiro

Publicado originalmente em *Jornal do Commercio* (Rio de Janeiro, 24 jul. 1955) com o título "Situação étnica do Brasil contemporâneo: uma reinterpretação sociológica" e republicado posteriormente com o título definitivo em *Introdução crítica à sociologia brasileira*. Rio de Janeiro: Andes, 1957).

Fonte utilizada para esta edição: Alberto Guerreiro Ramos. *Introdução crítica à sociologia brasileira*. 2. ed. Rio de Janeiro: Ed. UFRJ, 1995, pp. 215-40.

O pluralismo dialético

Publicado originalmente em *O Jornal* (Rio de Janeiro, 25 set. 1955, pp. 1 e 4. Seção Revisão do Marxismo).

Nacionalismo e xenofobia

Publicado originalmente em *O Jornal* (Rio de Janeiro, 1º jul. 1956, p. 1).

Fonte utilizada para esta edição: Alberto Guerreiro Ramos. *Introdução crítica à sociologia brasileira*. 2. ed. Rio de Janeiro: Ed. UFRJ, 1995, pp. 55-8.

Gilberto Freyre ou a obsolência

Publicado originalmente em *Para Todos* (Rio de Janeiro, n. 11, out. 1956, p. 14).

O problema da cultura nacional

Publicado originalmente em *Jornal do Brasil* (Rio de Janeiro, 6 jan. 1957. Suplemento Dominical, p. 8).

A consciência crítica da realidade nacional

Publicado originalmente em *Ângulos* (Salvador, ano 8, n. 13, jul. 1958, pp. 17-21).

Fonte utilizada para esta edição: Alberto Guerreiro Ramos, *A redução sociológica*. 3. ed. Rio de Janeiro: Ed. UFRJ, 1995, pp. 45-52.

O mundo tribal de Abdias Nascimento

Texto publicado em Abdias Nascimento, *Orixás: Os deuses vivos da África*. Rio de Janeiro: Ipeafro/Afrodiáspora, 1995, pp. 93-7.

A fé artística de Abdias Nascimento

Publicado originalmente em inglês, com o título "Nascimento's Artistic Faith", no catálogo da exposição de Abdias Nascimento no Inner City Cultural Center, Los Angeles, fev. 1975, pp. 2-4. Traduzido para esta edição por Denise Bottmann.

Índice onomástico

I Congresso Afro-Brasileiro (1934), 87, 249, 266
I Congresso do Negro Brasileiro (1950), 21, 85, 87-93, 97, 104, 107, 110, 113, 119, 129, 189-90, 193
I Convenção Nacional do Negro (1945), 43, 88, 110, 189
II Congresso Afro-Brasileiro (1937), 87, 169, 250
II Convenção Nacional do Negro (1946), 88, 110, 189

abolição da escravatura, 54
abolicionismo, O (Nabuco), 103, 187
Açúcar (Freyre), 263
aculturação negra no Brasil, A (Ramos), 133-4, 167-8
Adler, Alfred, 239, 242
África, 271, 285
Agbebi, Mojola, 175
Alagoas, 186
Alencar, José de, 275
Alighieri, Dante, 48
Althusser, Louis, 13
Alves, Alzira, 18
Ammon, Otto Georg, 153
Amoroso Lima, Alceu, 15
Andrade, Mário de, 199, 215, 275
"Apresentação da negritude" (Guerreiro Ramos), 20, 23
Aragão, Orlando Miranda, 90
Aristóteles, 61, 65
Associação Brasileira de Imprensa, 221
Aventura e rotina (Freyre), 270
aventuras da dialética, As (Merleau-Ponty), 257

Azevedo Amaral, Antonio José de, 248
Azevedo, Ariston, 26
Azevedo, Thales de, 90, 114, 169, 172, 239

Bahia, 131, 169, 186, 237, 240
Balandier, Georges, 26, 232
Bandeira, Manuel, 215
Barata, Mário, 90
Barcelos, João Nepomuceno, 90
Barreto, Tobias, 91
Bastian, Philipp Wilhelm Adolf, 74
Bastide, Roger, 89, 91-3, 100, 114, 169
Bastos, Abguar, 256
Bateson, Gregory, 249
Batuta, Ibn, 174
Beauvoir, Simone de, 18
Benedict, Ruth, 231
Berdiaeff, Nikolai, 15, 76
Bloch, Ernst, 20
Bloy, Léon, 78
Bó, Efraín Tomás, 22
Boas, Franz, 156, 265
Bomílcar, Álvaro, 139, 186-8, 214
Bonaparte, Napoleão, 209
Botelho, Pero de, 65
Brachfeld, Oliver, 240
"Brasil e a mãe preta, O" (Freyre), 243
brasileiro em terras portuguesas, Um (Freyre), 270
Braudel, Fernand, 263
Brière, Jean-François, 201
Broca, Paul, 144
Brouardel, Paul, 163
Brunschvicg, Léon, 254

313

Buarque, Sérgio, 28
Bunche, Ralph, 52
Burckhardt, Jacob, 74

Cadernos filosóficos (Lênin), 253
Caldas, Alan, 26
Camargo, Aguinaldo, 22, 51, 88-9, 106-7, 109, 131, 134
Carneiro, Edison, 87, 169
Carrel, Alexis, 227
Casanova, Pablo G., 25
Casa-grande & senzala (Freyre), 263-4, 266, 268, 270
Castro, Alvarino Antônio de, 89
Césaire, Aimé, 201, 203-4, 286
Chamberlain, Houston Stewart, 240
Chico Rei, 186
China, 248
Cinco meditações sobre a existência: solidão, sociedade e comunidade (Berdiaeff), 76
Clark, Kenneth, 176
Clark, Mamie, 176
Clube do Cupim (Recife), 186
Comitê Democrático Afro-Brasileiro (1945), 88, 110
Comte, Auguste, 60, 206
Conceição, João, 89
Conferência de Acra e Tânger (1958), 285
Conferência de Bandung (1955), 27, 285
Conferência do Cairo (1957), 285
Conferência Nacional do Negro (1949), 110, 126, 189
Congresso Afro-Campineiro (1938), 88, 110
Conrad, Joseph, 240
"Contatos raciais no Brasil" (Guerreiro Ramos), 129
Cooley, C. H., 247
Corre, Armand, 162
Correia Leite, José, 88
Correio da Manhã, 264
Costa Pinto, Luiz Aguiar, 89, 114-6

Costa, Frederico L. da, 26
Costa, Haroldo, 22, 131, 134
Coutinho, Afrânio, 16
Couto Ferraz, Aydano do, 87, 169
crise do poder no Brasil, A (Guerreiro Ramos), 14
Cristo Negro (exposição), 27
Cruz e Sousa, João da, 91
Cruzeiro, O (revista), 241
Cultura (revista), 129, 232
"Cultura e ethos" (Ramos), 232
culturas negras no Novo Mundo, As (Ramos), 167
Cunha, Euclides da, 12, 26, 139, 142, 147-51, 160-1, 165, 167

Dandier, Arnaud, 15
Darwin, Charles, 175
David, Pierre, 240
de la Torre, Haya, 26
Debret, Jean-Baptiste, 142, 169
Di Cavalcanti, Emiliano, 219
Dilthey, Wilhelm, 207
Diop, Alioune, 56, 90
Diop, Birago, 201
Diop, Cheikh Anta, 286
Diop, David, 201
Discurso sobre o colonialismo (Césaire), 286
ditadura militar (1964-85), 13, 20, 29
divina comédia, A (Dante), 48
divisão do trabalho social, A (Durkheim), 74
drama de ser dois, O (Guerreiro Ramos), 16
Drummond de Andrade, Carlos, 62
Dufrenne, Mikel, 261
Durkheim, Émile, 74, 206, 228-9

Elegias de Duíno (Rilke), 76
élites de couleur dans une ville brésiliene, Les (Azevedo), 299n22
Escola de Frankfurt, 13
Escravidão e abolicionismo numa comunidade do interior (Nogueira), 97

Índice onomástico

Estados Unidos, 52, 176, 261
Estudos afro-brasileiros, 249
"estudos sobre o negro brasileiro, Os" (Guerreiro Ramos), 111
Etiologia das formas concretas da religiosidade no Norte do Brasil (Freire), 166

Faculdade de Filosofia da Bahia, 16
Faculdade Nacional de Filosofia, 16
Fantel, Ernest, 65
"fé artística de Abdias, A" (Guerreiro Ramos), 22
"Femme noire" (Senghor), 201-2
Fernandes, Florestan, 114, 169
Ferreira de Matos, Guiomar, 89, 214-5
Ferri, Enrico, 162
Finot, Jean, 154
folclore negro do Brasil, O (Ramos), 167
Forma (revista), 216
Fortunato, Gregório, 196
Fourier, Charles, 58-9
França, 178
Freire, Oscar, 166, 169, 180
Frente Negra da Bahia, 186
Frente Negra de São Paulo, 110, 186
Frente Negra Pelotense, 110
Freyre, Gilberto, 26, 28, 87, 142, 151, 154, 156, 169, 239, 243-4, 263-73
Frobenius, Leo, 231
Fromm, Erich, 60-1, 123, 177

Galton, Francis, 227
Gama, Luiz, 154, 186, 200-1
Garbo, Greta, 52
Garofalo, Raffaele, 162
Garvey, Marcus, 218
Giddings, Franklin, 247
Gide, André, 48
Giorgi, Bruno, 219
Globo, O, 242-3
Gobineau, Arthur de, 144, 204, 240
Goes, Fernando, 87, 108
Goldmann, Frank, 90

Gomes de Souza, Rosa, 89
Gomes, Antônio Osmar, 16
Gomes, Carlos, 275
Gonçalves Dias, Antônio, 275
González, Natalicio, 26
Gordo, Rubem, 89
Graham, Maria, 142, 169
Gramsci, Antonio, 13
Gratiant, Gilbert, 201
Grécia Antiga, 178
Grêmio Cruz e Sousa (Juiz de Fora), 90
Guia prático, histórico e sentimental da cidade do Recife (Freyre), 263
Guillén, Nicolás, 199
Guimarães, Antonio Sérgio A., 19
Gumplowicz, Ludwig, 147-8, 230, 248
Gurvitch, Georges, 18, 20, 254-5, 257-8, 264

Habermas, Jurgen, 13
Halbwachs, Maurice, 251
Hamlet (Shakespeare), 65, 67-9
Hegel, Friedrich, 207, 253
Heidegger, Martin, 15
Heráclito, 225
"herói da negritude, Um" (Guerreiro Ramos), 22
Herskovits, Melville, 91, 159
Herz, Robert, 240
História da literatura brasileira (Romero), 146
Historia de la cultura (Weber), 217
História e consciência de classe (Lukács), 257
Hölderlin, Friedrich, 61
Hora, José Pompilho da, 90
Hovelacque, Abel, 162
Hughes, Langston, 51
Hume, David, 246

Ideologia alemã (Marx), 257
Inácio de Antioquia, santo, 218
Inglaterra, 261

Instituto Brasileiro de Geografia e Estatística (IBGE), 233, 235-8
Instituto de Biotipologia da Penitenciária de São Paulo, 241
Instituto de Genealogia (Bahia), 240
Instituto Nacional do Negro (INN), 21, 53, 56-7, 70, 79, 86
Introdução à antropologia brasileira (Ramos), 167
Introdução à cultura (Guerreiro Ramos), 16
Introdução crítica à sociologia brasileira (Guerreiro Ramos), 14
Instituto Superior de Estudos Brasileiros (Iseb), 12, 17-8

Jaguaribe, Hélio, 11, 210-1
Jaspers, Karl, 15
Jesus Cristo, 216-20
Jornal de Letras, 18
Jornal, O, 29
Josefo, 217

Keckeisen, d. Béda, 15
Kelsen, Hans, 73
Khan, Ali, 244
Kidder, James, 142, 169
Kierkegaard, Soren, 15
Koster, Johanna, 142, 169
Krehs, Carlos Galvão, 90
Kroeber, Louis, 231

Lacassagne, Alexandre, 162
Lacerda, Carlos, 17
Laleau, Léon, 201
Lambert, Jacques, 122
Lapouge, Georges Vacher de, 157, 204
Laytano, Dante, 90
Le Play, Pierre, 147
Lefebvre, Henri, 20
Lênin, Vladimir, 20, 253, 256
Léro, Étienne, 201
Lévi-Strauss, Claude, 13
Lichtenberg, Georg, 78

Lima, Jorge de, 91, 199, 215, 275
Lippi, Lúcia, 18
Lobato, Luís, 88
Lombroso, Cesare, 162
Luís XIV, 178
Lukács, Georg, 20, 257
Lutas de famílias no Brasil (Costa Pinto), 114
Luxo e capitalismo (Sombart), 54
Ly, Abdoulaye, 287

Machado de Assis, Joaquim Maria, 162
Maldonado-Torres, Nelson, 25
Malinowski, Bronislaw, 95, 174
Manhã, A, 111-2, 129, 192
Mannheim, Karl, 20
Manuscritos de 1844 (Marx), 257
Mao Tsé-tung, 29
Mariátegui, J. C., 26
Maritain, Jacques, 15
Marx, Karl, 20, 253, 257
masses africaines et l'actuelle condition humaine, Les (Ly), 287
"Materialismo e empiriocriticismo" (Lênin), 256
Mau-Mau, tribo, 283
McLuhan, Marshall, 290
Mead, Margaret, 231
Melanésia, 174
Melo Franco, Afonso Arinos de, 15, 89
Melo, Joviano Severiano de, 89
Mende, Tibor, 244
Mendes, Candido, 11
Mendes, Murilo, 62-3, 90
Mentré, François, 250
Merleau-Ponty, Maurice, 257
Merton, Robert K., 20, 72
Michaux, Henri, 245
Mignolo, Walter, 25
Mito e verdade da revolução brasileira (Guerreiro Ramos), 14, 29
Molema, S. W., 174
Monteiro Lobato, José Bento, 263

Moraes, Vinicius de, 199, 215
Moraes, Walfrido de, 90
Moreno, Jacob L., 58-9, 61, 64, 70
Morgan, Charles, 77
Morin, Edgar, 18
Motet, Auguste-Alexandre, 163
Moton, Robert Russa, 176
Mounier, Emmanuel, 15
Moura, Abigail, 52
Mukerjee, Radhakamal, 247
"mundo tribal de Abdias do Nascimento, O" (Guerreiro Ramos), 22
"museu como sucedâneo da violência, O" (Guerreiro Ramos), 129
Museu de Arte Negra (Rio de Janeiro), 290, 293

Nabuco, Joaquim, 103-4, 186-7
Nações Unidas ver ONU
Nascimento, Abdias do, 16, 22, 44, 46, 88, 126, 128, 130-1, 189-90, 210-3, 288-95
Nascimento, Maria, 131
Nations nègres et culture (Diop), 286
Navarro, Cléo, 52
Naville, Pierre, 18
negro brasileiro, O (Ramos), 167
"negro desde dentro, O" (Guerreiro Ramos), 22
"negro no Brasil e um exame de consciência, O" (Guerreiro Ramos), 129
Neiva, Venâncio, 90
New View of Society, A (Owen), 58
Niger, Paul, 201
Nina Rodrigues, Raimundo, 139, 142, 145, 148-9, 151, 154-6, 159, 161-7, 169, 171, 178-9, 239
Nóbrega da Cunha, 90
Nogueira, Hamilton, 89
Nogueira, Oracy, 90, 97, 99-100, 113
Nordeste (Freyre), 263
Norte (revista), 16
nova ciência das organizações, A: Uma reconsideração da riqueza das nações (Guerreiro Ramos), 14

Novalis (Georg von Hardenberg), 57, 62, 64
Novikov, Jacques, 227
Nunes Pereira, 90
Nunes, Osório, 90

Odisseia (Homero), 76
Olinda (Freyre), 263
Oliveira Viana, Francisco José de, 12, 26, 91, 139, 142, 144, 156-60
ONU (Organização das Nações Unidas), 52, 90
"Orfeu negro" (Sartre), 23, 49
Orquestra Afro-Brasileira, 90
Ortiz, Fernando, 90
Owen, Robert, 58-9

Panfleto (revista), 130
Passages (Michaux), 245
"Patologia social do 'branco' brasileiro" (Guerreiro Ramos), 22, 27, 269
Patrocínio, José do, 186
Péguy, Charles, 15, 61, 198, 210
Pierson, Donald, 169
Plékhanov, G. V., 230-1
"pluralismo dialético, O" (Guerreiro Ramos), 27
"poesia popular no Brasil, A" (Romero), 143
Poética (Aristóteles), 61
Política (Aristóteles), 65
Pontes de Miranda, Francisco Cavalcanti, 12
Porto de Oliveira, Amaury, 97-8, 112
Portugal, 271
Posição dos escravos na sociedade brasileira (Porto de Oliveira), 97, 112
Prado, Paulo, 28
preconceito de raça no Brasil, O (Bomílcar), 188
Présence Africaine, 90
Prestes e a revolução social (Bastos), 256
Préville, Louis Armand Barbier de, 144

"problema da cultura nacional, O" (Guerreiro Ramos), 28
problema nacional do Brasil, O (Guerreiro Ramos), 14
"problema do negro na sociologia brasileira, O" (Guerreiro Ramos), 22
problema da raça negra na América portuguesa, O (Rodrigues), 164-5
PTB, 18

Querino, Manuel, 169
Quijano, Aníbal, 25
Quilombo (jornal), 127, 129, 190

Rabearivelo, Jean-Joseph, 201
Rabémananjara, Jean, 201
Raça e assimilação (Oliveira Viana), 139, 158
raças humanas e a responsabilidade penal no Brasil, As (Rodrigues), 162
Ramos, Arthur, 111, 142, 149, 151, 154, 158, 161, 166, 168-9, 178, 180, 189, 232, 239
Ramos, Graciliano, 260
Ranaivo, Flavien, 201
Rapsódia negra (peça teatral), 293
Ratzel, Friedrich, 147-8
Rebouças, André, 154
Recife, Pernambuco, 169, 186, 269
"redefinição do problema do negro, Uma" (Guerreiro Ramos), 27
Redução sociológica (Guerreiro Ramos), 14, 25
regras do método sociológico, As (Durkheim), 228-9
Relações de raça no Brasil (Guerreiro Ramos), 102-3, 129
Renan, Ernest, 144
República dos Palmares (Alagoas), 186
ressentimento na construção da moral, O (Scheler), 53
Revista Brasileira, 143
Revolução Francesa, 53
Ribeiro, Darcy, 89

Ribeiro, Joaquim, 90
Ribeiro, René, 239
Ricoeur, Paul, 261
Rilke, Rainer Maria, 15, 60, 62, 73, 76-7, 210
Rimbaud, Arthur, 62
Rodrigues Alves, Sebastião, 88-9, 131
Rodrigues, Ironides, 22, 52, 89, 107
Rojas, Ricardo, 26
Romero, Sílvio, 12, 26, 139, 142-7, 160-1, 165, 188, 210, 239
Rosa, Celso Alves, 90
Rosenberg, Alfred, 165, 204
Roumain, Jacques, 201
Rugendas, Johann Moritz, 142, 169

Saint-Simon, conde de (Claude-Henri de Rouvroy), 57-8
Salazar, António de Oliveira, 271
Salvador, Bahia, 120
Sartre, Jean-Paul, 13, 18, 23, 26, 49
Scheler, Max, 15, 53, 55
Schoomaker, Pedro, 89
Schuyler, George, 90
Semana do Negro (1955), 212
Seminário de Grupoterapia, 53, 57-62
Senghor, Léopold Sédar, 201-2
"Senhores e escravos do Brasil" (Guerreiro Ramos), 113
sertões, Os (Cunha), 147-9, 151, 167
Shakespeare, William, 65, 67-9
Shaler, Nathaniel Southgate, 247
Silva, José Bernardo da, 89
Silva, Romão, 90
Simmel, Georg, 48, 173, 206
Smith, Adam, 246
"situação atual da sociologia, A" (Guerreiro Ramos), 25
Soares, Luiz A., 26
Sobrados e mucambos (Freyre), 263, 265
Society and Nature (Kelsen), 73
"Sociologia clínica de um baiano claro" (Guerreiro Ramos), 27
Sombart, Werner, 54

Índice onomástico

Sortilégio (peça teatral), 293
Souza Campos, Geraldo, 88
Souza Dantas, Raimundo, 52
Souza, Aníbal, 89
Souza, Ruth de, 51, 131, 134
Spencer, Herbert, 163
Spinoza, Baruch, 246
Spranger, Eduard, 231
Stavenhagen, Rodolfo, 25
Sumner, William, 78

Taine, Hippolyte, 144, 150
Taves, Roberto J., 90
Teatro Experimental do Negro (TEN), 17, 19, 22, 43-4, 46, 51-3, 55, 57, 82, 85-6, 88, 106, 108, 110, 125-6, 128-9, 131-2, 134, 185, 189, 201, 212-3, 215-6, 221, 226, 262, 290, 293
Teatro Folclórico Brasileiro, 90, 134
Teixeira, Jorge Prado, 89
teoria da sociedade brasileira, A (Guerreiro Ramos), 210
Teoria dos sentimentos morais (Smith), 246
Tertuliano, 106
Tirolien, Guy, 201
Tissot, Auguste, 218

Tito, marechal, 29
Torres, Alberto, 12, 26, 139, 142, 152-6, 160, 259
Toynbee, Arnold, 95, 277
Tratado da mente grega (Botelho), 65
Tribuna da Imprensa, 17
Trindade, Solano, 51-2
Truman, Harry, 52

Unesco, 84-6, 114, 117, 125, 179
União Cultural dos Homens de Cor, 90
Universidade de Paris, 18
Urena, Pedro Henriquez, 26
Uruguai, visconde de, 12

Vasconcelos, José, 26
vengeance privée et les fondements du droit international public, La (Lambert), 122
Vossler, Karl, 175

Wagley, Charles, 89, 169
Weber, Alfred, 20, 217, 276
Weismann, August, 153
Werneck Sodré, Nelson, 214
Wiese, Leopoldo von, 206

ESTA OBRA FOI COMPOSTA POR MARI TABOADA EM DANTE PRO E
IMPRESSA EM OFSETE PELA GRÁFICA BARTIRA SOBRE PAPEL PÓLEN SOFT
DA SUZANO S.A. PARA A EDITORA SCHWARCZ EM MARÇO DE 2023

A marca FSC® é a garantia de que a madeira utilizada na fabricação do papel deste livro provém de florestas que foram gerenciadas de maneira ambientalmente correta, socialmente justa e economicamente viável, além de outras fontes de origem controlada.